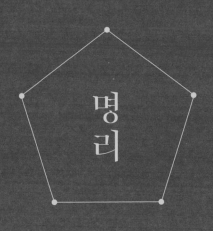

명리

명리

운명을 읽다: 기초편

강헌 지음

2015년 12월 14일 초판 1쇄 발행
2024년 11월 29일 초판 33쇄 발행

펴낸이	한철희
펴낸곳	돌베개
등록	1979년 8월 25일 제406-2003-000018호
주소	(10881) 경기도 파주시 회동길 77-20 (문발동)
전화	031-955-5020
팩스	031-955-5050
홈페이지	www.dolbegae.co.kr
전자우편	book@dolbegae.co.kr
블로그	blog.naver.com/imdol79
트위터	@dolbegae79
페이스북	/dolbegae

기획 및 편집	이현화·고운성·김옥경
원고 녹취 및 총정리	김신호
표지 디자인	김동신
본문 디자인	김동신·이은정·이연경·김명선
마케팅	심찬식·고운성·조원형
제작·관리	윤국중·이수민
인쇄·제본	상지사 P&B

© 강헌, 2015

ISBN 978-89-7199-704-8 03150

강헌

명리

운명을 읽다

돌베개

운명이란
늘 우연을
가장해서 온다.

기 드 모파상
Guy de Maupassant

나는 萬人의 命理學者化를 꿈꾼다

序文을 빌려 世上에 告함

명리학은 혹세무민의 잡설인가?

이제는 강단(講壇)에서 강호(江湖)로 나온 동양학자 조용헌이 쓴
『조용헌의 사주명리학 이야기』의 초반부에 지금, 여기 대한민국
에서 명리학(命理學)이 어떤 위치에 놓여 있는지에 대한 유쾌하
고 명쾌한 진단이 있다. 강호 동양학의 세 줄기는 사주와 풍수, 한
의학이다. 이 세 과목은 과거 조선 시대의 과거(科擧) 시험에서
실용적인 분야로 분류되는 잡과(雜科) 출신들인데, 각각 천(天)·
지(地)·인(人) 삼재(三才) 사상의 골격에 해당하는 것들이다.

　명리학이란 그중에서도 천문(天文)을 인문(人文)으로 전환
한 것으로, 하늘의 이치를 인간의 운명의 이치로 해석한 분야에
해당한다. 천문이 시간이라면 풍수는 지리, 곧 공간의 문제를 다
룬다. 우리가 명당(明堂)이다, 지령(地靈)이다 운운하는 것이 바
로 풍수와 관련 있는 것인데, 조선 시대 민간 송사의 60퍼센트 이
상이 풍수와 관련된 것임을 알고 나면 그 시대의 삶에서 지리가
얼마나 중요했는지를 알 수 있을 것이다. 마지막으로, 한의학은
우리가 알고 있다시피 인간의 몸과 정신 그 자체를 연구한 분야
이다. 그리고 이 세 분야는 모두 음양오행이라는 하나의 뿌리에
서 비롯된 세 자식들이다.

　하지만 현실에서의 지위는 동등하지 않다. 1970년대부터 한
의학은 제도권 안으로 들어와 대학에 학과가 개설되면서 학문으
로 인정받았지만, 앞의 두 개 사주와 풍수는 학문은 고사하고 아
직 저잣거리의 잡설(雜說)이거나 미신으로 치부되는 경향이 강
하다. 그래도 풍수는 좀 낫다. 풍수지리학자이자 전 서울대 지리
학과의 최창조(崔昌祚)라는 스타 교수가 등장하여 풍수에 대한
많은 인식을 바꾸었다. 조용헌은 이를 비교하며 한의학은 학문적
시민권을 획득했고, 풍수는 그래도 영주권은 땄지만, 명리학은 여
전히 불법 체류자 신분이라고 재기 넘치게 표현했다.

　인간과 인간, 인간과 우주의 관계에 대한 동아시아 문명
5,000년의 성찰이 축적된 이 분야는 학계에서는 비록 불법 체류
자의 신분이지만 서구적인 과학기술혁명이 급속도로 발전한 오
늘날에 이르러 한의학이나 풍수보다 대중적 영향력은 오히려 더

욱 커지는 아이러니를 연출하고 있다. '오늘의 운세'는 믿거나 말 거나 간에 신문과 잡지의 오랜 목차였고, 인터넷 모바일 시대에 이르러서도 그 위세는 날로 커지고 있다. 할머니들이나 다니는 곳으로 알던 온갖 역술점들에 젊은이들이 몰리고, 그 종목도 타 로(tarot)나 수비학(數祕學), 점성술 같은 서양의 기법들까지 속 속 수입되어 나날이 확대되어가고 있다. 2000년대 초반쯤 우리나 라 점술 시장의 규모가 이미 연간 4조 정도였고, 지금은 6~7조 정 도로 그 시장이 커졌다고 한다. 사회의 불확정성이 커질수록 이 시장은 그 규모가 점점 더 커질 것이다.

왜 그러한가?

인간은 모두 자신의 운명에 대해 궁금해한다. 운명으로 인해 고 통을 받고 그것으로부터 돌파구를 찾으려고 노력한다. 동서양을 막론하고 똑같다. 때문에 예로부터 동서양 모두 점술 혹은 역학 의 체계를 어마어마하게 발전시켜왔다. 과학적 이성이 모든 것을 해명하는 현대사회에서도 마찬가지다. 과학기술이 발전하면 할 수록 인간의 삶의 불확정성 역시 함께 높아지기 때문이다.

　농촌공동체에 기반을 둔 사회에서는 대부분 태어난 곳에서 사방 100리 밖을 나가보지 못하고 살다가 죽었다. 사계절의 변화 외에는 어제와 같은 오늘, 오늘과 같은 내일을 살았던 셈이다. 그 부모가 살았던 삶이 곧 다음 세대의 자식들이 사는 삶과 다르지 않았다. 예측 가능한 삶이었고, 그렇지 않으면 위험한 것이었다.

　자본주의가 발달하면서부터 삶의 판도는 완전히 달라졌다. 물질적인 성패가 삶의 질을 극단으로 끌고 간다. 양극단을 오가 는 불확정성이 높아지게 되었다. 사회적 불확정성이 높아질수록 개인의 불안지수도 높아졌다. 완전고용, 평생고용의 신화는 이미 무너진 지 오래며 국가가 부여하는 자격증을 갖고 있는 직업들도 이제는 더 이상 안전하지 않다. 불안을 느끼는 연령층도 점점 아 래로 내려간다. 이제는 초등학생들까지도 수많은 억압의 틀 속에 서 살고 있다. 한편, 과학이 발달하면서 수많은 정보가 인간을 둘러싸고 있다. 이성에 기반을 둔 과학적 합리주의가 세상에 차고 넘친다. 그러나 과학적 이성에 기반을 둔 합리주의가 우리의 삶을 지배하면 할수록 사람들은 더 많은 심리적인 위로나 위안을 필요로 한다. 참 아이러니한 현실이다.

그렇다면 다시 물어보자. 왜 사람들은 자신의 운명을 남에게 구할까? 왜 한 번만 가지 않고 자꾸만 찾아가는 걸까? 그것은 답 그 자체를 찾기보다는 자신의 상황을 타인과 공유하고 자신의 어려움에 대해 위안을 얻으려는 마음이 크기 때문이다. 점집에 다녀온 후 얻는 정신적 위안의 유효기간이 3주 정도라는 말이 있다. 다녀온 뒤 3주쯤 지나면 다시 불안해진다는 것이다. 그러면 다시 또 점을 보러 가게 된다. 이것이 반복되다 보면 하나의 답으로 만족하지 못하고 자기가 원하는, 혹은 듣고 싶어 하는 답이 나올 때까지 계속해서 여기저기 보러 다니게 된다. 그러다 보면 자기가 원래 알고 싶어 한 것이 무엇인지조차 잃어버리고 혼란에 빠지게 되는 경우도 비일비재하다. 일종의 역술 중독 현상이다.

또다시 묻는다. 우리는 왜 이렇게 자신의 운명에 대한 답을 남에게서 찾으려 할까? 자신 앞에 놓인 문제가 자신이 해결하기에는 너무 벅차다는 인식 때문에 그 문제를 회피하려는 본능이 첫 번째 원인이다. 그런데 그 문제는 과중한 일상과 날로 복잡화되는 관계의 얽힘 속에서 마치 종양처럼 일파만파 퍼져 나간다. 우리 사회는 외형적으로 압축적인 경제성장을 이루었으나 정신적으로는 그 발전 속도를 따라가지 못했다. 그에 따른 부작용이 사회 구성원 전체에 미쳤고, 그 영향이 개인에게 내면적인 억압의 피로로 쌓이게 되었다. 안에서 스스로 해결을 못하니, 결국 외부에 SOS를 요청하는 형국에 이르렀다. 그 문턱을 넘는 이들은 그만큼 절박한 이들이다.

하지만 그런 방법을 통해서는 근본적으로 문제가 해결되지 않는다. 혹은 해결될 수 없으리란 것도 사실은 거개의 사람들이 이미 알고 있다. 이들에게 정작 필요한 것은 불안에 대한 정확한 해답이 아니다. 그보다는 자기 자신에 대한 확인, 자신의 생각에 대한 확신, 그리고 자신이 혼자 고립된 존재가 아니라는 믿음을 갖는 것이 우선이다.

우리 안에는 스스로 문제를 해결할 수 있는 능력이 있다

그렇다면 그런 확인과 확신은 어떻게 가질 수 있을까? 이 질문이 새롭게 등장한다. 인간이 만들어낸 모든 종류의 학문과 종교, 수련은 바로 이 질문에 대답하기 위한 인간의 몸부림이다. 그것을 통해 자신에 대한 믿음에 도달하거나 좌절한 많은 이들을 우리는 알고 있다. 하지만 불행하게도 우리가 가진 대부분의 문제는 개인만의 문제가 아닌 경우가 많다. 트라우마가 있다면 부모 또는 가족, 선생님이나 친구 등 가까운 관계에서 온 것일 수 있고, 스스로 상처를 받았다고 생각하지만 똑같은 상처를 남에게 주고 있는 중일 수도 있다. 대부분 많은 문제는 관계에서 비롯되고, 이렇게 복잡한 관계에서 비롯된 문제는 시간과 함께 세포 증식을 하며 자신을 더욱 구렁텅이로 빠뜨리기 시작한다. 그리하여 우리는 도저히 불가해한 운명이라는 저주의 형틀을 만들고, 스스로 그 형틀 안으로 들어가 한탄하고 빌고 저주하고 포기한다.

　"인간의 운명은 결정되어 있는 것인가?"
　"주어진 운명은 피해갈 수 없는 것인가?"

　운명에 대한 질문은 결국 이것으로 귀결된다. 동서고금 똑같다. 왕의 사주를 타고난 자는 왕이 될 수밖에 없고, 거지의 운명을 타고난 사람은 거지의 운명에서 벗어날 수 없는가? 이른바 운명결정론에 대한 의문이다.
　동양의 명리학과 서양의 점성학(占星學)은 최근까지 "인간의 운명은 결정되어 있다"고 생각하는 것이 주류였다. 어차피 운명은 결정되어 있으니, 그 순리대로 사는 것이 중요하다는 것이다. 명리학의 중요한 고서에서도 "상격(上格)이다, 하격(下格)이다"라는 식의 귀격(貴格)과 천격(賤格)을 은연중에 나누고, 실제 삶을 거기에 끼워 맞춰 설명하는 대목들이 많이 보인다.
　하지만 과연 그럴까? "그렇게 될 수밖에 없다"는 식의 숙명적인 인생관 혹은 세계관은 태어나면서 신분이 정해지는 봉건시대에는 잘 어울린다. 농민 신분으로 태어났으면 농민으로 살다가 죽는 것이 자연스럽다. 그들이 "농사짓기 싫어요. 나도 왕이 될래요" 하고 나서면 어떻게 되겠는가? 신분제 질서가 무너지고, 신분이 무너지면 세상이 멸망한다고 생각했던 것이 그때 그 시대의 정서였다. 지금은 세상이 달라졌다. 그런데 정말 달라지긴 했을까?

"분수를 알고, 분수껏 살아라."

자주 들어본 말이다. 그러나 매우 폭력적인 말이기도 하다. 이 말은 봉건적 질서가 무너진 지 오래인 현대사회와는 도저히 어울리지 않는 말임에도 여전히 유효하다. 왜냐하면 공화제 시대에 이르러서도 우리 사회에는 여전히 경제적, 사회적인 세습 요소가 곳곳에 암약하고 있기 때문이다. 그 결과 사람들의 의식 속에는 '타고난 내 팔자가 그렇지, 뭐!'라는 일종의 자학적인 패배주의가 만연하게 되었다. 그리고 그것은 운명결정론을 더욱더 강력하게 방어하는 심리적인 이유가 되고 말았다. "타고난 운명대로 그냥 살아라!"라는 말이 우리의 일상에서 자조적으로 강조되곤 한다.

그런데 운명은 정말 결정되어 있는 것인가? 정말로 결정되어 있다면 어떤 학문도 할 수 있는 일이 아무것도 없다. 서구의 점성학회에서도 이에 대한 많은 논쟁이 있었다고 한다. 이들에게는 이것이야말로 무척이나 중요하다. 왜냐고? 이것은 곧 영업의 측면에서 대단히 중요한 문제이기 때문이다. 쉽게 말해, 거래의 향방을 바꿀 수 있기 때문이다. 만일 운명이 결정되어 있다면, 점성학은 강력한 힘을 가질 수 있다. "너는 모르지만, 나는 아는, 앞으로의 네 운명을 알려주마!" 이럴 수 있는 것이다. 그렇지만 만일 운명이 결정된 게 아니라면, 소비자의 입장에서는 "내 의지로 운명을 바꿀 수 있는데, 너한테 굳이 내가 왜 물어봐야 하지?" 이럴 수 있는 것이다. 그래서 몇 천 년에 걸친 학문 자체가 그 존립의 근거를 상실하고 말 것이다. 논쟁의 과정이 어찌 되었든 동서양의 많은 운명 관련 학문들은 이제 점차 운명결정론에서 벗어나는 추세다. 그렇다면, 이제 이들은 뭐라고 말하고 있을까?

"운명은 결정되어 있지 않다. 우리는 조언할 뿐이다."

그렇다. 이제 인간의 운명에 관해 이렇다 저렇다 가르쳐주기보다는 "운명은 운명의 주체인 자기 자신이 결정하는 것이니, 이제 우리는 그저 조언을 해줄 뿐이다. 행복할 수 있는 방법과 길을 알려주는 일종의 카운슬링 역할이 우리의 할 일이다"라고 한다.

그렇다면 명리학은 인간이 스스로의 문제를 극복함으로써 자신의 행복을 구축하는 방법을 어떻게 말해주고 있는가? 명리학은 지난 1,000년간 동아시아에서 발전해온 '현세의' 철학이다. 이것은 전생의 업이나 내세의 구원과는 아무런 상관이 없는, 중국 특유의 현실주의적 세계관에서 비롯되었다. 좀 더 좁혀서 말하면 명리학은 죽음도 관심의 대상이 아니며 태어나서 살아 있는 동안만 유효한, 그것도 개체적 단위의 인간에 대한 판단의 체계이다. 죽음을 예언한다거나 다수가 동시에 겪게 되는 재앙 같은 것도 명리학은 설명하지 못한다. (그것까지 설명한다면 그것은 명리학의 영역이 아니라 접신의 영역이다.)

수천 년간 동양 인문학은 우주 원리론의 뿌리가 된 음양과 오행 사상에 기반하고 있지만 명리학은 철저하게 인간의 구체적인 성격의 파악과 행동결정에 개입한다. 명리학이 음양오행에서 빌려온 가장 중요한 관점은 '변화'이다. 고정되고 결정된 것이 아니라 끝없이 운동하고 바뀌는 힘이다. 그것은 바로 우주의 원리이면서 인간과 인간의 삶의 본질이다. 움직이지 않으면 인간의 삶은 끝난 것이고, 명리학도 그 순간 끝난다.

그러므로 한 인간의 운명이 단순히 태어난 연월일시(年月日時)에 의해 고정되고 결정된다는 이해야말로 명리학에 대한 가장 근원적인 오독이다. 명리학은 기본적으로 "인간의 운명이 고정되거나 결정되어 있지 않다"는 것, 그리고 "천변만화(千變萬化)하는 우주적 속성의 한 부분으로, 인간의 근원을 먼저 파악해야 한다"는 것을 변치 않고 말해주는 학문이다.

20세기 한국 명리학의 태두 중 한 사람인 도계(陶溪) 박재완(朴在琓, 1903~1992)은 인간의 길흉화복은 환혼동각(幻魂動覺)에 의해 결정된다고 말했다. 환(幻)은 사람으로 태어났는가의 여부를 말하고, 혼(魂)은 조상의 환경이며, 동(動)은 태어난 나라와 시대이고, 각(覺)은 바로 그 사람의 자유의지의 깨달음이다. 그 또한 운명을 단정적으로 규정하는 것은 매우 위험한 폭력으로 보았다.

명리학이 결정론에 오랫동안 포획된 것은 그것이 속세의 한복판에 있었기 때문이라고 생각한다. 그리고 더욱 확실한 이야기에 귀가 솔깃하는 인간의 어쩔 수 없는 본성도 한몫을 했다.

인간과 인간의 삶, 인간의 운명이라는 것은 크게 보아 우주적요소다. 그럼, 우주에 좋고 나쁜 것이 존재한다는 말이 성립할까? 그런 것이 있을 리 없다. 다만, 성질이 다른 것이 존재할 뿐이다. 그저 서로 다른 가치, 다양한 가치를 지닌 요소들이 존재하는 것이다. 그 가운데 나라는 존재와 나라는 존재의 삶이 어떤 성격을 가졌고, 그 성격에 따라 잘 맞는 것과 안 맞는 것이 있을 뿐이다.

다시 말해, 명리학은 기본적으로 "인간과 그 삶을 이루는 많은 요소를 어떻게 조화롭게 구성할 것인가, 그 조화롭게 구성된 요소를 가지고 어떻게 해야만 인간이 가진 가치를 잘 드러낼 수 있을 것인가"에 대해 말하고 있는 것이지, 어떤 가치가 절대적으로 우월하니 그것을 추구하기 위해 다른 것을 무시하거나 종속시켜야 한다고 말하지 않는다. 그러니 결국 운명이 정해져 있느냐는 질문도, 좋은 사주인지 나쁜 사주인지에 대한 질문도, 그 전제부터 잘못된 것이다.

그럼 명리학은 무엇인가? '운명'(運命)이라는 말에 이미 많은 것이 들어 있다. 이 말 자체가 이미 운명은 결정되어 있지 않다는 증거이기도 하다. '운'(運)은 '운용한다, 운전한다'는 뜻이다. 그리고 '명'(命)은 주어진 요소들을 가리킨다. '명'과 '운'을 합친 말이 바로 '운명'이고, 이것에 대한 답을 구하고자 하는 것이 바로 '명리학'이다. 우리는 태어날 때 각자 자기만의 소명(召命)을 갖고 태어난다. 이것이 명이다. 그 명을 키우고 발현시켜 자신의 삶 속에서 실현하는 것은 오로지 그 주체의 몫이다. 같은 시간에, 같은 공간에서, 같은 운명을 타고났다고 해서 그 두 사람의 삶이 같은 것은 아니다. 왜 그럴까? 그 명을 잘 운용한 사람과 그 명을 잘 운용하지 못한 사람이 있기 때문이다. 이 둘 사이에는 너무나 큰 차이가 존재한다. 우리는 각자의 삶에 주어진 명의 가치는 동일하다는 것을 정확히 이해해야 한다. 모두가 다 소중하고 존엄하다. 이제 우리가 해야 할 일은 주어진 명을 바탕으로 그것을 어떻게 잘

운용할 것인가를 고민하고, 그 해법을 찾아가는 것이다. 이런 점에서 명리학은 아주 유용한 길잡이가 되어줄 것이다.

한 사람의 생명과 삶에는 하나의 우주가 걸려 있다. 그러니 오늘을 살고 있는 우리들에게 앞으로 어떻게 살아야 한다고 단언하여 말할 수 있는 사람은 없다. 이것은 결국 무슨 말일까? "자신의 삶, 자신의 운명의 주체는 바로 자기 자신"이라는 의미다. 나아가 자신의 운명을 책임질 사람도 바로 자기 자신밖에는 없다는 뜻이다. 뜻대로 인생이 풀리지 않는다고 가까이는 부모 탓, 멀게는 신 탓을 하는 것은 굉장히 유아적인 행위에 불과하다. 자신의 운명은 자신의 책임 아래 있고, 그 운명을 결정짓는 삶의 판단과 선택 또한 자신의 몫이어야 한다. 그런 소중한 자신의 하나뿐인 운명을 몇 푼의 돈으로 해결할 수는 없다.

결혼을 앞두거나 새로운 사업을 시작하려는 사람들의 모습에서 우리는 아주 익숙한 풍경과 마주하게 된다. 살면서 단 한 번도 만난 적 없는 누군가를 찾아가서 자신에게 닥칠 앞으로의 일에 대해서 묻는 광경이다. 이게 과연 현명한 일일까? 나의 문제를 나보다 더 나를 모르는 누군가에게 묻고, 그가 해주는 몇 마디의 말을 금과옥조처럼 마음에 담아오는 일이 과연 정말 우리의 인생에서 의미가 있는 행위일까? 이런 일은 현명하지 못할 뿐만 아니라 매우 위험하기도 하다. 나도 나를 몰라서 매 순간 잘못된 판단을 하고 후회를 거듭하는데, 고작 몇 만 원을 받고 길어야 몇 십 분 동안 이야기를 나눈 사람이 내린 판단과 결론이 그대로 들어맞는다고 누가 장담할 수 있겠는가.

현세에서 나를 가장 잘 아는 사람은, 바로 나 자신이다. 나를 알고 너를 만나며, 나아가 우리를 깨닫는 과정을 명리학은 굉장히 합리적으로 설명해준다. 명리학의 개념의 틀 자체가 음양과 오행, 계절과 시간이라는 자연의 섭리 속에서 인간의 본성을 추출하고, 우주의 섭리를 통해서 자기 자신의 존재 요소들을 깨닫게 해주기 때문에 받아들이는 것이 훨씬 수월하다.

이런 명리학을 누구나 쉽게 공부할 수 있느냐고 묻는다면, 난 그렇다고 답하겠다. 무슨 엄청난 도력을 지녔거나, 엄청난 수련을 통과해야만 터득할 수 있는 무협지의 비기(祕器)가 아니다. 명리학은 인간의 삶에 대한 의문을 풀어내려는 다양한 인문학적 체계 중 하나다. 명리학을 잡설로 비하하여 무시하는 것도 어리석은 일이지만, 그것이 마치 선택받은 누군가만 풀 수 있는 차원 높은 도술이라거나 나아가 매우 은밀한 비밀을 품고 있는 밀교적 관점으로 보는 것 역시 매우 어리석다.

이미 조선 시대에 많은 성리학자도 명리학에 관심을 가졌고, 동학의 많은 접주(接主)들도 명리학을 자기 삶의 중요한 지침으로 정하고 일상적으로 공부했다. 어쩌면 우리의 초·중등 기초 교육체계가 서양의 기준으로 바뀌지만 않았더라면, 우리는 좀 더 명리학을 가깝게 접하고 살았을지도 모른다. 학교에서 배우는 대부분의 것들이 서양의 교육체계에서 비롯된 탓에 우리는 마치 동양학을 신비주의의 세계에 있는 것처럼 여길 수밖에 없었고, 그 결과 동양의 학문, 특히 명리학을 특정한 사람들만 독점하는 학문으로 오인하게 된 것이다. 나는 기본적으로 적어도 초등학교에서부터 명리학을 가르쳐야 한다고 생각한다. 명리학이야말로 그 어떤 서양의 학문 체계보다도 인간과 우주의 관계, 인간 그 자체의 본질에 접근하는 데 있어서 많은 혜안을 던져주는 합리적인 학문으로 보기 때문이다. 내 말을 듣고, 명리학이 학문이냐고 반문하는 사람도 있을 것이다. 만약 여기에 학문적인 합리성이 존재하지 않았다면, 수십 개의 트렌드의 탄생과 소멸이 횡행하는, 급변하는 한국 사회에서 이렇게 오랫동안 명리학이 살아남지는 못했을 것이다.

그렇다면 그런 명리학을 어떻게 대해야 하는가에 관한 질문이 남는다. '골방의 명리학'을 '광장의 명리학'으로 탈바꿈해야 한다. 이른바 도사님들만 봐주던 명리학을 스스로도 볼 수 있는 명리학으로 만들어야 한다. 그래서 나의 슬로건은 '만인(萬人)의 명리학자화(命理學者化)'이다.

그럼, 이제 단 하나의 질문만 남았다. 명리학은 누구나 공부할 수 있는가? 여기에 대한 내 답 역시 "그렇다"이다. 어렵지 않느냐는 질문이 들리는 듯하다. 명리학으로 무슨 어마어마한 명리(名利)를 얻겠다는 허황된 욕심만 품지 않는다면, 명리학은 절대 어렵지 않다. 알파벳 숫자보다 적은 한자 몇 개만 알고, 외워야 할

13

것 몇 가지만 머릿속에 넣어두면 누구나 쉽게 시작할 수 있다. 그리고 인터넷에 명리학 공부를 도와주는 프로그램도 이미 많이 나와 있다. 그렇게 용기를 내서 명리학 공부를 시작하는 순간, 이제 당신의 운명은 당신의 손에 달린 것이 된다.

벙커1과 철공소(哲공소)에서 진행했던 나의 명리학 강의는 기초 과정과 심화 과정 그리고 세 단계의 세미나 과정으로 이루어졌다. 그중에서 기초반 강의에 해당되는 부분을 엮은 것이 바로 이 책이다. 이 책을 통해서 명리학에 대한 그동안의 불신을 최대한 씻어내는 한편, 스스로 자신의 운명의 원국을 파악할 수 있는 수준에 도달할 수 있게 하는 것이 일차적인 목표이다.

얼떨결에 시작한 강의지만 아직 멀어도 한참 먼 공력으로 책까지 내겠다고 결심한 데에는 나와 같이 3년을 보낸 명리학반 도반들의 힘이 지대하다. 그들이 나의 스승이며, 나를 한 발짝 더 나아가게 해주었다. 한 단계의 과정을 넘어가면서 그들은 거의 한결같이 나에게 말했다. 명리학을 통해 자신을 더욱 잘 알게 되었노라고. 그리고 왜 많은 '그'들이 그렇게 할 수밖에 없었는지 알게 되는 것 같다고. 나는 이들과 운명을 같이 고민하면서 명리학에 대한 확신을 더욱 강하게 다질 수 있었다.

이 책을 만드는 데 무엇보다 1기 반 반장이었던 김신호의 무한정한 애정과 헌신이 없었다면 불가능했을 것이라는 말을 먼저 해야 할 것 같다. 그는 꼼꼼히 강좌를 정리하고 다양한 표들을 정리해주었다. 마지막 교정에서 원고를 같이 검토해준 홍기란과 송미란에게도 감사한다. 그리고 나의 첫 책『전복과 반전의 순간』이 그러했듯이, 이 책 또한 돌베개 출판사 이현화 팀장의 불퇴전(不退轉)의 의지가 없었으면 영원히 불가능했을 것이다. 항상 온몸으로 응원하고 헌신해준 벙커1 요원들 또한 가장 중요한 공헌자임은 말할 필요조차 없다. 마지막으로, 아직 많은 것이 부족한 이 책을 아직 어느 누구도 훼손하지 않은 우리 모두의 미래에 바친다.

2015년 겨울
강헌

❶ 이 책은 2013년부터 계속되고 있는 '강헌의 좌파명리학' 강의 내용을 바탕으로
한 것입니다. 현재 '강헌의 좌파명리학' 강의는 (주)철공소닷컴에서 이루어지고
있습니다. 단, 책으로 펴내는 과정에서 명리학 입문자의 눈높이에 맞춰 문맥을
전체적으로 재정비하고, 관련 내용을 대폭 보완했습니다.

❷ 한자의 병기는 최초 노출 후 반복하지 않는 일반 표기의 원칙 대신 문맥의 이해를
위해 필요한 곳에는 반복적으로 한자를 병기했습니다.

❸ 본문의 시각 자료는 독자의 이해를 돕기 위해 대부분 새롭게 구성, 제작한 것으로
일반적인 도해圖解와는 다를 수 있습니다.

❹ 본문에 사용한 '원국표'는 대부분 저자가 실제 임상을 통해 얻은 것으로, 개인정보
보호를 위해 일반인의 신상에 관한 내용은 밝히지 않았습니다.

❺ 본문 원국표의 기본 구성은 '강헌의 좌파명리학' 수강자들을 위해 제작한
'좌파명리학 프로그램 PC버전'에 따랐으며, 원국표의 설명 역시 해당 프로그램을
기준으로 삼았습니다.

❻ '좌파명리학 프로그램 PC버전' 제작자이자 '강헌의 좌파명리학' 1기 수강생인
이지성 님의 동의로 이 책의 독자들을 위해 프로그램을 무료로 제공합니다.
프로그램은 아래의 사이트에서 내려 받으실 수 있습니다. 아울러 프로그램 사용
관련 문의 사항은 '좌파명리학 프로그램 사용자 카페'를 활용하시면 됩니다.
덧붙여 철공소닷컴 홈페이지에서도 강의 내용을 반영하여 업데이트한 무료 웹
만세력을 제공하고 있으니 이용에 참고 바랍니다.

 '강헌의 좌파명리학' 온·오프라인 강좌 및 만세력
철공소닷컴 홈페이지
www.chulgongso.com

팟캐스트 '라디오 좌파명리' 및 명리 콘텐츠
철공소닷컴 유튜브 채널
YouTube.com/c/철공소닷컴

'좌파명리학 프로그램 PC버전' 다운로드와 활용법 설명
포털 다음 카페 '좌파명리학 프로그램 사용자 카페'
Cafe.daum.net/leftmr

더 아름다운 것을
위해 파괴시키지
못할 규칙은 없다.

루트비히 판 베토벤
Ludwig van
Beethoven

제○강

음악평론가, 명리학을 말하다

죽음을 눈앞에 두고서야 삶이 궁금해졌다

살다 보면 매우 절실하게 구원이 필요할 때가 꼭 온다. 위기 없는 인생은 없다. 그래, 뭔가 숭고해 보이는 구원까지는 아니더라도 따뜻한 위로나 쿨한 위안이라도 옆에 있어 주었으면 할 때도 있다. 보다 이성적인 사람이라면 구원이나 위안 같은 다소 감성적인 말 대신에 인간의 삶 그 자체를 지배하는 의문에 대해 합리적인 해답을 찾고자 할 것이다. 이 모든 몸부림이 신학에서 철학, 인문과학에서 사회과학 그리고 자연과학에 걸친 방대한 스펙트럼의 학문과 문학을 위시한 제반 예술들을 분만했을 것이다.

나에게도 구원이 절실했던 순간이 있었다. 2004년, 내가 마흔세 살이 되던 해, 그해 여름이 바로 그때였다.

그 전까진 그리 뾰족하게 내세울 건 없어도 나름대로 즐겁고 재미진 삶이었다. 몇 번의 큰 사건 사고가 있었지만 용케 잘 넘겼고, 부모 형제를 포함하여 가까운 지인이 세상을 떠나는 아픔도 한 번 겪지 않았다. 죽을 고비가 몇 번 있었지만, 몸도 건강해서 며칠을 세워 술을 마셔도 끄떡없어서 내 몸은 강철로 만들어졌나, 방자하기까지 했다.

돌이켜 보면 그때까지의 나의 삶은 의미심장한 결핍이 없었던 탓에 일종의 내용 없는 명랑만화 같은 인생이었다. 비관할 만한 아무런 장애가 없었기에 나는 나의 천성을 낙천적이라고 여겼고, 직장을 가져본 적이 없는 불안정한 프리랜서의 삶이었음에도 하고 싶은 말 다 뱉고, 하고 싶은 것은 거의 다 그런대로 누리고 살았으니, 아쉬움도 부러움도 없었다. 난 내 나름대로 삶을 완전 연소하며 살고 있다고 생각했다. 요컨대 내 삶은 마흔이 넘도록 단 한 번도 결정적인 위협의 심문대 위에 서 보지 못했던 것이다.

하지만 그 전해부터 뭔가 난조였다. 나하고는 전혀 맞지 않은 일을 얼떨결에 떠맡는 바람에 나날이 스트레스가 쌓여 갔고, 유월 마지막 밤늦게 혼자 남은 사무실에서 갑자기 쓰러졌다. 이전까지의 평온했던 삶에 순식간에 밀어닥친 엄청난 불행이었다. 마침 핸드폰을 두고 퇴근한 대학원 제자가 핸드폰을 찾으러 오지 않았더라면, 난 그대로 불귀의 객이 되었을 것이다.

그 친구가 쓰러진 나를 발견하는 바람에 곧바로 응급실로 옮겨졌지만, 대동맥이 70센티미터나 찢어진, '대동맥박리'라는 진단을 받았다. 당시 사망률은 98퍼센트.

새벽에 부랴부랴 응급수술은 진행됐지만, 담당 집도의는 살 가망이 없다고 판단하고 수술을 포기했다. 그리고 수술실 밖에 망연자실하며 기다리던 식구와 지인들에게 가망이 없으니 장례 준비를 하는 것이 좋겠다고 알리고는 수술실을 떠났다.

나는 그 뒤로 의식을 잃은 채 중환자실에서 꽁꽁 묶여 23일을 누워 있다가, 문득 그냥 깨어났다. 모두들 기적 같은 일이라며 놀라워했다.

약물로 목숨만 간신히 잇는 혼수상태의 상황에도 마치 환각처럼 많은 상념들이 병실의 천장을 수놓았다. 그 스물셋의 나날이 나에겐 삶과 죽음의 문턱을 밟고 선 순간일 것이다. 저승사자로 추정되는 이도 환각 속에 두어 번 왔다 갔고, 나중에 아무리 머리를 굴려 보아도 해명할 수 없는 비논리적인 장면들이 의식을 되찾은 뒤에도 흐릿하게 기억 속에 남았다.

중환자실에 있을 때는 의식이 없는 상태나 마찬가지니까 낮 12시에 20분간 한 명만 면회가 가능했다고 한다. 이런저런 지인들이 매일 다녀갔다는데 나는 전혀 기억이 없다. 중환자실에 있는 동안 '유로2004'가 막 개막을 해서 한창 진행 중이었다. 제일 먼저 달려온 후배 문화 평론가이자 축구 해설도 하는 정윤수에게 "이번 2004년 유로는 그리스가 우승한다"고 내가 말했다는데, 그 대회에서 모든 이의 예상을 깨고 만년 약팀 그리스가 진짜 우승을 했다.

의식을 되찾고 중환자실에서 나와 일반 병실에 2개월 넘게 있었는데, 당시 이런저런 일로 자주 만났던 딴지일보 총수 김어준은 면회를 한 번도 오지 않았다. 내심 괘씸해하고 있는데 퇴원하는 토요일 아침 10시에야 설렁설렁 찾아왔다. 참 일찍도 온다고 타박했더니, 중환자실에 있을 때 이미 왔었다며 중환자실에서 만난 나는 멀쩡했다고 했다. 그게 뭔 말인가 싶어 반문했더니, 면회 온 그에게 내가 "중환자실 간호사 중에 홍 간호사가 제일 예쁘다"고 해서 병실 밖에 나와서 찾아보니 진짜 그 성을 쓰는 간호사가 있길래 이 양반 안 죽겠다고 안심하며 돌아갔다는데, 내 기억엔 그런 일이 전혀 없다.

하지만 퇴원하는 바로 그 순간부터 진짜 지옥이 기다리고 있을 줄이야. 내 담당의는 지나치게 쿨한 사람이었다. "거의 없는 확률을 뚫고 살아난 건 기적이다. 하지만 앞으로 1년 반, 길어야 2년 정도밖에 안 남은 거 같다"고 담담히 말할 때는 농담인 줄 알았다. 실려 왔을 땐 이미 의식불명이었으므로 불가능했었지만, 이제는 찬찬히 삶을 정리할 시간이 주어졌다는 게 아닌가. 말을 말던가, 그 말이 내게는 고통이었다.

　살아나긴 했지만, 이후는 사는 게 사는 게 아니었다. 걷지도 일어서지도 못하는 몸이었으므로 기약 없는 요양 생활이 시작되었다. 전라남도 해남의 두륜산 자락의 조용한 시골집으로 들어갔다.

　느닷없이 쓰러져 죽는 것도 허망하지만 죽는 날이 오늘일까 내일일까 기다리는 마음도 할 짓이 아니었다. '차라리 쓰러졌을 때 그냥 확 죽어버렸으면 좋았을걸' 하는 생각이 매일같이 나를 지배했다. 아무런 계획을 세울 필요도 없는 그 상황에서 음악도 책도 들리지도 읽히지도 않았다. 웃기는 얘기지만 마흔세 살에 처음으로 '삶이란 무엇인가'에 대해 생각하기 시작했다. 그런데 여기에 대답할 말이 없었다.

아플 때 인간에게 제일 많이 접근하는 게 종교다. 이때 대부분의 사람들이 종교에 관심을 가지거나 귀의한다. 실제로 많은 종교가 나에게 접근했다. 갑자기 사람들이 너무 친절하게 친한 척 접근했고, 그들은 조금만 지나면 종교를 들이밀었다. 특히, 기독교가 기다렸다는 듯이 극렬하게 포교를 했다. 정신적으로 너무 힘든 상황인데도 이상하게 종교를 통해서 위안 받고 싶지는 않았다. 내가 무신론자이고 좌파여서 그랬다고 생각을 했는데, 꼭 그런 것만도 아니었다.

퇴원 후 걸어 다닐 수 있기까지 1년여의 시간이 걸렸다. 하염없이 해가 뜨고 해가 지는 것만을 보고 앉아 있는데 내 인생에 처음으로 '운명'이라는 말이 떠올랐다. 이렇게 무기력하게 인생을 정리해야 한다는 것이 너무 허무하고 억울하고 어이가 없었다. 만약에 운명이란 게 있다면 이렇게 인간을, 혹은 그 인간의 삶을 완벽하게 희롱할 수 있는 것인가? 난 그냥 여기서 대충 생을 마감해야하는 그냥 재수 없는 운명의 주인일 뿐인가? 그렇다면 운명이란것은 재수 없는 것이 아닌가? 그전까지 내게 운명이란 것은 베토벤의 교향곡 제5번 〈운명〉 C단조 Op. 67의 1악장 '운명의 동기' 같은 뜨거운 열정, 혹은 운명적 사랑 같은 그런 뭔가 낭만주의적인, 예술적 상상력으로서의 운명만이 나에게 존재했었는데, 마치 한생을 사는 동안 치러야 할 고통의 빚이라도 받으러 온 양 운명은 간악한 얼굴을 들이밀었다. 그렇게 무의미하게 운명이란 단어와 드잡이를 하고 있을 때 불현듯 내가 열아홉 살 되던 해 1월의 어느 장면이 떠올랐다. 24년간 단 한 번도 떠올려보지 않았던 바로그 장면.

1980년 1월 27일. 내가 대학 입시에 떨어진 다음날이었다. 전화로불합격을 통보받은 나는 이리저리 쏘다니다 친구 집에 들렀는데역시 입시에 미끄러진 그 친구도 마침 집에 없었다. 어쩔까 망설이는 중에 안채에서 친구 아버지가 나오시다가 나를 보더니 자기방으로 들어오라고 하신다. 한복을 입은 그 어르신은 아버지라기보다는 할아버지에 가까웠는데 그 집에 그렇게 많이 놀러 갔는데도 뵙기는 처음이라 대단히 어색했다. 나는 그 방에 들어가서야그분이 뭐하시는 분인지 그리고 내 친구가 왜 아버지 얘기를 하지 않았는지 알 수 있었다.

그분은 사주를 보는 역술가였던 것이다. 사주를 한번 봐줄 테니생년월일시를 묻고는 사흘 뒤에 오란다. 나는 친구에게도 말하지않고 사흘 후에 자석처럼 이끌려 그 방을 다시 들어섰다. 나의 지나간 삶부터 앞으로 일까지 많은 얘기를 해주셨지만 거개는 기억나지 않는다. 확실하게 기억하는 내용은 대충 이렇다.

"이번 대학 입시는 떨어졌지만, 내년에는 그 학교, 그 과에 붙을 거니까 걱정 안 해도 돼. 너는 문창성이 빛을 발하니, 마흔두 살까지는 그걸로 먹고살겠네. 근데 이게 너무 약해서 이때 끊어질 것 같다. 이때 굉장히 큰 삶의 위기가 올 텐데 그걸 잘 넘으면 오래 살겠지만, 여기서 삶이 끝날 수도 있겠다. 그러니 특히 건강에 조심해야겠다."

그러나 더욱 선명하게 기억에 남는 건 "너, 결혼 세 번 하겠다"라는 청천벽력 같은 말이었다. 그때는 그게 일찍 죽는다는 말보다 더 충격적이었다. 1980년, 나는 대학에 떨어진 갓 열아홉 살 소년이 아니던가. 그래서 기억을 한다. 그때서야 난 반응을 했고, 친구 아버지는 가볍게 미소를 지으며 이렇게 덧붙였다.

"결혼 세 번 하기는 싫나? 한 번으로 끝내고 싶으면 처음 결혼할 때, 잊지 말고 꼭 내게 찾아와라. 내가 살아 있으면."

물론 난 까먹었고, 가지 않았다.

그 이야기가 죽을 고비를 간신히 넘기고 해남 산골 마을에 들어앉은 40대 초반 갑자기 떠오른 것이다. 그 이야기가 거의 들어맞지 않았는가. (당시 나는 두 번째 결혼 생활 중이었고, 이듬해 두 번째 이혼을 한다.) 그것은 죽을 날을 받아놓고 살아가는 무기력한 일상에 찾아온 엄청난 충격이었다. '정말 인간의 운명은 정해져 있는지' 궁금해서 견딜 수가 없었다.
'의사 말대로라면 어차피 죽을 거, 궁금한 거나 알아보고 죽자'라는 생각에 그 길로 서울에 있는 후배에게 서점의 역술 코너에 있는 책들을 모조리 사서 보내달라고 했다.

나에게로 가는 지도 혹은 내비게이션, 명리학

닥치는 대로 읽었다. 무슨 말인지 하나도 몰랐지만 그냥 되는 대로 읽었다. 어차피 할 일도 없었다.

원래 나는 종교를 갖는 것조차 비웃었던 사람이다. 종교라는 건 의지박약에 주체적이지 않은 사람들이 의존하는 일종의 아편과 같다고 여겼다. 점이나 굿은 더 말할 것도 없었다. 그런데 내가 오늘 죽느냐, 내일 죽느냐 하는 이 마당에 명리학 책을 죽어라 파고 있으니, 내가 봐도 우스꽝스럽기까지 했다.

'인간, 참 별거 아니네.' 그때 내 심정이 딱 그랬다. 책을 들여다볼수록 그런데 참 흥미로웠다. 마치 내 앞에 내가 앉아 있는 것처럼 내 모습이 잘 보이는 게 아닌가. 그동안 내가 얼마나 나 자신에 대해 무지했는지, 아니 관심조차 없었는지 깨달았던 건 덤이라고나 할까.

1년이 지나고 2년이 지났다. 의사가 말한 시간은 이미 훌쩍 지났는데, 나는 여전히 살아 있었다. 살아 있다는 건 다시 삶을 계속 이어가야 한다는 뜻이었다.

나는 쓰러지기 전과 쓰러진 후 결정적으로 인간이 달라졌다. 그 전에 나를 알던 사람이 그 후에 나를 만나면 이해를 못한다. 딴사람인 줄 안다. 쓰러진 이후에 만난 사람들은 나를 굉장히 온유하고 덕이 깊은 사람으로 생각하는 경향이 있는데 그건 사기다. 그런데 그럴 수밖에 없는 것이 심장과 동맥이 폭발했기 때문에 화를 내는 게 내 자신에게 제일 무서운 일이기 때문이다. 내가 살자고 본능적으로 분노하지 않게 된 것이다.

술을 마시면 안 되는데 살만해지니까 몰래 소주 한 병을 사서 한 잔을 마셨다. 한 모금 마시는 순간, 다 토했다. 며칠 쉬었다가 다시 한 잔을 마셨는데 또 그대로 토했다. 내 몸의 주인이 내가 아니라는 걸 그때 알았다. 내 몸의 주인은 나의 세포구나! 숙주가 죽으면 자기들이 죽으니까 자기들이 살려고 그런 걸 다 거부 반응으로 밀어내는 것이었다. 난 지금까지 소주를 못 마신다. 그런데 술은 꼭 먹고 싶었다. 정기검진을 받으러 갔다가 소주를 먹었더니 토했다고 하니, "그 꼴을 당하고도 술을 먹고 싶은 생각이 들어요?" 하면서도 의사는 내게 복음을 던졌다. "심장이 안 좋으니까, 뭐 와인 한 잔 정도는 괜찮을 것 같네요."

나는 의사의 말을 확대해석했다. 그때부터 생명수를 마시는 마음으로 와인을 마시게 되었고, 그러다 보니까 와인 가게를 열고 음식점까지 하게 됐다. 처음에는 내 또래 음악광들이 모여서 노는 분위기였던 것이 입소문을 타다 보니 내 평생 만나 보기 힘든 사람들이 오는 술집이자 밥집이 되었다.

거기서 난 새로운 인물들을 상대로 본의 아니게 명리학 임상을 하게 되었다. 대기업의 임원이나 고위 공무원, 정치가들, 그런 사람들이 명리학의 광신도들이라는 걸 그때 처음 알았다. 어떤 변호사의 원국을 봐주게 되었는데, 그 친구가 명리학을 공부하고 싶다고 해서 첫 제자로 삼았다.

나는 물어보았다. 당신 같은 사람이 왜 명리학을 공부하려고 하냐고? 그 변호사는 이렇게 말했다. 자신은 사람 그 자체에 관심이 많아서 틈틈이 이런저런 분야를 기웃거렸는데 동서양을 떠나 명리학이 제일 타당성이 높은 것 같다고.

행복하게 보인다고 꼭 행복한 건 아니다

내가 그 과정을 통해서 알게 된 게 하나 있다. 누가 보더라도 이 사람들은 우리 사회 구성원들의 선망의 대상이다. 그래서 겉으로 보면, "참, 멋있다, 부럽다" 싶은 사람들인데, 놀라울 정도로 한결같이 행복하지 않다는 사실을 그들의 얘기를 들으면서 알게 되었다. 이건 또 뭔가? 아무리 내가 자칭 좌파라고 그런 성취와 소유에 대해서 부러워하는 것이 없다면 거짓말이다. 그런데 이들의 사정을 알면 알수록 부러움이 점점 사라졌다. 저런 삶들이 그리 높게 평가하고 싶지 않은 삶이라는 걸 알게 되면서 많은 교훈을 얻었다.

사람들도 다시 만나기 시작했다. 혼자 골방에서 공부하던 명리학을 사람들과 나누기 시작했다. 그러다 대학로 벙커1에서 명리학 강의까지 하게 되었다. 사람 팔자, 참 알 수가 없다.

처음에는 "그래도 나름 진보적 지식인을 자처하는 놈이 웬 사주팔자 놀음이냐?"는 비아냥거림도 꽤 들었다. 그럼에도 나는 그냥 했다. 쭉 밀어붙였다.

왜냐고? 적어도 내게는 명리학이 돈 몇 만 원 내고 보는 시장통의 기복적인 잡설이 아니기 때문이다. 어두컴컴한 골방에서 은밀하게 도사를 만나 그의 말 한마디 한마디에 자신의 운명을 한탄하는 푸닥거리가 아니기 때문이다.

요즈음 들어 '멘붕'(멘탈 붕괴)이라는 표현을 많이 쓴다. 멘탈이 붕괴될 만큼 괴로운 사람이 그만큼 많아졌다는 의미다. 사회는 물질적으로 풍요로워지는데 사람들의 상처와 고통은 점점 커져만 간다. 그 문제를 해결하기 위해 정신과를 찾고, 점을 보러 다니는 사람들이 많다. 우리는 자신의 내면적인 문제, 타인과의 관계의 어려움에 대한 해결책을 찾기 위해 많은 시간과 비용을 지불한다.

내가 쓰러졌을 때 그토록 달려들던 각종 종교 대신 명리학을 선택한 것은 이것이야말로 인간의 문제를 신의 권능이 아닌 바로 인간, 그것도 다름 아닌 내 자신이 스스로 극복할 수 있는 길을 열어준다고 확신했기 때문이지, 다른 이유는 없다. 인간의 문제는 인간이 해결하고 싶다.

명리학은 우주의 보편타당한 본성을 통해 불완전한 인간의 삶을 아름답고 조화롭게 승화시키기 위해 존재한다. 생로병사의 고통 앞에서 모든 인간은 평등하다. 그 고통을 어떻게 이기고, 극복할 것인가를 명리학은 말해준다.

나는 나의 문제를 안고 이리저리 방황하느니, 차라리 그 시간에 자신이 직접 공부해서 자신의 운명을 스스로 판단하고, 새로운 길을 찾아보는 시간을 갖는 쪽이 훨씬 효율적이라고 생각한다.

명리학은 인간이 행복해지는 방법을 찾는 데 아주 유용한 학문이며, 많은 사람들이 명리학을 통해 스스로의 삶을 주체적으로 재구성한다면 우리가 사는 세상은 지금보다는 더 행복해지고 더 정의로워질 거라고 믿는 마음, 그것이 내가 줄기차게 '만인(萬人)의 명리학자화(命理學者化)'를 부르짖는 이유다. 어려울 것, 없다.

명리학이란 무엇인가

인간에게
가장 중요한
연구 대상은
바로 자신이다.

레프 톨스토이
Lev Nikolayevich
Tolstoy

명리의 인간학

명리학의 의미

명리학(命理學)은 미래를 알아맞히는 점술(占術)이 아니다. 명리학은 운명의 이치에 관한 학문이다. 그러나 명리학은 오랫동안 한국 사회에서 점술이라는 오해를 받으며, 역사적으로나 학문적으로 전혀 대접을 받지 못했다. 명리학은 인간에 대한 관심, 즉 나와 너, 우리에 관한 관심에서 시작되었다. 무엇보다도 자기 자신을 알려는 마음에서 출발했다. 명리학뿐만 아니라 인간에 관한 모든 학문은 인간을 알고자 하는 절박함과 욕망에서 시작되었다. 심리학자 지그문트 프로이트(Sigmund Freud, 1856~1939)가 정신분석에 입문한 동기 역시 '나를 알고 싶어서'였다. 내가 명리학에 관심을 갖게 된 것 역시 나 자신을 알아야만 하는 상황에 몰렸기 때문이다. 사실 나만 그런 건 아니다. 명리학은 호기심에서 출발하는 사람들이 절반쯤 되지만, 나머지 절반의 사람들은 자신을 알고 싶고, 나아가 자신을 포함한 주변에 대해 이해하고 싶은 갈증이 큰 이들이다.

인간의 삶은 나와 너의 만남의 총집합이다. 인간의 삶은 대체로 비참하다. 사는 건 그렇게 행복하고 기쁘고 아름답고 대단치 않다. 프랑스 철학자 파스칼(Blaise Pascal, 1623~1662)은 『팡세』(Pensées)에서 "인간은 자연에서 가장 연약한 한 줄기 갈대일 뿐이다. 그러나 그는 생각하는 갈대다"라고 일갈했다. 사실 『팡세』를 끝까지 읽은 사람은 거의 없고, 대부분 이 문장으로만 이 책을 기억한다. 그러나 중요한 내용은 그 뒤에 나온다.

"그를 박살내기 위해 전 우주가 무장할 필요는 없다."

즉, 인간은 그렇게 대단한 존재가 아니라는 이야기이다. 인간의 삶을 잘 표현한 불교 용어가 하나 있다. 생로병사(生老病死)다. 인간의 삶을 가장 축약적으로 표현한 말이다. 생로병사, 태어나서 늙고 병들어 죽는 것이 인간의 삶이다. 이 과정 중에 즐겁고 의미 있는 사건이 하나라도 생기면 그때 사람들은 행복하다고 말한다. 태어나서 늙고 병들고 죽어가는 과정이 우리 삶의 냉정한 밑바탕이다. 어쩌면 명리학의 첫 출발점조차 우리 삶은 불행하고 재미없고 별거 없다는 사실을 겸허하게 전제한 후, 이를 받아들이면서 출발해야 한다. 음양오행(陰陽五行)이라는 잣대로 인간의 본성을 탐구하려는 학문인 명리학은 우리에게 우리 삶의 과정이 어떤 질료(質料)로 이루어졌는지를 냉정하게 알려주는 역할을 한다.

명리학의 역사

지금은 저잣거리의 잡술이 되어버렸지만, 학문의 차원에서 볼 때 명리학은 그 유래가 매우 깊다. 사실 명리학의 대명사처럼 여겨지는 '사주팔자'(四柱八字)라는 용어는 조선 성종 때 최종 완성된, 조선 시대 통치의 기준이 된 최고의 법전 『경국대전』(經國大典)에 처음 공식적으로 소개되었다. 당시 중인들이 응시했던 과거 시험의 잡과에는 음양과(陰陽科)가 있었고, 그 음양과에는 천문학, 지리학, 명과학(命課學, 운명·길흉·화복 등에 관한 문제를 논하는 학문)이 있었다. 그 가운데 명과학은 3년에 한 번씩 시험을 치렀는데, 이를 통해 두 명의 관료를 등용했다. 우리나라에서 명리학이 최소 700년 이상 지속되어온 유서 깊은 학문임을 알 수 있는 대목이다. 명리학에는 태어난 해(年), 태어난 달(月), 태어난 날(日), 태어난 시간(時)으로 구성된 두 글자씩 네 개의 주(柱), 즉 사주(四柱)가 있는데, 그중에서도 특히 태어난 달을 중요하게 여긴다. 왜냐하면 태어난 달(月)은 계절의 구분이 분명하고, 우주의 변화가 가장 선명하게 드러나기 때문이다. 달(月)의 변화에 따라 계절은 봄 → 여름 → 가을 → 겨울, 다시 봄 순으로 순환하고, 기후는 따뜻했다가 더워지고, 서늘해지다가 추워지는 규칙적인 변화를 반복한다.

　　명리학은 중국의 북송(北宋) 시대(960~1127)를 기점으로 큰 변화를 보인다. 북송 시대 이전의 명리학은 태어난 '해'(年)와 '달'(月)을 중요시했다. 1년이 12개월로 분화되듯이, 인간의 기질(氣質)을 열두 가지로 구분한 후, 각 달(月)을 상징하는 동물을 정해, 그 동물을 상징하는 이미지로 변환하여, 어려운 한자보다는 이미지로 쉽게 이해할 수 있는 당사주(唐四柱, 중국에서 들여온 동물의 이미지로 사주를 보는 법) 중심이었다.

그러나 북송 시대의 도교 수련가 서자평(徐子平, 본명 서거이 徐居易, ?~?)이 새로운 명리학을 주장하면서 명리학은 지금과 같은 큰 틀을 갖추게 되었다. 서자평은 태어난 날(日)을 중요시하는 일간(日干, 사주四柱에서 태어난 날인 생일에 해당하는 천간天干, 즉 갑甲·을乙·병丙·정丁·무戊·기己·경庚·신辛·임壬·계癸의 '십간十干' 중의 하나를 가리키는 말) 중심의 명리학을 주장했던 것이다. 태어난 해와 달 중심의 당사주에 비해서 일간 중심의 명리학은 인간사에 대한 판단의 적확성이 높았다. 따라서 구체적인 임상(臨床)을 거친 후 명리학의 중심은 당사주에서 일간 중심으로 변화했다.

명리학에는 고서로 꼽히는 세 권의 책이 있다. 첫 번째로 꼽을 수 있는 책은 북송 시대 서자평의 이론을 발전시킨 『연해자평』 (淵海子平, 중국 남송의 서승徐升이 저술한 것으로 전해지는 명리학 서적인 『연해』淵海와 『연해』의 주석집인 『연원』淵源을 합하여 명의 당금지唐錦池가 편찬한 책)으로 일간 중심 명리학의 뿌리를 내렸다.

두 번째로 꼽을 수 있는 책은 『적천수』(滴天髓, 중국 명대의 유기(1311~1375)가 저술한 명리서)로 원국(原局, 사주팔자)의 여덟 글자를 어떻게 극복하고 새로운 비전을 입체적으로 고찰할 것인가를 의미하는 용신(用神, 원국(사주팔자)의 균형과 절제를 위해 필요한 천간)의 개념을 발전시켰다. 이를 통해서 굉장히 입체적이고, 깊이 있는, 인간학으로서 명리학의 토대가 만들어졌다.

마지막, 세 번째 책은 청나라 시대에 나온 『궁통보감』(窮通寶鑑, 작자 미상)이다. 『궁통보감』은 명리학에서 음양오행의 차갑고, 따뜻하고, 마르고, 습한, 즉 한난조습(寒暖燥濕)의 조후(調候)의 개념을 체계적으로 정리한 책이다.

이렇게 『연해자평』을 거쳐 청나라 시대를 지나며 『적천수』와 『궁통보감』의 두 개의 틀을 바탕으로 명리학은 다양한 이론의 확산과 발전을 거듭하면서 19세기와 20세기 그리고 지금의 모습으로 이어져 왔다.

한·중·일 나라마다 부르는 명칭도 다르다. 한국에서는 '명리학'이라고 하지만, 일본에서는 명리학을 '추명학'(推命學)이라고 한다. 글자 그대로 "운명을 추론한다"는 뜻이다. 그리고 중국에서는 "운명을 산출해낸다"는 뜻으로, '산명학'(算命學)이라고 부른다.

일본과 중국 명리학계의 스타, 아베 다이장과 웨이첸리

19세기와 20세기를 지나며, 일본과 중국에서는 아베 다이장(阿部泰山, 1888~1969)과 웨이첸리(韋千里, 1911~1988)라는 명리학계의 슈퍼스타가 등장한다. 아베 다이장은 중일전쟁 때 일본군 종군기자로 중국에 파견되어, 전장의 살벌하고 비참한 현실을 봤다. 평소 명리학에 관심이 많았던 그는 정작 본업은 제쳐 두고 중국의 당·송·명·청 시대를 거쳐 내려온 어마어마한 학술 자료를 모으는 데 전력을 다했다. 그렇게 모은 트럭 한 대분의 자료를 가지고 일본으로 돌아온 뒤, 그는 명리학 연구에 몰두해 스물두 권의 아베 다이장 전집을 완성했다. 그의 저술은 일본은 물론 한국까지도 큰 영향을 미쳤다. 한국의 많은 명리학자들은 최근까지도 일본 추명학에 근거해서 공부를 했다고 하고, 이것을 바탕으로 추명학 책을 꽤 쓰기도 했다. 그 근거와 바탕이 되었던 것이 대부분 아베 다이장 전집이다.

일본의 추명학은 우리의 명리학과 비교해서 어떻게 다를까? 내 감상을 말하자면, 하나는 마음에 들고, 하나는 마음에 안 든다. 마음에 드는 부분은, 역시 소음인 민족답게 깔끔하게 내용을 정리했다는 것이다. 대충이 없다. 읽는 사람이 충분히 이해할 수 있게 잘 정리되어 있다. 하지만 마음에 걸리는 요소는 삶을 바라보는 관점이 너무 비관적인 쪽으로 치우쳐 보인다는 것이다. 저자가 활동하던 20세기 전반기는 비극의 시대였다. 태평양전쟁과 중일전쟁이 일어났던 전쟁의 시대였고, 따라서 대다수의 사람들이 불행할 수밖에 없었다. 이러한 사회적 배경에서 저술이 되었기 때문에 책의 내용이 너무나 어둡다. 아무리 인간의 삶이 생로병사로 요약되는 것이라 특별히 좋을 게 없다지만, 그래도 어느 정도는 재미있게, 희망을 가지고 살아야 하는데, 일본의 추명학은 인간을 바라보는 관점이 너무나 지나치게 비관적이다. 무책임한 낙관을 막는다는 점에서는 말도 안 되는 사기꾼들보다는 차라리 낫지만, 우울해도 정말 너무 우울하다. 그럼에도 불구하고 일본의 추명학에는 우리가 명리학을 이해하는 데 많은 도움을 줄 수 있는 부분이 존재한다.

그에 비해 웨이첸리는 나라의 스승, 즉 국사(國師)였다. 중국 공산당 최고 지도자 마오쩌둥(毛澤東, 1893~1976)이 사회주의 혁명에 성공하자, 웨이첸리는 홍콩으로 망명해서 대만 총통 장제스(蔣介石, 1887~1975)의 스승이 된다. 장제스는 대만의 국사(國事)를 결정할 때마다 20세기의 제갈량(諸葛亮, 181~234)이라 불렸던 그에게 자주 의견을 구했다고 전한다. 우리나라 삼성그룹 고 이병철(李秉喆, 1910~1987) 회장 역시 중요한 결정을 할 때면 비행기를 타고 홍콩까지 날아가서 자문을 구했을 만큼 웨이첸리는 유명한 일화가 많은 인물이다.

그렇다면 우리에게는 누가 있는가? 한국에도 20세기 들어 세 명의 위대한 명리학자가 존재했다. 첫 번째 분은 1980년대 초반에, 두 번째 분은 1990년대 초반에, 세 번째 분은 2000년에 돌아가셨으니, 모두 21세기를 넘어오지 못했다. 첫 번째 분은 명리학의 자존심 자강(自彊) 이석영(李錫暎, 1920~1983) 선생이고, 두 번째는 도계(陶溪) 박재완(朴在琓, 1903~1992) 선생, 마지막은 가장 영민하고 천재적 재능을 지닌 사람이라 불리는 제산(霽山) 박재현(朴宰顯, 1935~2000) 선생이다. 사실 이 세 사람의 이야기만으로도 2박 3일이 모자란다. 여기서는 이렇게 이름 석 자 듣는 것만으로 넘어가자. 이 세 사람의 생애에 대해서는 앞에 언급한 조용헌의 책에 흥미진진하게 기술되어 있다.

명리학 공부, 헛된 욕심은 금물

명리학을 공부하면 어느 정도의 경지에 이르게 될까? 열심히 공부하면 개인의 운명을 넘어서 인간의 관계, 개인적인 인간관계를 넘어, 사회적 관계, 더 나아가 우주 전체를 통찰하는 게 가능해질까? 한마디로 대답하면 아무나 될 수 있는 게 아니다. 명리학으로 이름을 날리겠다는 헛된 욕심 따위는 애초에 갖지 않는 것이 여러 모로 이롭다. 그런 마음조차 먹으면 안 된다. 왜 안 되는지 이야기하겠다. 명리학을 공부하게 될 경우, 크게 세 가지 단계를 거치게 된다. 우선, 명리학에 대한 공부를 열심히 해서 명리학적 용어와 이해가 탄탄해지는 문리(文理)가 트이는 것, 이게 첫 번째 단계다. 그리고 두 번째는 명리학적 지식이 인간의 삶에 어떻게 적용되는지 실제 인간을 통해 확인하는 통변(通辯, 명리학에서 의뢰인의 원국을 해석하여 의뢰인이 이해할 수 있게 설명하는 일)이라는 단계에 들어선다. 그럼 통변의 단계에 이르려면 어떻게 해야 할까? 사람들을 만나서 원국을 해석하는, 즉 임상의 과정이 적어도 3만 명은 넘어야 통변의 단계에 이르게 된다. 3만 명이 쉬워 보이는가? 하루에 열 명씩 상담한다고 해도 1년에 고작 3,600명밖에 안 된다. 그래서 8년 반 동안 식음을 전폐하고 오로지 상담만 해야 겨우 3만 명이 넘는다. 자, 어찌어찌하여 3만 명을 넘어 통변의 단계에 이르렀다고 하자. 진짜 문제가 되는 것은 세 번째 단계다. 정말로 자신과 자연을 일체화시키려면 우주의 리듬에 맞춰 자기의 영성(靈性)을 키워야 한다. 그래서 명리학의 마지막 단계는 입산수도(入山修道)인 것이다. 즉, 홀로 산에 들어가 수도 생활을 해야 한다. 이게 지금 현실적으로 가능한 일이겠는가. 그러니 우리는 이미 늦었다. 따라서 명리학에서 위대한 업적을 남기려는 꿈은 처음부터 접어야 한다. 흉내조차 내서는 안 된다. 그저 한 사람의 건전한 시민으로서 자신의 삶을 이루는 근간을 이해하는 것에서 만족하겠다는 마음으로 명리학에 접근해야 한다.

신언서판 그리고 이판과 사판

관상학(觀相學)에 신언서판(身言書判)이라는 기준이 있다. 당나라 관리 등용 기준이었다. 관리를 뽑을 때의 첫 번째 기준은 신

(身), 즉 비주얼이다. 당나라 시대부터 중국인들은 사람에게 가장 중요한 건, 첫인상·외관·신뢰감이라고 생각했다. 머리에 든 것보다 보이는 모습이 더 중요하다는 생각은 중국인다운 현실주의적 판단이다. 관리가 자신의 권위를 몸에서 입으로, 즉 말을 꺼내기 전에 모습으로 보여주지 못하면 권위를 가지기 힘들다는 점에서 신(身), 즉 외모는 중요하다. 그 다음이 말(言)을 잘하고, 글(書)을 잘 쓰는 것이다. 그리고 마지막은 판단력(判)이다. 중국인들의 뒤집기 한판인 셈이다. 처음에는 신(身)이 중요하지만, 제일 중요한 것은 판단력(判)이라는 뜻이다. 판(判)에는 이판(理判)과 사판(事判)이 있다. 이판(理判)은 눈에 보이지 않는, 형이상학(形而上學)적인, 어떤 현상을 인간적인 직관에 의해 판단하는 것이다. 사판(事判)은 현실적인, 눈에 보이는 것들을 다 고려해서, 형이하학(形而下學)적인 경험론적으로 판단하는 것이다. 현실적인 판단(사판)과 이론적인 판단(이판)을 다했으니, '난 무조건 한다'가 이판사판(理判事判)이다.

선사판 후이판(先事判後理判)이라는 말이 있다. 주자학을 집대성한 주희(朱熹, 1130~1200)도 선사판 후이판의 행동 지침을 버린 적이 없다고 한다. 예를 들어, 임금께 상소를 할 일이 있을 때 굉장히 세밀하게 준비를 하는 건 사판(事判)의 영역이다. 이에 비해 '그래봐야 임금이 다른 일 때문에 화가 나 있어 지금 상소를 올려 임금의 심기를 잘못 거스르면 자칫 멸문지화를 당할 수 있으니 나중에 올려야겠다'는 생각을 하는 것이 이판(理判)이다. 옛 학자들 중에는 임금에게 상소를 올릴 때 주역 점을 봐서, 아직 때가 아니라는 판단이 서면, 상소문을 일단 책상 서랍에 넣었다는 이야기도 있다. 이판(理判)이 하는 일이다.

속세 명리학이 미신과 잡설로 전락한 이유

자, 그럼 명리학으로 자신의 삶을 분석할 때는 어떻게 판단해야 할까? 중요한 건 글자 그대로 판단해서는 안 된다는 것이다. 속세 명리학이 지금 미신(迷信)과 잡설(雜說)로 전락한 이유는 바로 명리학을 공부하는 사람들 중에 인문·사회과학과 자연과학에 대한 이해가 부족한 사람들이 많기 때문이다. 사회의 구조와 세상 돌아가는 이치에 밝지 못한 사람들이 명리학의 알파벳이라 할 수 있는 천간 열 개(갑甲·을乙·병丙·정丁·무戊·기己·경庚·신辛·임壬·계癸)와 지지 열두 개(자子·축丑·인寅·묘卯·진辰·사巳·오午·미未·신申·유酉·술戌·해亥)를 순차적으로 배합하여 만들어낸 예순 가지 경우의 수인 육십갑자(六十甲子)의 글자만 가지고 사람과 사람, 사람과 세계에 대해 이야기하는 경우가 무척 많다. 이는 현실적인 상황을 살피는 사판(事判)도 제대로 이루어지지 않은 상태에서 성급하게 명리학 이론만 보고 판단하는 이판(理判)을 말하는 것이라 할 수 있다. 하나의 텍스트(text)를 분석하기 위해서는 텍스트를 둘러싸고 있는 굉장히 입체적인 콘텍스트(context)를 이해할 수 있는 구체적인 이해 능력이 있어야 한다. 예를 들어, 바람을 습관적으로 피우는 남편 때문에 고민 중인 사람이 있다고 하자. 남편의 바람이라는 보이는 현상 이면에는 굉장히 많은 사회적 요소가 숨어 있는 법이다. 여기에 각자가 품고 있는 심리적인 문제를 헤아려야 한다. 그것을 이해하지 못한 상태에서 의뢰인의 현상적인 고민만 듣고 다짜고짜 "당신이 바깥으로 돌아서 그렇다. 그런데 남편은 계집이 없으면 재물도 없어지는데, 그렇다면 가난하게 살래?"라고 이야기했다고 치자.(실제로 있었던 일이다.) 이게 과연 제대로 된 답일까? 말도 안 된다. 그렇다면 그들은 왜 이렇게밖에 이야기해주지 못하는 걸까? 현실적인 상황을 살피는 사판(事判)이 안 되고, 글자 그대로의 명리학 이론만 보고 판단하는 이판(理判)만 하려니까 그렇게 되는 것이다. 오랜 역사를 거쳐 만들어진 명리학은 절대 불변의 학문이 아니다. 시대가 바뀌면 모든 패러다임도 이동한다. 명리학 역시 예외일 수 없다. 다시 말해, 이 시대의 환경에 맞는 사판(事判)의 체계가 있다는 말이다. 그렇다면 어떻게 해야 할까? 사판(事判)은 흔히 우리가 말하는 인문·사회과학이다. 이 사판(事判)을 쉼 없이 단련시킨 후에야 비로소 이판(理判)을 제대로 결합시킬 수 있고, 그래야만 진정한 명리학이 완성된다.

사주에 대한 첫 번째 오해

명리학 공부를 하면서 제일 많이 듣는 질문은 "제 사주가 나쁜가요?"이다. 자신의 사주를 말한 뒤 내가 가만히 10초만 입을 다물고 있으면, 사람들은 하나같이 이렇게 묻는다.

"제 사주가 그렇게 나쁜가요?"

사주에 좋고 나쁜 게 과연 있을까? 사실 우주에 좋고 나쁜 건 없다. 그저 우리의 관점일 뿐이다. 명리학을 공부하는 사람이 제일 처음 넘어야 할 장벽은 '인간에 대한 시기심'이다. 여기서 말하는 시기심이란 대체 무엇일까? 나보다 남들은 더 많이 가진 것 같고, 나는 못 사는데 다들 잘살고 있다고 생각하는 것이 바로 시기심이다. 시기심은 자신을 망치고, 자신이 이해해야 할 것들을 가로막는다. 이 시기심을 넘어야 명리학 공부를 제대로 시작할 수 있다.

그렇다면 시기심은 어떻게 없앨 수 있을까? "이 우주엔 좋고 나쁜 것과 우월한 것과 열등한 것이 없다"는 마음을 가지면 된다. 이것은 사주(四柱)를 바라보는 태도에도 똑같이 적용된다. 우주에는 좋고 나쁜 것, 우월하고 열등한 것이 없다. 다만, 다른 성질들이 존재할 뿐이다. 그 성질들은 떨어져 각자 개별적으로 존재하는 것이 아니라, 음(陰)과 양(陽)처럼, 또는 오행(五行, 우주 만물을 이루는 다섯 가지 기운. 목木·화火·토土·금金·수水가 있다.)처럼 서로 관계를 맺고 있다. 이것을 이해하는 것이 바로 명리학의 출발이다. 인간은 애초에 불완전한 동물이다. 따라서 완벽하게 조화로운 사주는 존재하지 않는다. 어딘가 막히거나, 넘치거나, 모자라거나, 없게 마련이다. 예외는 없다. 그러니 사주에 좋고 나쁜 게 따로 있을 리 없다. 단적으로 인간은 신처럼 절대 완벽하게 조화로울 수 없다. 사주팔자는 여덟 글자이고, 오행은 다섯 개이니, 어떻게 해도 뭔가 하나는 부족하거나 넘치기 마련이다. 그래서 태어나는 아이에게 좋은 사주를 받게 해주겠다고 수천·수백만 원을 들여 좋은 시간을 받아 정확한 타이밍에 수술을 통해 아이를 세상에 나오게 하는 일들은 다 부질없다. 왜냐면 어떻게 해도 완벽하게 조화로운 사주란 애초에 존재하지 않기 때문이다.

사주에 대한 두 번째 오해

"명리학은 숙명론인가?"라는 질문도 단골로 등장한다. 태어날 때 가지고 나온 사주에 한 사람의 운명이 미리 다 정해져 있느냐고 묻는 것이다.

　물론 명리학은 숙명론처럼 느껴질 수 있다. 사주를 풀어내는 이야기를 듣고 있으면, 마치 우리는 미리 정해진 프로그램에 의해 처음부터 끝까지 결코 피해나갈 수 없을 것 같은, 영화 〈트루먼 쇼〉(The Truman Show) 속 출연자 같다는 생각을 하게 된다. 자신의 의지로 운명에 저항할 수 없는 것처럼 보인다. 하지만 난 그 생각에 동의하지 않는다. 명리학은 숙명론이 아니다. 명리학은 '인간의 운명을 다루는 학문'이다. 운명(運命)의 운(運) 자를 보라. 이 운(運) 자는 글자 그대로 군대의 행군을 가리킨다. 전투 중인 군대는 진격하고 후퇴하며 매복하고 또 머물러 쉬기도 한다. 한마디로 "끊임없이 운동하고 움직인다"는 뜻이다. 군이 움직이지 않는 경우는 딱 한 가지뿐이다. 모두가 몰살당했을 때이다.

　따라서 운명, 즉 "명(命)을 어떻게 운영할 것인가?"에 대한 학문이 바로 명리학이다. 여기에서의 명(命)은 우리가 태어나면서 우주로부터 부여받은 모든 질료의 총합이다. 그럼 어떻게 하면 끊임없이 변화하고 있는 세상의 질서를 파악할 것인가? 그 세상 속에서 나를 어떻게 정확하게 포지셔닝할 것인가? 지금 이 시점에서 나에게 필요한 기운은 무엇인가? 이런 것들을 연구하는 학문이 바로 명리학이다. 또한 명리학은 중국인 특유의 철저한 현실주의적 사유에 그 바탕을 두고 있다. 이 학문의 유통기한은 태어나서 죽을 때까지다. 명리학은 온전히 삶에 국한된 학문이며 삶 이전, 그리고 죽음과 죽음 이후는 설명할 수도, 설명할 필요도 없다. 따라서 죽음을 예언한다거나 윤회를 거론하며 조상의 문제를 끌고 나오는 것은 명리학과는 관계가 없다.

명리학 공부를 하다 보면, 주변 사람이 물어오는 경우가 당연히 생길 것이다. 명리학을 활용하여 의뢰인과 이야기를 나눌 때, 반드시 "명리학은 점술이 아니다. 난 당신의 인생을, 미래를 맞히는 사람이 아니다"라는 전제 아래 대화를 해야 한다. 의뢰인에게도 그 사실을 명확하게 밝혀야 한다. 거듭 말하지만 명리학은 과학으로 설명하기 힘든 영적 능력으로 그 사람의 미래를 알아맞히는 신점(神占)의 세계가 아니다. 점술이나 신점은 그 사람의 미래, 즉 인생의 결론을 이야기하는 것이다. 따라서 여기에는 그 이야기가 잘 맞는다, 맞지 않는다, 라는 평가가 따른다. 그래서 명리학과 점술의 차이를 구분하지 못하는 사람들이 명리학을 업(業)으로 삼으면 이런 스트레스가 어마어마하다. 한 사람의 운명, 미래를 적중시켜야 용하다는 평가를 받으니 정말 죽을 맛일 거다. 용하다는 소리를 듣고 싶은 사람들은 찾아오는 이들에게 이런 말을 쉽게 한다.

　　"5년 뒤, 넌 큰돈을 벌 것이다!"
　　"지금 다니는 회사에서 잘리지 않으려면 부적을 써야 한다!"

　　그러나 이렇게 한 사람의 인생을 미리 규정하고 뭔가를 강요하는 발언은 세속에 물든 사주쟁이의 사기술이자 협박에 불과하다. 이런 건 명리학이 아니다. 명리학이라는 이름 아래 부적을 쓰고, 굿을 하는 사람은 100퍼센트 사기꾼이다.
　　이런 문화를 만드는 건 비단 잘못된 이야기를 해주는 사람의 책임만은 아니다. 찾아가는 사람 역시 책임이 있다. 아파서 병원을 찾은 환자가 의사에게 어떻게 말하는가? 자신이 어디가 어떻게 아픈지 먼저 말하지 않고, 의사에게 내가 어디가 아픈지 알아맞히라고 하는 사람은 없다. 그것을 잘 맞추느냐 아니냐로 그 의사의 실력을 가늠하는 경우도 없다. 그런데 명리학을 공부한다고 하면 '너, 얼마나 잘 맞추는지 보자!'는 태도를 보이는 사람이 많다. 사판(事判)이 안 되는 사람들이 명리학자임을 내세우는 것도 문제지만, 이런 태도의 사람들 역시 그릇된 문화의 한 축이다.
　　간단하고 분명하게 말해서, 명리학은 뭔가를 적중시키거나,

미래의 일을 미리 알기 위해 존재하는 게 아니다. 뭔가를 미리 말해주기보다 오히려 삶의 고민과 이야기를 들어주는 쪽에 가깝다. 한마디로 말해 카운슬링(counseling)이다. "이 일에서 도저히 만족감을 느끼기 힘들다면 어렵더라도 본인이 하고 싶었던 그 일에 내년부터 단계별로 조금씩 준비해보는 것이 어떻습니까?" 또는 "지금은 잘나가고 있는 것처럼 보이지만, 대운(大運)의 흐름이 넘어갔으므로, 보수적인 전략으로 지금처럼 더 잘될 거라는 욕심을 버렸으면 좋겠습니다"라고 이야기해주는 학문이다.

명리학 공부를 열심히 해서 자신의 사주를 들여다볼 줄 알게 되었다고 하더라도 자신과의 끝없는 대화가 필요하다. 하물며 자신의 사주도 그럴진대 다른 사람의 사주를 본다는 것은 어떠하겠는가? 명리학을 기반으로 누군가와 대화를 할 일이 있다면, 그에게 많은 것을 묻고, 실제의 삶을 들여다보면서 실제의 현상과 명리학적 질서가 이루고 있는 관계를 세심하게 살펴야 한다. 그래야만 진정한 소통이 이루어지고, 제대로 명리학을 공부했다고 말할 수 있다.

그렇다면 다시 처음으로 돌아가 주어진 운명대로 사는 것이 명리학이냐는 질문에 대한 답을 해보자. 나를 찾아와 상담을 하는 사람 중에 열 명 중 세 명은 원국대로 살고 있다. '원국'(原局)이란 쉽게 말해 '태어날 때 주어진 명(命)'이란 뜻이다. 대표적으로 내가 그렇다. 내가 명리학에 빠지게 된 이유도 바로 여기에서 비롯된다. 처음 명리학에 호기심을 가지고 접했을 때 내 사주의 원국에서 보이는 대운(大運)의 흐름과 내 삶을 비교해봤다. 내가 명리학을 처음 접했던 것이 마흔세 살쯤이었는데 그때까지의 내 삶과 원국에서 보이는 대운의 흐름이 대체적으로 일치하는 것을 확인했다. 대운이란 나에게 적용되는 우주의 기운을 천간과 지지, 즉 간지(干支)라는 두 글자로 표현한 것이다. 뒤에 가면 자세히 설명할 것이다.

하지만 나머지 70퍼센트는 다양한 이유로 자신의 원국대로 살지 않는다. 즉, 주어진 대로 살아가지 않는 사람이 대부분이라는 의미다. 그렇다면 원국대로 사는 사람과 그렇지 않은 사람의 차이는 무엇일까? 자신의 원국대로 삶을 살아가는 사람은, 다른 사람이 보기에는 어떨지 몰라도, 자신의 삶에 대해 자족감과 행복을 느낄 가능성이 높다. 이에 비해 외부적인 상황이나 조건 때문에 자신의 원국대로 살지 못하는 사람은 그가 이룬 사회적 성취와는 상관없이 늘 허전함을 느끼고, 자신의 삶에 만족하지 못한다. '남들은 다 날 부럽다고 하는데, 왜 나는 재미가 없지? 왜 자꾸 뭔가 채워지지 않는 것 같을까?……' 이런 기분으로 살고 있다고 말하는 이들은 원국과 다른 삶을 살고 있을 가능성이 높다.

즉, 이 세상에는 자신의 원국대로 살아가는 사람도 있고, 자신의 원국에서 벗어나서 살고 있는 사람도 있다는 것이다. 양쪽 모두 존재한다는 것이다. 그럼 원국대로 사는 건 좋고, 아닌 건 나쁜 것인가? 아니다. 이것 역시 뭐가 더 좋고 더 나쁘다고 딱 잘라 말할 수는 없다.

만일 스스로 자신의 삶이 고민스럽거나 또는 다른 이들의 고민을 들어주게 되었다면 원국을 살펴보는 것이 유의미하다. 자신 또는 고민을 토로하고 있는 그가 자신의 원국대로 살고 있는지, 아닌지를 먼저 살피는 일이 필요하다는 말이다. 그것은 어떻게 아느냐. 대화를 통해서 알 수 있다. 자신의 삶은 본인이 가장 잘 안다. 지금까지 살아온 삶에 대해 끊임없이 질문을 하고 대답을 들음으로써 그가 살아온 지난 과거를 이해하고, 그것을 바탕으로 그의 삶과 원국과의 상관관계를 살피면서 앞으로 어떻게 살아가면 좋은지에 관해 함께 모색해 나가는 것이 가장 좋은 방법이다. 이렇게 서로 대화를 통해 삶의 지혜를 공동으로 만들어내는 커뮤니케이션, 이것이 바로 명리학이다. 이후에 어떻게 살아가느냐는 여기에 좌우된다.

명리학은 숙명론이라기보다는 '관계의 해석학'이라고 보는 것이 타당하다. 즉, 나와 사람, 나와 세계, 나와 우주와의 관계를 어떻게 해석할 것인지를 연구하는 학문이라는 뜻이다. 누군가 당신에게 주어진 원국대로 대운에 맞춰 정해진 운명대로만 살아야 한다고 말한다면, 그것은 거짓말이다. 인간의 삶은 그리 간단치 않다.

그렇다면 삶의 방향을 결정하는 데 명리학은 어떤 역할을 하는가? 가장 중요한 것은 본인의 판단과 의지이다. '관상불여심상'

(觀相不如心相)이라는 말이 있다. 관상학에 나오는 글인데, 백범 (白凡) 김구(金九, 1876~1949) 선생님과 관련된 일화가 있다. 백범의 얼굴은 거지상이었다. 게다가 황해도 출신이라 과거에 응시조차 할 수 없었다. 그래서 인생을 포기하려는 찰나, 관상학 책을 보다가 '관상불여심상'이란 글을 보고 크게 깨우친다. 관상이 아무리 중요하다 한들 심상(心相)만 못하다는 뜻이다. 부모로부터 물려받은 관상보다 더 중요한 건 내 심상, 내 마음의 상이다. 즉, 내 의지와 판단이 중요하다는 말이다. 삶의 방향을 결정하는 중요도를 따지면 의지와 판단이 70퍼센트쯤 된다. 여기에 '태어날 때 주어진 명'이란 뜻을 가진 자신의 원국이 전체의 약 30퍼센트쯤 결정한다. 이것은 무슨 뜻일까? 자신의 판단과 의지가 영향을 미치는 70퍼센트를 위해 나머지 30퍼센트인, 태어나면서 우주로부터 부여받은 자신의 질료를 잘 이해해야 한다는 뜻이다. 이렇게 나의 판단과 의지를 실현하기 위해서 나를 이루는 질료와의 관계를 잘 살피도록 돕는 것이 바로 명리학의 역할이며, 나를 포함한 우리가 현명하게 행복해지기 위한 하나의 상담 체계 혹은 학술 체계가 바로 명리학이다. '나'와 '나'를 둘러싼 모든 관계를 가장 조화롭게 만드는 방법을 연구하는 체계, 이것이 바로 명리학의 핵심이다.

사주에 대한 세 번째 오해

"나와 같은 시간에 태어난 사람들은 그럼 다 같은 운명을 타고났다는 것인가요? 그런 사람이 한둘이 아닐 텐데, 그 사람들이 똑같은 운명대로 산다는 말인가요? 그럼 같은 날 같이 태어난 쌍둥이는 어떻게 되는 건가요?"

많이 들어봤던 질문이지 않은가? 이런 의문을 품고 있는 사람이 굉장히 많다. 여러분은 어떻게 대답할 수 있겠는가? 내 대답은 이렇다.

"절대 같지 않다."

예를 들어, A와 B가 같은 해, 같은 달, 같은 날, 같은 시간에 태어났다고 하자. 그래서 둘 다 같은 원국을 타고났고, 두 사람의 사주 차이는 하나도 없다. 게다가 둘 다 절대음감의 음악적 재능을 강하게 타고난 상황이다. 그렇다면 두 사람 모두 훌륭한 음악가로 성장할까?

A의 부모는 "무슨 사내 녀석이 음악을 한다고! 공부나 열심히 해라!"라고 말한다. 그에 비해 B의 부모는 "우리 아들이 절대음감을 가졌네. 무슨 악기를 하고 싶니?"라고 묻는다. A와 B는 똑같은 재능을 타고났지만, A의 재능은 소멸하거나 억압으로 끝날 것이고, B의 재능은 잘 발전하여 세상에 널리 드러날 것이다.

이해가 되는가? 다시 말해, 같은 시에 태어나 같은 사주를 타고났다고 해서 같은 운명을 사는 건 절대 아니다. 같은 날 태어났다면, 그 질료는 같을 수 있다. 원국의 목(木)·화(火)·토(土)·금(金)·수(水)라는 오행(五行)의 질료는 절대적으로 불변(不變)하지만, 우리 인간은 관계에 의해 상대적으로 결정되는 사회적 존재이다. 사람이 태어나 맺는 관계는 천차만별이다. 누군가와 사주가 같을 수는 있으나 부모까지 같을 확률은 제로다. 태어나서 열여섯일곱 살까지의 나는 내 생각만으로 모든 걸 결정하고, 책임지는 온전한 내가 아니다. 경제적·심리적으로 독립하기 전까지 부모의 양육 방향에 절대적인 영향을 받는다.

이게 끝일까? 아니다. 결혼을 한 사람은 어떤 배우자를 만나느냐에 따라 다시 또 큰 변화를 겪게 된다. 그렇다면 이게 또 끝일까? 아니다. 아이가 태어나면 또 다른 변수가 생긴다. 가정 안에서만 관계가 형성되는 게 아니라는 걸 잘 알 것이다. 사업을 한다면 동업자인 파트너 역시 자신의 특수 관계인이 될 수 있고, 직장 생활을 한다면 동료들이 그런 역할을 할 것이다. 그러니 지금 내 옆에 있는 사람이 누구냐에 따라 내 운명은 달라질 수 있다. 따라서 같은 해, 같은 날, 같은 시에 태어났다고 해서 똑같은 운명을 사는 게 아니라는 건 지극히 당연하다. 이른바 특수 관계인이라고 하는 부모, 자식, 배우자, 친구, 동료 등 다양한 사람들과의 관계 속에서 영향을 주고받는 것이다.

스스로 명리학을 공부해야 하는 이유

자, 그럼 우리는 왜 명리학을 스스로 공부해야 하는가? 우리의 사주를 살피고, 우리의 인생을 이야기해줄 누군가를 찾아갔을 때를 떠올려보자. 보통 3만 원에서 5만 원 정도를 내고 만나는 사람들이 내게 할애해주는 시간은 대략 30분에서 한 시간 남짓이다. 지금의 나를 제대로 파악하기 위한 충분한 대화를 하는 것 자체가 물리적으로 불가능하다. 그 사람이 내가 그동안 어떻게 살아왔는지를 이해하기에는 절대적으로 부족한 시간이다. 나의 삶을 제대로 파악하려면, 내 주변의 특수 관계인의 원국을 살피는 것은 물론, 특수 관계인과 어떤 시기에, 어떤 일로, 서로 영향을 주고받았는지를 모두 종합해서 살펴야 한다. 대운은 고사하고, 한 사람의 원국을 제대로 이해하려면, 가족이 있을 경우에는 가족의 원국이 필요하다. 결혼을 해서 아이가 있다면, 배우자와 자식의 원국까지 함께 살펴야 한다. 이러자면 한 사람의 원국을 보는 데, 최소 1주일의 시간이 필요하고, 상담료도 한 번에 최소 50만 원 이상 들 것이다. 그렇다고 그가 나에 대해서 나보다 더 잘 알까? 나보다 나를 더 잘 아는 사람은 없다. 그렇다면 내가 내 원국을 이해하는 방법만 배운다면 이 세상 누구보다 더 정확하게 나에 대해 알 수 있을 것이 아닌가? 그렇게만 된다면 한 해가 시작될 때마다, 대운이 바뀔 때마다, 사건이 생길 때마다, 연애를 할 때마다, 마음이 불안할 때마다 매번 상담가를 찾아가지 않아도 될 것이 아닌가? 시간과 비용을 아끼는 것도 의미가 있지만, 명리학을 공부하여 스스로 원국을 해석할 수 있게 되면, 무엇보다 자신에 대한 이해가 깊어진다.

이제까지 명리학에 대한 이야기를 간략하게 했다. 본격적으로 들어가기 전에 하나만 더 말하고 넘어가기로 하자. 명리학을 공부하기 전, 우리는 사무사(思無邪, 생각이 바르므로 사특함이 없다)의 마음을 가져야 한다. 이것은 공자의 『논어』(論語) 「위정」

(爲政) 편에 나오는 말이다. 명리학을 공부해서 성공하고 싶다거나 명리학의 지식을 남용(濫用)하여 남을 이용하겠다는 욕망이 아닌, 나와 타인을 있는 그대로 바라보고, 진실된 마음으로 공부하길 바란다. 나만 잘 먹고 잘살겠다는 이기적인 욕망을 버리면, 자신과 타인에 대한 이해도 깊어진다. 사무사, 명리학을 공부할 때 가져야 하는 마음가짐임을 잊지 않아야 한다.

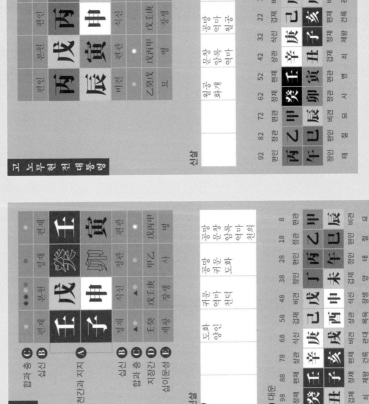

◎ 십이운성은 명리정종 기준을 따른다.

제1강

원국표와의 첫만남

우리가 이 책에서 공부하게 될 명리학이 원국표에서 어떻게 적용되고 있는지 그 구성을 한번 살펴보겠다. 나의 것과 고 노무현 전 대통령, 가수 조용필 그리고 베토벤의 원국표를 예로 들겠다. 이 네 사람이 원국표로 계속 볼 테데, 지금은 아무것도 안 보이겠지만 이 책이 끝나갈 때쯤이면 이 원국표가 점점 익숙해질 것이다. 이렇게 연습

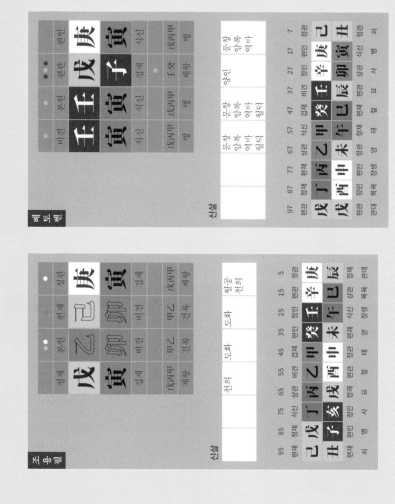

해서 자신의 원국표를 보고 그 뜻을 살펴볼 수 있기를 바란다.

우선, 내 것을 예로 들어보자. 나는 양력 1962년 3월 11일 새벽 1시에 태어났다. 나의 원국을 얻으려면 태어난 생년월일과 시간을 앞으로 100년 동안의 천문과 절기를 추산하여 밝힌 만세력(萬歲曆) 프로그램에 입력하면 된다. 여기에서는 '좌과명리학 프로그램'을 기준으로 설명하겠다. 프로그램은 이 책의 인터넷 카페를 참고하면 무료로 PC 버전을 받을 수 있다. 즉, 생년월일과 시간을 띄어쓰기 없이 쭉 이어서 19620311010100 이란 숫자를 입력하면 위와 같은 값이 만들어진다. 음력은 윤달이라는 변수가 있기에, 만세력에 양력 시간을 입력하는 것이 좋다. 이것을 '원국표'라고 하는데 오른쪽부터 읽쪽으로 읽어나간다. 가장 오른쪽부터 연, 월, 일, 시의 정보가 입력되어 있다. 이것을 오른쪽부터 연주(年柱), 월주(月柱), 일주(日柱), 시주(時柱)로 읽는다. 각각의 연주는 연간(年干)과 연지(年支)로, 월주는 월간(月干)과 월지(月支)로, 일주는 일간(日干)과 일지(日支)로, 시주는 시간(時干)과 시지(時支)로 구성되어 있다.

자, 그럼 이제부터 하나씩 살펴보자. A는 천간과 지지의 영역이다. 나의 연주, 즉 1962년은 임인(壬寅)이다. 연주는 연간과 연지로 구성되어 있다고 했는데, 두 글자 중 윗글자가 연간, 아랫글자가 연지다. 연간은 임(壬)이고, 연지는 인(寅)이다. 그래서 나는 임인년생(壬寅年生)이다.

나의 월주, 즉 3월은 계묘(癸卯)이다. 월주 역시 월간과 월지로 구성되어 있다고 했다. 나의 월간은 계(癸)이고, 나의 월지는 묘(卯)이다. 그래서 나는 계묘월생(癸卯月生)이다.

나의 일주, 즉 11일은 무신(戊申)이다. 일주 역시 일간과 일지로 구성되어 있다. 나의 일주 무신 중 위에 있는 무(戊)를 일간이라고 읽는데, 명리학에서는 가장 중요한 근원이기에 특히 이 일간을 '본원'이라고 읽는다. 그리고 아래에 보이는 신(申)은 일지라고 읽는다. 그래서 나는 무신일생(戊申日生)이다.

마지막으로, 나의 시주, 즉 새벽 1시는 임자(壬子)이다. 시주 역시 시간과 시지로 구성되어 있다고 했다. 나의 시간은 임(壬)이고, 시지는 자(子)이다. 그래서 나는 임자시생(壬子時生)이다.

이것을 총정리하면, 나는 임인년(壬寅年), 계묘월(癸卯月), 무신일(戊申日), 임자시생(壬子時生)이다.

B는 십신(十神)의 영역이다. 연간의 임(壬)은 십신에서 편재(偏財), 연지의 인(寅)은 십신에서 편관(偏官)이다. 지금은 무슨 말인지 모를 테니, 일단 읽고 넘어가자. 이 책을 읽어가면서 점점 무슨 뜻인지 알게 될 것이다.

C는 합(合)과 충(沖)의 영역이다. 초록색, 빨간색, 노란색, 흰색, 짙은색의 다섯 가지 색상과 별 모양, 둥그라미, 삼각형으로 구성되어 있는데, 이 기호들이 바로 합과 충을 나타낸다. 연간, 월간, 일간, 시간의 각 글자들끼리 합이 작용할 때는 각 글자를 위에 둥그라미가 나타나고, 충이 발생할 때는 각 글자 위에 별 모양이 나타난다. 이

임도 지금은 무슨 말인지 모를 테니, 일단 읽고 넘어가자. 점점 무슨 뜻인지 알게 될 것이다.

D는 지장간(地藏干)의 영역이다. 연지 인(寅)의 지장간은 무병갑(戊丙甲)이 세 글자가 나타난다. 이를 지장간이라고 한다. 지장간인 '무병갑'(戊丙甲)의 첫 글자 무(戊)는 초기(初氣), 두 번째 글자 병(丙)는 중기(中氣), 마지막 글자 갑(甲)는 정기(正氣)를 의미한다. 이 글자를 앞어두면, 함과 중에 대한 이해가 쉬워진다. 정리하면, 연지 인(寅)의 초기는 무(戊), 중기는 병(丙), 정기는 갑(甲)이다. 이 하나하나의 글자마다 의미하는 바가 있다.

E는 십이운성(十二運星)의 영역이다. 연지의 십이운성은 병(病)이다.

F는 신살(神殺)의 영역이다. 신살은 표로 그렇게 두 글자로 표기된다. 신살은 연주, 월주, 일주, 시주에 모두 적용된다. 연지 아래에 있는 공망(空亡), 문창(文昌)(원래는 '문창귀인'이지만, '문창'으로 표기함), 역마(驛馬), 암록(暗祿), 천의(원래는 '천의성'이지만, '천의'로 표기함)의 신살들은 연간 임(壬)과 연지 인(寅)에만 작용된다.

G는 대운(大運)의 영역이다. 대운은 10년마다 작용되는 나의 운을 의미한다. 나의 경우 대운이 8, 18, 28, 38, 48, 58, 68, 78, 88, 98 순으로 진행된다. 대운 역시 오른쪽부터 왼쪽 순으로 읽는다. 나의 경우 8세부터 17세까지는 갑진(甲辰) 대운이고, 18세부터 27세까지는 을사(乙巳) 대운이다. 각 대운 역시 천간과 지지가 있어 천간 대운은 갑(甲), 지지 대운은 진(辰)이라고 읽고, 이를 합하여 갑진(甲辰) 대운이라고 읽는다. 대운 역시 연주, 월주, 일주, 시주의 천간과 지지처럼 십신과 십이운성이 작용된다. 8세와 17세 사이, 즉 갑진 대운에는 천간에 갑(甲), 십신으로 편관(偏官), 지지는 진(辰), 지지 십신은 비견(比肩)이 십이운성은 묘(墓)가 나의 원국(사주팔자)에 영향을 미친다. 18세와 27세 사이, 즉 을사 대운에는 천간에 을(乙), 천간 십신으로 정관(正官)이, 지지는 사(巳), 지지 십신은 편인(偏印)이, 십이운성은 절(絶)이 영향을 미친다. 지금은 도대체 무슨 소리인지 답답하겠지만 이렇게 하나하나 공부하다 보면, 어느새 조금씩 눈을 뜨가는 즐거움을 맛보게 될 것이다.

이번에는 고 노무현 전 대통령의 원국표를 읽어 보자. 그는 양력 1946년 9월 1일 아침 9시에 태어났다. 그래서 그의 원국을 알려면 태어난 생년월일과 시간을 띄어쓰기 없이 쭉 이어서 194609010900 을 만세력 프로그램에 입력하면 된다.

그의 천간과 지지를 보자. 고 노무현 전 대통령의 연주, 즉 1946년은 병술(丙戌)이다. 연주는 연간과 연지로 구성되어 있다고 했으므로, 두 글자 중 윗글자가 연간, 아랫글자가 연지다. 연간은 병(丙)이고, 연지는 술(戌)이다. 그래서 고는 병술년생(丙戌年生)이다.

고 노무현 전 대통령의 월주, 즉 9월은 병신(丙申)이다. 월주 역시 월간과 월지로 구성되어 있으므로 그의 월간은 병(丙)이고, 그의 월지는 신(申)이다. 그래서 고는 병신월생(丙申月生)이다.

그의 일주, 즉 1일은 무인(戊寅)이다. 일주 역시 일간과 일지로 구성되어 있다고 했다. 위에 있는 무(戊)를 일간이라고 하는데, 명리학에서는 가장 중요한 근원이기에 '본원'이라고 읽는다. 그리고 아래에 있는 인(寅)은 일지라고 읽는다. 그래서 고는 무인일생(戊寅日生)이다.

마지막으로, 고 노무현 전 대통령의 시주, 즉 아침 9시는 병진(丙辰)이다. 시주 역시 시간과 시지로 구성되어 있으므로, 그의 시간은 병(丙)이고, 시지는 진(辰)이다. 그래서 고는 병진시생(丙辰時生)이다.

이것을 종합정리하면, 고 노무현 전 대통령은 병술년(丙戌年), 병신월(丙申月), 무인일(戊寅日), 병진시(丙辰時) 생이다.

다음은 십신이다. 연간의 병(丙)은 십신에서 편인, 연지의 술(戌)은 십신에서 비견이다.

함과 충을 보자. 초록색, 빨간색, 노란색, 흰색, 검은색의 다섯 가지 색상과 별 모양, 동그라미, 삼각형으로 구성되어 있는데, 이 기호들이 함과 충을 나타낸다. 연간, 월간, 일간, 시간의 각 글자들끼리 함 이 작용할 때는 각 글자를 위에 동그라미가 나타나고, 충이 발생할 때는 각 글자 위에 별 모양이 나타난다.

다음은 지장간이다. 연지 술(戌)의 지장간은 신정무(辛丁戊)이 다. 이 글자가 나타난다. 지장간인 '신정무(辛丁戊)'의 첫 글자(신辛)는 세 글자가 나타난다. 지장간은 '신정무'의 첫 글자(신辛)는 초기, 두 번째 글자(정丁)는 중기, 마지막 글자(무戊)는 정기를 의미 한다. 이 글자를 읽어두면, 함과 충에 대한 이해가 쉬워진다. 연지 술가 영향을 미친다.

이번에는 대한민국 최고의 가수인 조용필의 원국을 살펴보자. 그는 양력 1950년 3월 21일 새벽 4시에 태어났다. 그의 원국을 알려면 태어난 생년월일과 시간을 띄어쓰기 없이 죽 이은 숫자 195003210400을 만세력 프로그램에 입력하면 된다.

천간과 지지부터 보자. 조용필의 연주, 즉 1950년은 경인(庚寅)이다. 연주는 연간과 연지로 구성되어 있으므로, 두 글자 중 위에 있는 글자가 연간, 아래에 있는 글자가 연지다. 따라서 연간은 경(庚)이고, 연지는 인(寅)이다. 그래서 그는 경인년생(庚寅年生)이다.

조용필의 월주, 즉 3월은 기묘(己卯)이다. 월주 역시 월간과 월지로 구성되어 있다. 조용필의 월간은 기(己)이고, 그의 월지는 묘(卯)이다. 그래서 그는 기묘월생(己卯月生)이다.

그의 일주, 즉 21일은 을묘(乙卯)이다. 일주 역시 일간과 일지로 구성되어 있다. 위에 있는 을(乙)을 일간이라고 하는데, 명리학에서는 가장 중요한 근원이기에 특별히 '본원'이라고 한다. 아래에 있

(戊)의 초기는 신(辛), 중기는 정(丁), 정기는 무(戊)이다. 이 하나하나의 글자마다 의미하는 비가 있다.

이제 십이운성이다. 연지의 십이운성은 관대(冠帶)이다.

신살은 연주, 월주, 일주, 시주에 모두 작용된다. 연지 아래에 있는 월공과 화개라는 신살들은 연지 술(戌)과 연지 술(戌)에만 작용된다.

그 노무현 전 대통령의 경우 대운 2, 12, 22, 32, 42, 52, 62, 72, 82, 92 순으로 진행된다. 그 노무현 전 대통령의 경우 2세부터 11세까지는 정유(丁酉) 대운이고, 12세부터 21세까지는 무술(戊戌) 대운이다. 각 대운 역시 천간과 지지가 있어 천간 대운은 정(丁), 지지 대운은 유(酉)라고 하고, 이를 합하여 정유(丁酉) 대운이라 읽는다. 대운 역시 연주, 월주, 일주, 시주의 천간과 지지처럼 십신과 십이운성이 작용된다. 정유(丁酉) 대운, 즉 2세와 11세 사이에는 천간에 정(丁), 십신으로 정인(正印), 지지는 유(酉), 지지 십신은 상관(傷官)이 십이운성은 목욕(沐浴)이 원국(사주팔자)에 영향을 미친다. 12세와 21세 사이, 즉 무술 대운에는 천간에 무(戊), 천간 십신으로 비견(比肩)이, 지지는 술(戌), 지지 십신은 비견이, 십이운성은 관대(冠帶)

는 묘(卯)는 일지라고 읽는다. 그래서 그는 을묘일생(乙卯日生)이다. 마지막으로, 시주, 즉 네 번째 기둥은 무인(戊寅)이다. 시주 역시 시간과 지지로 구성되어 있다. 조용필의 시간은 무(戊)이고, 시지는 인(寅)이다. 그래서 그는 무인시생(戊寅時生)이다.

이것을 정리하면, 조용필은 경인년(庚寅年), 기묘월(己卯月), 을묘일(乙卯日), 무인시생(戊寅時生)이다.

다음은 십신이다. 연간의 경(庚)은 십신에서 정관, 연지의 인(寅)은 십신에서 겁재이다.

이제 합과 충이다. 오행색이다. 초록색, 빨간색, 노란색, 흰색, 검은색의 다섯 가지 색상과 별 모양, 동그라미, 삼각형으로 구성되어있는데, 이 기호들이 합과 충을 나타낸다. 연간, 월간, 일간, 시간의 각 글자들끼리 합이 작용할 때는 각 글자들 위에 동그라미가 나타나고, 충이 발생할 때는 각 글자 위에 별 모양이 나타난다.

연지 인(寅)의 지장간은 무병갑(戊丙甲)의 세 글자가 나타난다. 지장간인 '무병갑(戊丙甲)'의 첫 글자(무戊)는 초기, 두 번째 글자(병丙)는 중기, 마지막 글자(갑甲)는 정기를 의미한다. 이 글자를 알아

두면, 합과 충에 대한 이해가 쉬워진다. 연지 인(寅)의 초기는 무(戊), 중기는 병(丙), 정기는 갑(甲)이다. 이 하나하나의 글자마다 의미하는 바가 있다.

연지의 십이운성은 제왕(帝旺)이고, 연지 아래에 있는 월공, 천의(원래 천의성이지만 '천의'로 표기함)의 신살들은 연간 경(庚)과 연지 인(寅)에만 작용된다.

조용필의 대운은 5, 15, 25, 35, 45, 55, 65, 75, 85, 95 순으로 진행된다. 5세부터 14세까지는 경진(庚辰) 대운이고, 15세부터 24세까지는 신사(辛巳) 대운이다. 각 대운 역시 천간과 지지가 있어 천간 대운은 경(庚), 지지 대운은 진(辰)이라고 읽고, 이를 합하여 경진(庚辰) 대운이라 읽는다. 대운 역시 연주, 월주, 일주, 시주의 천간 지지처럼 십신과 십이운성이 적용된다. 경진 대운, 즉 5세와 14세 사이에는 천간에 경(庚), 십신으로 정관(正官), 지지는 진(辰), 지지 십신은 정재(正財)가, 십이운성은 관대(冠帶)가 조용필의 원국(사주팔자)에 영향을 미친다. 15세와 24세 사이, 즉 신사 대운에는 천간에 신(辛), 천간 십신으로 편관(偏官)이, 지지는 사(巳), 지지 십신은 상관(傷官)

이, 십이운성은 목욕(沐浴)이 영향을 미친다.

섬이을 보자. 연간의 경(庚)은 십신에서 편인, 연지의 인(寅)은 식신에 해당한다.

이편에는 함과 충이다. 함과 충의 기호에 대해서는 앞에서 반복 해서 이야기 했으니 생략한다.

다음은 지장간이다. 연지 인(寅)의 지장간은 무병갑(戊丙甲)이 다. 무(戊)는 초기, 병(丙)은 중기, 마지막 글자 갑(甲)은 정기에 해 당한다. 나중에 알게 되겠지만 이 하나하나의 글자마다 의미하는 바가 있다. 즉 천간의 글자에는 딸린 지지의 글자 인(寅)의 성격을 대표하는 것은 정기인 식신 갑(甲)이지만 이 정기의 요소 인(寅)의 이 사람에게 편재에 해당하는 무(戊)와 편재에 해당하는 병(丙)이 요소가 복잡하게 숨어 있다는 뜻이다.

십이운성을 보면 연주, 일주, 시주의 십이운성은 병(丙)이며 월 주는 제왕이다. 연지 아래에 있는 문장(인데 문장귀인(文昌貴人)이지 만 문장으로 표기함)과 암록(暗祿) 역마(驛馬)라는 신살은 연지와 일지 그리고 시지에서 작용한다. 월주를 자지하고 있는 신살은 양 인(羊刃)이며 일주와 시주엔 월덕(원래는 월덕귀인[月德貴人이지만

그럼 마지막으로 각국가 베토벤의 원국표를 살펴보자. 그는 독일의 본에서 양력 1770년 12월 16일 새벽 3시 40분에 태어났다. 따라서 만세력 표로 그렇게 그의 생년월일시를 합한 17701216340을 입력 하면 앞에서 본 그의 원국표가 만들어진다.

그의 연주, 즉 1770년은 경인(庚寅)이다. 연간은 경(庚)이고 연지 는 인(寅)이다. 따라서 그는 경인년생(庚寅年生)이다.

그의 월주, 12월은 무자(戊子)다. 월간은 무(戊)이고 월지는 자 (子)다. 그래서 이 사람은 무자월생(戊子月生)이다.

그의 일주, 16일은 임인(壬寅)이다. 일간은 임(壬), 일지는 인(寅) 이다. 이 사람은 임인일일생(壬寅日生)이다.

그의 시주 새벽 3시 40분은 임인은 임인(壬寅)이고 시지는 인(寅)이다. 이 사람은 임인시 생(壬寅時)이다.

이것을 종합리하면 베토벤은 경인년 경인년(庚寅年), 임 자월생, 무자월(戊子月), 임 인일(壬寅日), 임인시(壬寅時) 생이다.

월덕으로 표기함)이 추가된다.

이제 대운을 보자. 이 사람의 경우 대운이 7, 17, 27, 37, 47, 57, 67, 77, 87, 97순으로 진행된다. 7세, 17세, 27세 이렇게 이어지는 나이에 10년씩의 대운이 바뀌어 적용된다는 뜻이다. 대운 역시 오른쪽에서 왼쪽 순으로 읽는다. 7세부터 16세까지가 기축(己丑) 대운이고 17세에서 26세까지가 경인(庚寅) 대운이다. 천간 대운은 기(己), 지지 대운은 축(丑)이라고 읽고 이를 합하여 기축(己丑) 대운이라 읽느다. 즉 7세에서 16세 사이의 10년 동안 적용되는 기축(己丑) 대운은 천간의 기(己)가 십신으로는 정관의 의미를 지니며 지지 축(丑) 역시 십신으로는 정관의 의미가 있으니 아래위로 정관이 강하게 작용한다고 보아야 할 것이다. 이에 따르는 십이운성은 쇠(衰)가 되고 해당되는 신살은 없다. 17세 대운은 경인(庚寅) 대운으로 연주와 같은 대운이다. 각각 편인과 식신에 십이운성 병(病)과 신살 문창, 암록, 역마가 동행한다. 원국에서 강한 십이운성 병(病)과 신살 문창, 암록, 역마가 대운에서 다시 들어오니 이 기운들이 엄청나게 발휘될 것임을 예감할 수 있다.

아직은 구체적으로 무엇을 말하는 것인지 도통 모르실 것이다. 지금은 원국표를 어떻게 읽는지만 읽고 넘어가면 되겠다.

53

만물의 기초

하늘과 땅은 비록
오래되었어도
끊임없이 새것을
낳고, 해와 달은
비록 오래되었어도
그 빛은 날마다
새롭다.

박지원
朴趾源

음양과 오행

혼돈왕의 죽음과 음양 개념의 출현

"옛날 고사에 남해왕과 북해왕 사이에 '혼돈'(混沌)이라는 이름의 혼돈왕이 있었다. 어느 날 혼돈왕은 남해왕과 북해왕을 초청해서 잔치를 거하게 열었다. 그때 인간에게는 일곱 개의 구멍이 있었는데, 혼돈왕에게는 몸에 구멍이 하나도 없었다. 잔치로 인해 기분이 좋았던 남해왕과 북해왕은 잔치에 대한 감사의 뜻으로 혼돈왕에게 하루에 한 개씩 구멍을 뚫어주었다. 그런데 혼돈왕의 몸에 일곱 개째의 구멍을 뚫는 순간, 그만 혼돈왕이 죽어버렸고, 혼돈이 사라져버렸다."

『장자』에 나오는 이야기다. 전형적인 동양 우화인데, 우리에게 많은 것을 시사한다. 방위로 보면, 남해왕이 있는 남쪽은 '화'(火), 북해왕이 있는 북쪽은 '수'(水)이다. 혼돈왕이 살아 있었을 때는 남쪽과 북쪽의 가운데에서 둘을 중재하는 '혼돈'이라는 개념이 있었다. 불과 물이라는 서로 공존할 수 없는 극단적인 요소들이 혼돈왕이라는 중간적인 존재로 인해서 순탄하게 공존했다. 그러나 혼돈왕이 사라지자, 이때부터 남해왕과 북해왕은 처절하게 전선을 맞대고, 죽느냐 사느냐의 게임에 들어가게 되었다. 이른바 음양(陰陽)이라는 개념이 출현한 것이다. 이 이야기에는 구멍을 뚫지 않고 그대로 놔뒀으면 되는 것을 더 좋게 한다고 구멍을 한 개씩 뚫는 바람에, 다시 말해, 우주가 이미 부여한 질서를 인위적으로 바꾸려고 하는 바람에 혼란과 갈등이 시작됐다는 뜻이 숨어 있다.

우리가 지금 있는 이곳을 '정의'라고 규정하는 순간, 그 공간을 제외한 곳은 '부정의'가 되어버린다. 이렇듯 경계를 명확히 하는 시대가 오히려 진정한 혼돈의 순간일 수 있다. 다시 말해, 우주 근원의 시점에서 볼 때 음과 양으로 규정되기 이전의 혼돈의 상태, 즉 그 자체로 조화로운 상태인 혼돈의 상태야말로 우주의 가장 완벽한 상태였을 수도 있다는 것이다. 다시 이야기로 돌아와 혼돈왕의 시대가 사라지고, 남해왕과 북해왕만 남게 되면서 중간이 사라진 음과 양의 개념이 시작되었다.

음양이란 무엇인가

이렇게 시작된 음(陰)과 양(陽)의 개념은 고정된 개념이 아니다. 음양(陰陽)의 개념을 너무 고정된 것, 절대적인 것으로 믿어서는 안 된다. 음과 양을 정해진 무엇으로 규정하는 순간, 우리는 명리학의 세계로 한 발자국도 나아가지 못하고 자기만의 틀에 갇히게 된다.

음과 양은 우주를 이루는 가장 중요한 원칙이자, 우주적 요소를 설명하는 첫 출발점이다. 음과 양은 서로 대립되는 것이면서 다른 것이고, 그러면서 동시에 같은 것이다. 보통 음양 하면 떠오르는 가장 대표적인 게 '남자'와 '여자'다.

우주는 대립적인 요소로 구성된다. 다시 말해, 자아와 타자의 개념이 있고, 타자가 존재함으로써 내가 존재할 수 있다. 남과 여, 밝음과 어둠, 시작과 끝, 불과 물, 시간과 공간, 단단함과 부드러움, 우익과 좌익. 이 모든 대립적 요소들을 가리켜 어떤 것은 양으로, 어떤 것은 음으로 규정하는 건 중요하지 않다. 흔히 남자는 양이고, 여자는 음, 단단한 것은 양이고, 부드러운 것은 음이라고 하는데, 이런 것은 단편적인 인식이다. 난 그런 인식에 동의하지 않는다. 우주에는 이런 개념이 존재하지 않는다. 얼마든지 바뀔 수 있는 개념이고, 거꾸로 될 수 있다. 무엇이 음이고 무엇이 양이냐가 중요한 게 아니라 그것들이 서로 대립적인 존재라는 것, 하나가 있어야 나머지 하나도 존재할 수 있는 개념이라는 것이 중요하다. 그렇지만 이런 개념을 음양으로 구분해서 이해하면, 이렇게 말할 수 있다. 양으로 표상(表象)된 남자들은 활달하고, 적극적이고, 단순하고, 멍청하다. 많은 남자와 연애한 여자들의 이야기를 들어보면 비슷하다. 얼핏 복잡해보여도 남자들처럼 단순한 동물이 없다. 조금만 칭찬해주면 자신이 대단한 줄 아는 바보 같은 존재가 바로 남자들이다. 진짜 단순하다. 이에 비해, 여자는 다르다. 여자를 많이 상대해야 하는 직업에 종사하는 사람들이나 여자와 많이 사귀었던 남자들의 이야기를 들어보면, 역시 비슷하다. 처음엔 너무 뻔했는데, 알면 알수록 도대체 여자를 모르겠다고들 한다. 이런 이야기를 듣다 보면, 남자와 여자는 정말 달라 보인다. 그렇지만 과연 그럴까? 심리학자 칼 융(Carl Gustav Jung, 1875~1961)이 정립한 아니마(anima, 남성이 지니는 무의식적인 여성적 요소)와 아니무스(animus, 여성이 지니는 무의식적인 남성적 요소)라는 용어가 있다. 이 용어만 봐도 남성이 남성성만 지닌 것이 아니고, 여성이 여성성만 지닌 것이 아님을 알 수 있다.

그렇다면 남성다운 것은 무엇인가? 또 여성스러운 것은 무엇인가? 구체적으로 따지고 들어가다 보면, 세상에는 단정적으로 정의할 수 있는 남성성과 여성성의 개념은 없다는 것을 금방 알 수 있다. 대개가 관습적으로, 이데올로기적으로 정리된 것일 뿐이다. 임신과 출산을 한다는 점이 결정적인 차이이기는 하다. 이러한 차이로 인해 양과 음의 특성과 역할이 남자와 여자에게 고

정된 것처럼 보이지만, 이 또한 가부장적 이데올로기일 가능성
이 농후하다. 원시시대 때 남자는 나가서 공동체가 먹고살 수 있
도록 사냥을 하고, 여자는 애를 키우고 빨래를 하는 등 집 안 일을
하면서 남자를 경제적으로 보조했다고 하지만, 많은 연구에 의하
면 남자가 사냥을 해온 것보다는 여자가 채집한 것으로 인류가
생존했다는 설이 유력하다. 즉, 인류가 남자가 사냥을 나가서 어
쩌다 잡아오는 짐승 한두 마리에 의지했다면, 인류는 이미 다 아
사(餓死)하여 멸종하고 말았을 것이라는 것이다. 인류는 오히려
여자가 채집(採集)한 것으로 살아왔다는 '채집경제설'(採集經濟
說)이 더 설득력이 있다. 그러니 고정된 성 역할로 음양을 인식하
는 것은 바람직하지 않다. 따라서 양이 음보다 더 좋은 것이라거
나 강하다는 인식이야말로 전형적인 속류적 사고이다.『적천수』
에는 다음과 같은 음미할 만한 구절이 있다.

"오양종기불종세 오음종세무정의"
(五陽從氣不從勢 五陰從勢無情義)

"다섯 개의 양(甲·丙·戊·庚·壬, 다음 장에서 배우게 될 천간
이다.)은 기(氣)를 따르되 세력을 쫓지 않고, 다섯 개의 음(乙·丁·
己·辛·癸, 다음 장에서 배우게 될 천간이다.)은 정과 의리 없이
세력을 쫓는다.

한마디로 양은 '명분'이고 음은 '실리'라는 이야기이며, 부드
러움은 능히 굳셈을 제어할 수 있지만 굳셈은 부드러움을 제어할
수 없다는 것이다. 다시 말해, 양은 그 기운이 밖으로 화려하게 드
러나지만 안으로 응축된 음의 기운을 당하지 못한다는 이야기가
된다. 정말이지 흥미롭고도 노골적인 관점이다.

음양과 태극

음양을 이해하기 위해 조금 더 나아간 개념이 바로 '태극'(太剋)

이다.

태극은 음양이라는 개념을 입체적으로 만든 것이다. 태극은 우주의 본체(本體)라고도 하고, 천지(天地)가 아직 열리지 않고 음양의 2기(二氣)가 나누어져 있지 않을 때 존재했던 단 하나의 존재리고 사전에는 설명이 되어 있다. 동양에서 모는 사유 체계의 근원이 되었던 이 태극은 우리 선조인 동이족(東夷族)에게서 나왔다. 태극은 중국의 한족(漢族)이 원조(元祖)가 아니라, 우리에게서 나온 것이다.

태극은 음과 양을 구분하지 않는다. 태극이 가지고 있는 개념의 핵심은 양이 극에 달하면 음이 되고, 음이 극에 달하면 양이 된다는 것이다. 다시 말해, 바닥에 금을 그어 놓고, 그어진 금을 기준으로 왼쪽은 음, 오른쪽은 양이라고 구분하지 않는다는 것이다. 음과 양이 둘이면서 하나이고, 음이 양이 되고 양이 음이 되는 것이 대한민국의 국기인 태극기 한가운데 있는 태극문양의 기본 개념이며, 음양설의 핵심이다.

"사람의 운명이 정해져 있다."

이런 말은 가장 도식적인 세계관이다. 대표적인 게 미 제국주의의 세계관이다.

"세계에는 악의 축이 있고, 우리는 선을 수호하는 경찰이다."

이런 도식적인 선악(善惡), 미추(美醜)의 문법이 말도 안 된다고 이미 수천 년 전에 우리는 태극의 개념으로 이야기하고 있었다. 음양은 이렇듯 단순히 우주가 만들어내는 물체나 성질의 고정된 양면을 말하는 것이 아니다. 음과 양이 입체적으로, 양은 음으로, 음은 양으로 서로 변화하기도 하고, 서로 부딪치고 대립하며 하나로 화합하기도 하고, 새로운 개념으로 바뀌기도 한다. 한 남자와 한 여자가 만나서 결혼을 하고 섹스를 하면 남자와 여자의 유전자를 반반씩 이어받았으면서도, 둘과는 똑같지 않은, 새로운 창조물이자 우주적인 존재인 '자식'이 만들어지는 것 역시 이러한 원리로 이해할 수 있다. 이렇듯 음양은 절대 고정된 것이 아니며, 대립하긴 하지만, 적대적인 것은 아니다.

음양과 오행

그렇다면 음양은 어떻게 변화할까? 우선, 시간에 따라 움직인다. 사계절을 음양으로 구분하면, 봄과 여름은 성장하고 발산하는 기운이 강하기에 양(陽)이고, 가을과 겨울은 수렴하고 응축하는 기운이 강하기에 음(陰)이다. 음양이 나오면 그 다음 나오는 것은 오행(五行)이다. 우주의 질료인 목(木), 화(火), 토(土), 금(金), 수(水)로 이루어진 오행은 2,000년 역사의 동양 문화에서 이어내려온 핵심 개념으로 삶의 다양한 분야와 연계되어왔다. 사계절과 환절기를 오행과 결부시키면 어떻게 될까?

봄은 목(木), 여름은 화(火)에 배속되고, 가을은 금(金), 겨울은 수(水)에 배속된다. 그리고 토(土)는 계절을 매개하는 환절기에 속한다. 고정되지 않고, 순환한다는 관점에서 음양과 오행은 크게 다르지 않다.

동북아시아 삼국(三國), 중국·일본·한국이 음양오행과 친숙한 것은 세 나라가 모두 북위 30도에서 40도 사이에 위치해 있기 때문이다. 무슨 말이냐. 이 지역은 사계절의 변화가 선명하다. 그에 비해 적도나 북극지방에 사는 사람들은 1년 내내 더운 화(火)이거나 추운 수(水)의 기운만 가득해서 계절의 변화를 느끼기 어렵다.

명리학의 한계와 관련해 흥미로운 점이 하나 있다. 모두 북반구가 기준이라는 것이다. 북반구에 태어난 사람은 출생지가 어디든지 명리학의 체계에 모두 적용이 가능하다. 그렇지만 남반구에서 태어난 사람들은 현재의 명리학 체계로는 적용하기가 어렵다. 북반구 중위도가 겨울일 때, 남반구 중위도는 여름이 되어, 계절이 서로 반대가 되기 때문에 두 지역에 같은 음양오행을 적용할 수 없다. 예를 들어, 남반구 호주에서 태어난 사람들에게는 현재의 명리학 이론이 맞지 않다. 따라서 남반구는 남반구의 리듬에 맞는 판을 다시 짜야 하는데, 그게 언제가 될지는 아무도 모른다.

아래의 그림은 오행을 이루는 우주의 기운인 목, 화, 토, 금, 수 다섯 가지 기운이 계절, 하루, 방향, 색깔, 숫자, 유교의 덕목, 인체의 장기 등의 동양 문화와 어떻게 결부되어 있는지 한눈에 알아볼 수 있도록 구성한 것이다. 오행의 기본적인 특성을 파악하는 데 도움이 될 것이다.

자, 그렇다면 이제 오행의 다섯 가지 기운의 특징을 하나씩 살펴보자.

木
봄, 아침, 동(東), 청(靑),
3과 8, 인(仁), 간담
(肝膽: 간과 쓸개), 뼈(骨),
성장, 의지, 명예, 오만

水
겨울, 밤, 북(北), 흑(黑),
1과 6, 지(智), 신장
(腎臟: 콩팥), 방광(膀胱),
지혜, 욕망, 본능, 망상

火
여름, 낮, 남(南), 적(赤),
2와 7, 예(禮),
심장(心臟), 소장(小腸)
열정, 자신감, 다혈질

金
가을, 저녁, 서(西), 백(白),
4와 9, 의(義),
폐(肺), 대장(大腸),
냉정, 절제, 비판, 잔소리

土
환절기, 사이, 중앙(中央),
황(黃), 5와 10, 신(信),
비위(脾胃: 지라와 위),
중용, 끈기, 고집

목(木)

오행의 첫 번째 기운은 '목'(木)이다. 목(木)은 사계절 중 '봄'에 해당한다. 인간의 삶에서는 유아기에서 10대 초반의 소년기이다. 목(木)의 키워드는 '성장' 또는 '순수한 호기심'이다. 때 묻지 않은 순수함은 목의 성질 중 일부이다. 나무는 쑥쑥 하늘높이 자란다.

木

봄, 아침, 동(東), 청(靑), 3과 8, 인(仁), 간담 (肝膽: 간과 쓸개), 뼈(骨), 성장, 의지, 명예, 오만

물론 넝쿨처럼 옆으로 자라는 나무도 있지만, 우리가 상상하는 대부분의 나무는 땅에 뿌리를 내리고, 하늘을 향해 올라간다. 나무의 성질이나 나무가 있는 풍경을 떠올리기보다는 지표면에서 하늘을 향해 올라가는 상승의 기운을 상상하길 권한다. 이 개념을 이해하기는 쉽지 않다. 지구 위에 존재하는 모든 물체는 만유인력의 법칙에 의해 지구의 중심으로 떨어진다. 나무로 표상되는 목(木)의 상승하는 기운은 우리가 일상에서 만나기 힘든 멋진 개념이다. 우리는 중력의 법칙을 거스르는 홍길동이 아니라서, 하늘을 날지도, 둔갑술을 부리지도 못하고 중력의 법칙과 현실의 제약에 매여 산다. 하지만 나무는 중력을 거스르기에 불안한 느낌을 준다. 현실 불가능함을 꿈꾸는 아이들의 행동을 보면 왠지 불안하다.

　그래서 목(木)과 목(木)이 만나면, 묘한 긴장감이 형성된다. 하나의 땅에 두 나무가 있으면 서로 경쟁하면서 성장한다. 명예를 소중히 여기는 사람들이 같은 공간에 있으면, 서로에 대한 경쟁심이 생겨난다. 원국 안에 목(木)을 많이 가진 사람들은 내면이 잔잔한 호수처럼 평화롭기 어렵다. 시기와 질투심은 목(木)이 많은 이들의 아름답지 못한 특징이기도 하다. TV를 보다가 아무도 묻지 않았는데, "쟤는 고쳤어!"라고 말하는 사람들이 있다. 그들은 기질적으로 내면에 시기와 질투심이 있다. 이런 사람들은 누군가를 칭찬하는 모습을 보면 가만히 못 있는다. "물론 그런 점도 있지만요"라면서 꼭 결점을 말하고, 물타기를 하곤 한다. 회사에서 표창장을 받았다고 말하는 친구에게 칭찬하고 축하해주기보

다는 자신이 고등학교 때 상 받은 일을 말하는 친구들이 있다. 목의 기질이 많은 사람이 성숙하지 못했을 때, 시기와 질투로 타인을 대응하는 방식이다.

목(木)의 성질은 일단 직진(直進)이다. 이들은 돌아가는 방법을 모른다. 현실의 장애물을 피하기보다는 정면 돌파한다. 집 밖에서 아이들을 데리고 다닐 때 늘 아이들을 잘 살펴야 하는 이유가 있다. 길 건너편에 자기가 좋아하는 친구가 눈에 보이기라도 하면 아이들은 도로에 차들이 지나가는 것도 살피지 않고 아무 생각 없이 친구만 바라보고 직진한다. 좌우를 살피는 조심성이 있으면 사고가 안 날 텐데, 아이들은 자기가 좋아하는 대상이 보이는 순간, 망설이지 않고 무조건 직진한다. 이게 바로 목(木)의 성질이다.

또한 목(木)은 유교의 덕목 중 측은지심(惻隱之心)의 '인'(仁, 어진 마음)을 상징한다. 인테리어를 할 때 돈이 좀 들어도 나무를 내장재로 많이 선택하는 것은 나무가 인간 친화적이며 어진 느낌을 주기 때문이다. 목(木)의 기운이 적당한 사람은 타인에게 친근함과 편안함을 준다. 하늘을 향해 쭉쭉 뻗는 목(木)은 자존감이 있다. 아이들은 자신이 좋아하는 장난감을 친구와 나누지 않는다. 좋은 게 있으면 서로 번갈아가며 장난감을 가지고 놀 수 있건만, 아이들은 절대 그러지 않는다. 자신이 쓰지 않아도, 타인이 자신

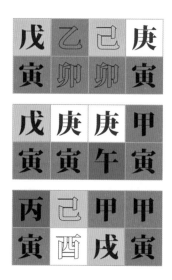

의 물건에 손대는 걸 지극히 싫어한다. 지구상에서 목의 기운이 강한 곳은 극동아시아다. 한국과 일본이 이에 해당한다. 우리나라 안에서는 태백산맥을 중심으로 한 영동·영서 지역이 목의 기운이 가장 발달했다고 본다.

앞으로 우리가 자주 보게 될 원국표에서 목(木)이 많다는 것은 어떤 것일까? 우선, 눈으로 보고만 넘어가자.

화(火)

화(火)는 불을 떠올리면 된다. 화(火)는 따스한 봄기운의 양(陽)에서 뜨거운 여름의 양(陽)으로 가는 기운이다. 불이라는 게 뭐냐면, '여기, 이 순간' (now & here)에 집중하는 것이다. 남자가 여자에게 고백할 때 "불같은 내 마음을……" 이렇게 시작하지, "물 같은 내 마음을……"이라고 하지 않는다. 화(火)는 청년의 힘이다. 많은 고려와 배려가 존재하지 않고, 바로 지금 이 순간에 확 일어나는 기운이다.

火

여름, 낮, 남(南), 적(赤), 2와 7, 예(禮), 심장(心臟), 소장(小腸), 열정, 자신감, 다혈질

화(火)는 지금 이 순간에 집중하기 때문에 과거를 떠올리는 기억력이 뛰어나지 않다. 과거에 얽매이는 사람은 현재에 집중하지 못한다. 불은 지나간 일은 불과 며칠 전이라도 잘 기억하지 못한다. 현재에 집중하기 때문이다. "소설은 과거의 장르이고, 시는 미래의 장르라면, 희곡은 현재의 장르이다"라는 말이 있다. 연극은 지금 이 순간 진행되고, 막이 내리면 끝이다. 따라서 연극은 화(火)의 장르라고 할 수 있다. 조명을 받으면서, 그 순간에만 존재한다.

지구상으로 화(火)가 많은 지역은, 1년 내내 더운 적도 지방이다. 한국으로 범위를 좁히면, 동해안을 제외한 경상도 지역이 화(火)의 기운이 강하다. 불의 기운은 순간적인 반동(反動)의 에너지를 갖고 있다. 그래서 경상도는 오래전부터 조선 시대에는 남인(南人)들의 소굴이었고, 해방 이후 이곳에서 미군정의 식량 정책

에 항의한 시민들에게 경찰이 총격을 가해 발생한 대구인민항쟁에서 부마항쟁에 이르기까지 당대의 현실을 뒤엎는 전복의 사건들이 발생했다. 이 지역에서 태어난 사람들은 화(火)의 기질이 있다. 산으로 보면, 악산(岳山)인 관악산(冠岳山)이 화(火)의 기운이 강하다. 목(木)과는 달리 화(火)와 화(火)가 만나면 더 커진다. 그래서 화(火)가 화(火)를 만나면, 순간적인 동지애 또는 부화뇌동이 이루어진다. "우리가 남이가!" 이 말처럼 화(火)의 기운이 강한 경상도를 설명하는 말이 없다. 화(火)가 많은 원국은 다음과 같다.

토(土)

'토'(土)는 시기적으로 보면 환절기이다. 땅이 없으면 모든 것은 존립할 수 없다. 우주를 구성하는 것이 목(木)·화(火)·토(土)·금(金)·수(水) 오행이라고 하지만, 사실 가장 많은 부분을 차지하는 것은 토(土)의 성분이다. 불은 일어났다가 사라지고, 물은 흘러가면 없어지지만, 땅은 그 자리에 그대로 남아 있다.

> **土**
>
> 환절기, 사이, 중앙(中央),
> 황(黃), 5와 10, 신(信),
> 비위(脾胃: 지라와 위),
> 중용, 끈기, 고집

인간의 삶으로 비유하면, 토(土)는 안정성이 높은 40대 중년이다. 토(土)의 안정성은 하늘 위로 상승을 추구하는 불안정한 목(木)과 만날 때 부딪친다. 40대 보수의 안정성은 20대 변혁의 급진성과 늘 충돌한다. 한국 사회는 선진국에 비해 사회보장제도가 제대로 안 되어 있다. 내가 독일에서 태어났다면, 직장을 구하는 동안 수입이 없어도 구직 기간 동안 다양한 사회보장제도를 통해 생활을 유지할 수 있게 도움을 받을 수 있다. 그러나 현실적으로 우리나라는 실업 급여 기간조차 짧다. 우리나라 40대의 사망률이 높은 이유를 오행의 관점에서 보면, 토(土)가 토(土)답게 살지 못하고, 목(木)의 기운을 강요당함으로써 토(土)의 기운이 무력해졌다고 해석할 수 있다.

토(土)는 기업에서 과장이라는 직위처럼 중간관리자이다. 나이로 보나, 직위로 보나, 일이 가장 많을 때다. 사실 토(土)는 잘 안 쓰러지지만, 스트레스가 누적되면 돌연사하는 경우가 있다. 한국 40대 성인 남성의 사망 원인을 분석해보니, 돌연사의 비율이 높았다. 40대는 경험이 쌓여 말도 안 되는, 어이없는 실수를 저지르지 않을 뿐, 모든 일을 처리해내는 해결사가 아니다. 뛰어난 능력을 갖춘 사람도 아닌데, 한국 사회와 기업은 40대가 감당하기 힘든 과중한 일을 너무 많이 맡긴다. 한국같이 구조조정이 일상화된 사회에서는 토(土)의 성분을 가진 사람에게 목(木)이 해야 할 일을 시키고 있어 이런 일이 벌어지는 것이다.

또한 토(土)는 중화(中和)의 기운이다. 토(土)의 기운이 강한 사람은 정세를 관망하려고만 한다. 정말 움직여야 할 때 잘 안 움직이는 경우가 많다. 그렇기 때문에 의도적으로 움직이려는 노력을 해야 한다.

한국의 동쪽 끝 지역에서 차를 타고 달리기 시작하면, 한국의 서쪽 끝 지역까지 네 시간 안에 닿을 수 있고, 그렇게 달리면 땅의 끝인 바다가 보인다. 그만큼 이쪽과 저쪽의 거리가 멀지 않다. 그럼에도 불구하고 경상도와 전라도는 사용하는 단어가 다르고 말하는 억양의 차이가 크다. 또한 충청도는 말의 속도가 다른 지역에 비해 현저히 느리다. 하나의 지역 안에, 이렇게 오행의 기운 차이가 선명한 나라도 흔치 않다.

지구상에서는 중국이, 한국에서는 충청도가 토(土)의 기운이 강한 지역이다. 중국 사람들이 중화(中華)라는 단어를 사용해, 자신들을 중심이라고 하는 이유가 바로 여기에 있다. 충청도는 인구가 적고 면적도 좁지만, 역대 선거 결과를 보면 캐스팅 보트 (casting vote)의 역할을 오랫동안 해왔다. 스스로 어떤 결과를 내지는 못해도, 자신이 가담하는 쪽이 승리하는 법을 잘 안다. 이게 40대의 지혜다. 또한 충청도는 예전부터 권력의 중심이었다. 충청도는 기호지방(畿湖地方)에 속한다. 기호지방이라는 말은 경기도 및 황해도 남부와 충청남도 북부 지방을 통틀어 이르는 말로, 고려 시대부터 줄곧 권력의 중심 지역이었다. 이에 비해 만년 야당 사림(士林)의 기반은 영남이었다. 지금으로 말하면 대구·경북 지역이다.

전라도는 권력에서 소외된 지역이어서 "우리는 이런 것도 먹는다"라고 음식을 통해서 자랑을 한다. 그래서 미향(味鄉)이 되었다. 하지만 좋은 재료로 만들어진 음식을 잘 먹는 곳은 오히려 충청도라고 할 수 있다. 그들은 이웃집에도 자신이 맛있는 걸 먹고 있다는 사실을 말하지 않는다. 왜? 자신들이 중심인 것을 잘 알기 때문이다. 권력자들은 있는 티를 내면 안 된다는 걸 잘 안다. 충청도가 말이 느린 것도 실수를 줄이기 위한 문화적 결과라고 생각한다.

토(土)가 토(土)를 만나면, 서로 무덤덤하여 외관상으로 그 차이를 발견하기 어렵다. 고수들은 쉽게 칼을 뽑지 않기 때문이

다. 그들이 이처럼 칼을 뽑지 않는 것은 칼을 뽑았다간 내가 죽을 확률이 높기도 하고, 다른 이유로는 역시 또 하나의 중앙인 상대에 대한 경외심이 있기 때문이다. 토(土)가 많은 원국을 살펴보자.

금(金)

'금'(金)은 50대 장년의 기운이다. 천명(天命)을 알고, 규칙을 안다. 자신만의 원칙과 법칙이 있다. 나이 50이 넘어서도 세상을 사는 데, 똥인지 된장인지 구분을 못하면 추한 거다. 그 나이에 훌륭하게 사는 법은 입은 다물고 지갑은 여는 것이다. 그렇게 하면

> **金**
>
> 가을, 저녁, 서(西), 백(白),
> 4와 9, 의(義),
> 폐(肺), 대장(大腸),
> 냉정, 절제, 비판, 잔소리

어느 장소에 가더라도 훌륭한 대접을 받게 된다. 만일 열 지갑이 없다면 입을 다무는 게 좋다. 계절에 맞는 옷이 있듯이, 아무리 좋은 말이라도 그 나이에 맞는 말이 있다.

오행 중에서 움직이지 않는다는 점에서 금(金)은 토(土)와 닮았다. 형태가 견고하고 변형 가능성이 적다는 점은 오행 중에서 금(金)이 최고다. 금(金)이 형태가 변하는 건 용광로에서 뜨거운 불에 의해 녹는 경우뿐이다. 그 형태가 유지되는 양상이 다른 오행보다 가장 강하다.

금(金)은 사계절 중 가을에 해당한다. 봄과 여름의 양(陽)에서 가을과 겨울의 음(陰)으로 변하는, 음(陰)의 기운이 커지는 시기이다. 옛날에는 금(金)을 숙살지기(肅殺之氣, 쌀쌀하고 매서운 기운)라고 불렀다. 우리는 살의를 느낄 때 기분이 섬뜩해진다. 살(殺)이라는 건 음(陰)의 기운이다. 갑자기 날씨가 추워졌을 때 닭살이 돋는 느낌과 흡사하다. 지구상으로 보면, 유럽이 금(金)의 기운에 해당하고, 한국에서는 전라도와 충청도 태안반도 아래쪽 지방이 금(金)의 기운이 세다.

금(金)과 금(金)이 만나면, 의기투합(意氣投合)해서 금속의 빛깔이 더욱더 반짝이는 특성이 있다. 창을 하나 가지고 있는데,

69

옆에 창이 하나 더 오면 아군이 생긴 것이다. 둘은 서로 의기투합한다. 화(火)와 금(金)은 비슷한 구석이 있다. 화(火)가 화(火)를 만나면 서로 기뻐하고, 금(金)과 금(金)이 만나면 의리(義理)가 발동된다. 불과 불은 만나면 하나로 합쳐져서 큰불이 된다. 하지만 금(金)과 금(金)은 화(火)처럼 합쳐지진 않지만, 적과 아군이 나뉘는, 피아(彼我)를 식별해야 하는 상황에서는, 우리 편이라 판단되면 최고의 아군이 되어 동료의 몸을 자신의 몸처럼 생각하며 싸우고, 적이 되면 적과 나, 둘 중의 하나가 죽을 때까지 싸운다. 그래서 경상도·전라도 지역 출신 사람들의 성향을 오행으로 살펴보면 묘한 연관성이 있다. 다음은 금(金)이 많은 원국이다.

수(水)

'수'(水)는 물이다. 사람은 나이가 들어 노년이 되면, 물과 가까운 곳에서 물처럼 살아야 한다. 물은 기체인 수증기, 고체인 얼음, 액체인 물처럼 세 가지 형질(形質)이 있다. 물은 그 틀에 맞게 변신을 한다. 형태가 정해지지 않아서 담기는 용기의 모양에 따

水

겨울, 밤, 북(北), 흑(黑),
1과 6, 지(智), 신장
(腎臟·콩팥), 방광(膀胱),
지혜, 욕망, 본능, 망상

라 그 모양이 결정된다. 물은 자신의 형태를 규정하고 있지 않기에 동서양을 막론하고 지혜의 상징이었다. "어진 자는 산을 좋아하고, 지모가 뛰어난 자는 물을 좋아한다"(仁者樂山, 知者樂水)는

말이 있다. 물은 오행 중에서 독특한 무형(無形)의 유형(有形)이라는 형태를 가지고 있다. 앞의 오행들과는 달리 적용되는 경우가 많다. 존재하기는 하지만 보이지 않는 것은 '정신'이다. 정신계를 지배하는 요인이 강하게 적용된다. 조금이라도 균형이 무너지면 그쪽으로 흘러간다. 물(水)은 불(火)과 더불어 가장 운동성이 강한 오행이다. 불은 한 가지 모습밖에 없다면, 물은 다양한 형질을 갖고 있다는 점이 다르다.

남녀가 육체적인 사랑을 하게 되면 액체가 발생한다. 입에서는 침, 피부에서는 땀, 성기에서는 정액(精液)과 애액(愛液)이 발생한다. 수는 밤과 겨울, 북방의 기운이므로 생명을 잉태하려는 기운이다. 인간의 본능적인 성, 에로티시즘의 상징이기도 하다. 수(水)가 많은 사람들은 성에 대한 관심이 발달한 경우가 많다.

수(水)가 수(水)를 만나면, 처음 봤음에도 불구하고 10년 사귄 친구처럼 잘 어울린다. 수(水)의 가장 큰 특징이다. 금(金)과 금(金)의 만남, 화(火)와 화(火)의 만남과 미묘하게 다르다. 금(金)과 금(金)의 만남은 이성적인 판단이 개입한다. '이 사람이 나에게 도움이 될까?', '나에게 뭐가 이익이 될까?' 그에 비해 화(火)와 화(火)의 만남은 '감성적인 결합'이다. 돕기로 결정한 이상, 이유는 따지지 않는다. 그에 비해 수(水)와 수(水)의 만남은 '본능적인 결합'이다. 지인 중에 직원이 다섯 명밖에 없는 출판사 사장이 있다. 그는 큰 출판사인 A사에 있었을 때는 직장에서 인정받는 뛰어난 디자이너였다. 근데 그가 퇴사하고 출판사를 차렸는데, 번창하는 것도 망하는 것도 아닌 애매한 상태로 회사를 운영하고 있었다. 게다가 출간되는 책의 수준도 높지 않았다. 큰 조직의 디자이너였을 때는 책의 수준도 높았고, 독창성이 강했는데 말이다. 그래도 어쨌든 망하지 않는 점이 궁금하여 직원들의 사주를 분석했다. 아니나 다를까, 직원들 모두 수(水)가 세 개 이상씩 있었다. 직원들 모두 매일 출근하는 것을 즐거워했다. 이런 분위기의 회사는 일터가 아니라 동아리다. 늘 같이 밥도 해 먹고, 휴가도 같이 갔다. 근데 문제는 결과가 좋지 않았는데도 "다음에 잘하자!"라고 하면서 서로 격려하면서 넘어간다는 것이다. 뭔가 마무리가 어설퍼도 "이 정도면 잘한 거야!" 하며 실패의 원인을 깊게 고민하지 않고, 문제를 해결하지 않은 채 넘어갔다. 문제를 외면한 채, 매일 아침 직원들끼리 서로를 보는 걸 즐거워했다. 그렇게 희희낙락 지내다, 결국 그 회사는 부도가 났다. 수(水)는 한국에서 북쪽 지역이다. 특히, 함경도 쪽이 수(水)의 기운이 강하다. 수(水)가 많은 원국은 아래와 같다.

오행의 상생과 상극

지금까지 목(木)·화(火)·토(土)·금(金)·수(水) 오행의 각각의 특징을 살펴봤다. 이 각각의 오행은, 다른 오행과 서로 도와주는, 즉 생(生)하거나 누르는, 즉 극(剋)하는 관계를 맺는다. 목(木)은 다른 오행인 화(火)·토(土)·금(金)·수(水)와 생(生)하거나 극(剋)하는 관계를 맺는다. 예를 들어, 목(木)은 화(火)를 도와주는(生) 관계이고, 목(木)은 수(水)의 도움을 받는(生) 관계이며, 목(木)은 토(土)의 힘을 누르는(剋) 관계이고, 목(木)은 금(金)에 의해 힘이 눌리는(剋) 관계이다.

이러한 각 오행 간의 상생상극(相生相剋)의 관계를 보기 쉽게 나타낸 것이 다음의 그림이다. 하늘을 쳐다보았을 때 이 그림이 떠오를 정도로 친숙해져야 한다. 예를 들어, 캠핑장에서 나

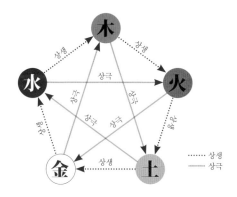

.... 상생
───── 상극

무로 불을 지피는 모습을 보았을 때, 바로 목(木)과 화(火)의 관계를 떠올려서 '목(木)이 화(火)를 상생(相生)하는 관계구나!'라고 떠올릴 수 있어야 한다. 그럴 정도로 일상의 많은 것들에서 목(木)·화(火)·토(土)·금(金)·수(水)를 찾아내려 노력하고, 자주 오행의 상생상극을 들여다봐야 한다. 오행의 상생상극을 정확히 이해하면, 명리학의 핵심인 음양오행을 깊이 이해하게 되어, 자신의 원국을 절반쯤은 풀었다고 해도 과언이 아니다.

상생상극(相生相剋)에서 염두에 두어야 할 것이 하나 있다. 그것은 바로 생(生)하거나 극(剋)하는 한쪽이 과다하면 상생상극의 원리가 발현되지 않는다는 점이다.

상생(相生)을 보자. 목(木)은 화(火)를 생(生)하는 관계지만, 목(木)이 너무 많으면 나무(木)에 불(火)이 붙지 않는다. 화(火)는 토(土)를 생(生)하는 관계지만, 화(火)가 너무 많으면 흙(土)을 돕기보다는 더 메마르게 만들기도 한다. 불(火)이 더 세면, 흙(土)이 도자기가 되어 흙(土)의 형질을 아예 바꿔버린다. 토(土)는 금(金)을 생(生)하는 관계지만, 흙(土)이 너무 많으면 금(金)이 파묻혀 보이지 않는다. 산사태에 묻힌 다이아몬드를 떠올리면 된다. 금(金)은 수(水)를 생(生)하는 관계지만, 물(水) 안에 쇠(金)가 너무 많으면, 물(水)이 흐려진다. 바위 틈새로 물(水)이 흐르는데, 바위가 너무 많으면 물(水)이 바위 안에 갇혀서 썩어버린다. 수(水)는 목(木)을 생(生)하는 관계지만, 나무가 허용하는 범위 이상의 물(水)이 고이면, 나무(木)는 성장하지 못하고, 썩어버린다.

상극(相剋) 역시 상생(相生)과 마찬가지로 과다하면 그 효과가 무력해진다. 목(木)은 토(土)를 극(剋)하는 관계이고, 토(土)는 수(水)를 극(剋)하는 관계이며, 수(水)는 화(火)를 극(剋)하는 관계이고, 화(火)는 금(金)을 극(剋)하는 관계이며, 금(金)은 목(木)을 극(剋)하는 관계이지만, 극(剋)하는 대상보다 극(剋)을 당하는 대상이 과도하게 많으면, 극(剋)하는 작용이 무력해지며 상극(相剋)의 효과가 적용되지 않는다.

제2강
—

일주표의 음양과 오행

2강에서 음양과 오행에 대해 배웠다. 얼마나 이해했는지 다시 한 번 나의 원국을 통해서 확인해보자.

나의 원국을 음양으로 구분하면, 연주 임인(壬寅)은 양, 월주 계묘(癸卯)는 음, 일주 무신(戊申)은 양, 시주 임자(壬子)는 양이다. 즉, 연주·일주·시주는 '양'이고, 월주는 '음'이다. 연주가 양이라는 것은 연간과 연

75

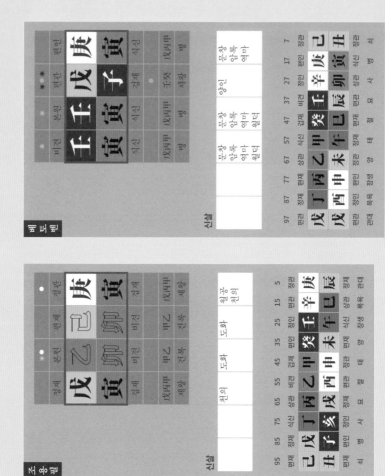

다섯 가지 세상으로 오행을 구분할 수 있다. '목'은 초록색, '화'는 빨간색, '토'는 노란색, '금'은 흰색, '수'는 검은색이다. 나의 일간을 오행으로 구분하면, 목은 두 개(인寅, 묘卯), 화는 없고, 토는 한 개(무戊), 금은 한

지 모두 양이라는 뜻이다. 다시 말해서, 천간과 지지의 음양이 다른 경우는 없다는 것이다. 이것은 월주, 일주, 시주 역시 마찬가지다. 나는 음양으로 봤을 때 양의 기운이 더 강하다. 음과 양은 글자가 다르게 표시되어 있다.

금은 한 개(신申), 수는 네 개(임壬 두 개, 계癸, 자子)가 있다. 원국에서 오행 중 '수'의 기운이 가장 강한 것을 알 수 있다.

이번에는 가수 조용필의 음양오행을 살펴보자. 조용필의 원국을 음양으로 구분하면, 연주 경인(庚寅)은 양, 월주 기묘(己卯)는 음, 일주 을묘(乙卯)는 음, 시주 무인(戊寅)은 양이다. 연주와 시주가 양이고, 일주와 월주는 음이다. 연주가 양이라는 것은 연간과 연지 모두 양이라는 뜻이다. 즉, 천간과 지지의 음양이 다를 경우는 없다는 것이다. 이것은 월주, 일주, 시주 역시 마찬가지다. 조용필은 음양으로 봤을 때 음과 양이 균형을 이룬다.

조용필의 원국을 오행으로 구분하면, 목은 다섯 개(인寅 두 개, 묘卯 두 개, 을乙), 토는 두 개(무戊, 기己), 금은 한 개(경庚)가 있고, 화와 수는 단 한 개도 없다. 조용필은 원국에서 오행 중 '목'의 기운이 가장 강한 것을 알 수 있다.

그럼 이번엔 고 노무현 전 대통령의 원국을 음양오행을 살펴보자. 고 노무현 전 대통령의 원국을 음양으로 구분하면, 연주 병술(丙戌)은 양, 월주 병진(丙辰)은 양, 일주 병신(丙申)은 양, 시주 무인(戊寅)은 양이다. 고는 연주, 일주, 월주, 시주가 모두 양인 원국을 가지고 있는데, 이것을 특별히 '양팔통'(陽八通)이라고 한다. 다시 말해서, 천간과 지지의 음양이 다른 경우는 없다. 이것은 월주, 일주, 시주 역시 마찬가지다. 고 노무현 전 대통령의 원국은 음양으로 봤을 때 '양'의 기운으로 가득 차 있다.

고 노무현 전 대통령의 원국을 오행으로 구분하면, 목은 한 개(인寅), 화는 세 개(병丙 세 개), 토는 세 개(무戊, 술戌, 진辰), 금은 한 개(신申)가 있고, 수는 없다. 고 노무현 전 대통령의 원국은 원국에서 오행 중 '화'와 '토'의 기운이 가장 강한 것을 알 수 있다.

마지막으로 베토벤의 음양오행을 살펴보자. 그의 원국을 음양으로 구분하면, 연주 경인(庚寅)은 양, 월주 무자(戊子)는 양, 일주 임인(壬寅)은 양이다. 즉, 연주, 월주, 일주, 시주가 모두 양이다. 고 노무현 대통령의 경우처럼 '양팔통'(陽八通)이다.

반대로 네 주가 모두 음인 경우를 '음팔통'(陰八通)이라고 한다. 연주가 양이라는 것은 연간과 연지 모두 양이라는 뜻이다. 즉, 천간과 지지의 음양이 다른 경우는 없다는 것이다. 연간과 연지의 음양이 다른 경우는 없다. 이것은 월주, 일주, 시주 역시 마찬가지다. 이 사람은 음양으로 봤을 때 '양'의 기운으로 가득 차 있다.

이 사람의 원국을 오행으로 구분하면, 목 세 개(인寅 세 개), 화는 없고, 토 한 개(무戊), 금 한 개(경庚), 수 세 개(임壬 두 개, 자子 한 개)가 있다. 베토벤은 원국을 통해서 오행 중 '수'와 '목'의 기운이 다른 오행들에 비해 강함을 알 수 있다.

양팔통, 음팔통을 설명했지만 사실 어떤 원국도 100% 양, 100% 음의 경우는 없다. 지장간에 어째되었든 음과 양의 요소가 섞여 있기 마련인 것이다. 고고한 천간과는 달리 지지는 온갖 철성가 어지러이 얽혀 있는 탓이다. 여기에 명리학의, 나아가 동양 철학의 묘미가 있다.

우주의 질료로 만들어진 인간과 인간의 운명

인간의 운명

운명이 무거운 게
아니라 내가
약한 것이다.
내가 약하면
운명은 그만큼
무거워진다.

루키우스 세네카
Lucius Annaeus
Seneca

천간과 지지

영어에서 알파벳이라는 고유의 문자 체계가 있듯이 명리학에서는 간지(干支, 천간天干과 지지地支)라는 스물두 글자의 고유한 문자가 있다. 간지(干支)는 명리학의 알파벳이다. 한자 때문에 명리학의 첫 단계를 넘지 못하는 사람들이 많다. 그런데 우리가 명리학에서 익혀야 할 한자는 간지의 스물두 글자뿐이다. 즉, 천간 열 글자, 지지 열두 글자만 익히면 된다. 영어의 알파벳 숫자보다 적다.

간지(干支)의 간(干)은 천간(天干)을 뜻하는데, 천간이란 하늘의 기운이다. 갑(甲), 을(乙), 병(丙), 정(丁), 무(戊), 기(己), 경(庚), 신(辛), 임(壬), 계(癸)의 열 개의 문자로 구성된다. 십간(十干)이라고도 부른다.

간지(干支)의 나머지 한 글자인 지(支)는 지지(地支)를 뜻하는데, 지지란 땅의 기운이다. 자(子), 축(丑), 인(寅), 묘(卯), 진(辰), 사(巳), 오(午), 미(未), 신(申), 유(酉), 술(戌), 해(亥)의 열두 개의 문자로 구성된다. 십이지(十二支)라고도 부른다.

간지(干支)의 각 글자마다 음양과 오행이 속해 있다. 예를 들어, 천간의 갑(甲)은 음양으로 구분하면 양(陽)에 속하고, 오행으로 구분하면 목(木)에 속한다. 그래서 갑(甲)은 음양오행상 둘을 합해 양목(陽木)이다. 지지의 축(丑)은 음양으로 구분하면 음(陰)에 해당하고, 오행으로 구분하면 토(土)에 해당한다. 그래서 축(丑)은 음양오행상 둘을 합해 음토(陰土)다. 다시 말하면, 천간의 갑(甲)은 양목(陽木)이고, 지지의 축(丑)은 음토(陰土)다. 이렇듯 천간과 지지, 즉 간지의 모든 글자마다 음양과 오행이 속해 있다.

천간 열 글자에 속한 음양과 오행은 아래와 같다. 이것은 외워야 한다.

지지 역시 열두 글자에 각각 음양과 오행이 속해 있다. 열두

글자에 속한 음양과 오행은 아래와 같다. 이것 역시 외워야 한다.

앞서 원국에 대해 간단히 말한 바 있다. 원국이란 쉽게 말해 '태어날 때 주어진 명'이란 뜻인데, 사주팔자로 이해하면 된다. 이 원국을 알기 쉽게 표로 만든 것이 원국표다. 앞으로 계속 보게 될 것인데 우선 지금까지 배운 것이 원국표에 어떻게 구현되는지 살펴보자.

우선 원국표에서 가장 먼저 보게 될 것은 연주(年柱), 월주(月柱), 일주(日柱), 시주(時柱) 부분이다. 가로 두 줄, 세로 네 줄로 되어 있다. 오른쪽부터 왼쪽 방향으로 각각 연주(年柱), 월주(月柱), 일주(日柱), 시주(時柱)를 의미한다. 각 주는 하나의 천간과 하나의 지지로 구성되고, 각 주의 천간과 지지는 각각 연간(年干), 연지(年支), 월간(月干), 월지(月支), 일간(日干), 일지(日支), 시간(時干), 시지(時支)로 구성된다. 천간에는 십간, 지지에는 십이지지가 표시된다. 원국표의 이 부분만 예로 들면 아래와 같다.

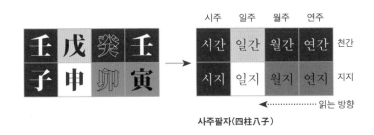

사주팔자(四柱八子)

이 천간과 지지가 각각 결합하여 각 글자마다 해당하는 음양과 오행의 의미를 담게 되는데, 그 처음은 천간의 첫 글자 갑(甲)과 지지의 첫 글자 자(子)가 만난 갑자(甲子)이고, 마지막은 계해(癸亥)이다. 이렇게 60글자가 순서대로 반복되는데, 이를 육십갑자(六十甲子)라고 한다. 육십갑자를 순서대로 풀면 아래와 같다.

갑자甲子	을축乙丑	병인丙寅	정묘丁卯	무진戊辰	기사己巳	경오庚午	신미辛未	임신壬申	계유癸酉
갑술甲戌	을해乙亥	병자丙子	정축丁丑	무인戊寅	기묘己卯	경진庚辰	신사辛巳	임오壬午	계미癸未
갑신甲申	을유乙酉	병술丙戌	정해丁亥	무자戊子	기축己丑	경인庚寅	신묘辛卯	임진壬辰	계사癸巳
갑오甲午	을미乙未	병신丙申	정유丁酉	무술戊戌	기해己亥	경자庚子	신축辛丑	임인壬寅	계묘癸卯
갑진甲辰	을사乙巳	병오丙午	정미丁未	무신戊申	기유己酉	경술庚戌	신해辛亥	임자壬子	계축癸丑
갑인甲寅	을묘乙卯	병진丙辰	정사丁巳	무오戊午	기미己未	경신庚申	신유辛酉	임술壬戌	계해癸亥

하늘의 기운, 천간

글자 그대로 천간(天干)은 '하늘의 기운'이다. 그에 비해 지지(地支)는 '땅의 기운'이다. 그렇다면 천간의 하늘의 기운과 지지의 땅의 기운의 차이는 과연 무엇인가?

하늘은 일단 심플하다. 하늘을 쳐다보면 맑은지 흐린지 그 순간의 상태를 금방 알 수 있다. 그에 비해, 땅은 사람을 비롯하여 사물·식물·동물·온갖 미생물까지 많은 것들이 얽혀 있어서 복잡하다. 예로부터 변하지 않는 영원불멸한 것과 인간의 삶을 구성하는 근원적인 요소들은 하늘의 가치에 비유했다. 그에 비해, 땅은 현실적인 요소들, 일상에서 부딪치는 복잡다단한 문제들이 집약된 곳이다. 이를 그대로 대입해서 이해하면, 천간과 지지의 속성을 파악하는 것도 어렵지 않다. 하늘의 기운인 천간이 우주에 존재하는 최후의 불변적 가치와 원칙을 말한다면, 땅의 기운인 지지는 땅으로 상징되는 인간의 현실적 가치를 상징한다. 인간의 운명을 이처럼 천간과 지지로 나누어 풀이하는 것 자체가 정반합(正反合)의 변증법적 사고를 나타낸다고 할 수 있으며, 인간이란 무엇이고, 어떻게 살아야 하는지를 살피는 인간학이라 할 수 있는 명리학의 첫 출발점은 이렇게 설계된 천간과 지지에서 시작된다.

사주원국(四柱原局)에서 천간은 미국이나 일본의 양원제 의

회 제도에서 상원의 역할을 한다. 즉, 천간은 교육·국방·외교 등 국가의 중장기적인 분야를 의제로 다룬다. 그에 비해, 지지는 양원제의 하원처럼 구체적인 민생 문제, 현지와 밀착된 다양한 지역적 현안들을 다룬다. 예를 들면, 전라남도 해남군의 현안들과 강원도 양양군의 현안들은 지역의 특성에 따라 매우 다양하다. 이렇듯 지지는 인간의 삶에서 아주 다양하고 세부적인 사안들을 다룬다. 그래서 얼핏 보면 양원제하에서 커다란 분야를 다루는 상원이 하원보다 중요한 역할을 하는 듯 보이지만, 꼭 그렇지는 않다. 상원·하원 중 어느 한쪽이 더 중요하고, 덜 중요한 것이 있을 수 없다. 천간과 지지 역시 마찬가지다. 지지 위에 천간이 있어서 천간이 지지보다 중요한 역할을 하는 듯 착각하기 쉽지만 어느 한쪽이 더 중요하다고 말할 수 없다. 상원과 하원이 모두 중요하지만 그 성격이 다른 것처럼, 천간과 지지 역시 둘 다 중요하되 다루는 영역이 다를 뿐이라는 것을 반드시 명심해야 한다.

자, 그럼 천간을 이루는 열 개의 문자를 순서대로 살펴보자. 일간(日干)을 기준으로 설명하겠다. 천간(天干)은 갑(甲)·을(乙)·병(丙)·정(丁)·무(戊)·기(己)·경(庚)·신(辛)·임(壬)·계(癸) 열 글자로 구성되어 있다고 앞에서도 말한 바 있다.

개별 글자를 설명하기 전에 먼저 알아둘 것이 있다. 천간과 지지를 이루는 각 글자에는 각각 음양과 오행이 속해 있다. 천간의 음양오행은 다음과 같다. 글자의 배치를 보면 알 수 있듯이 천간은 양 → 음 → 양 → 음의 순서대로 양과 음이 달라진다. 예를 들어, 갑(甲)은 음양으로 구분하면 양(陽)에 속하고, 오행으로 구분하면 목(木)에 속한다. 그래서 갑은 음양오행상 양목(陽木)

이다. 을은 음에 속하고 오행으로는 목이니 음목이다.

갑(甲)

천간(天干)의 첫 글자인 갑(甲)은 갑목(甲木)이라고
읽는다. 갑(甲)이 오행상 목(木)에 해당하기 때문이
다. 이후의 글자를 읽는 방식도 이와 같다. 앞에서 말
한 대로 음양으로는 양에 속한다. 그래서 양목(陽木)이다.

양(陽)은 자신의 존재를 드러내려는 힘이 강하다. 자신의 존
재를 드러내려는 만큼 공격이나 상처도 많이 받는다. 이들의 특
징은 "주저함이 없다"는 것이다. 숨기고 싶어도 자신을 숨길 수가
없다. 자신이 "세상의 모든 것들에 대해 당당하다"고 생각하는 무
의식적인 에너지가 있기 때문이다.

일간(日干)이 갑목(甲), 즉 양목(陽木)의 기운이 선명한 사람
들은 공부를 잘한다. 특별히 학문에 대한 애정이 있어서라기보다
는, 부끄러운 게 싫어서라도 공부를 잘한다. 양목(陽木)의 힘이
크기에, 자기 확신이 강하다. 아이들 중에 "엄마가 뭘 안다고 그
래?"라고 말하는 아이들이 있다. 그런 아이들은 자기 삶의 방향
을 세세하게 설명하지 않으면서, "내가 알아서 잘할 건데, 엄마가
뭘 안다고 그래?"라고 말하는데, 그 아이의 기질에 양목(陽木)의
목(木) 기운이 강해서 그렇다. 엊그제까지 직장을 잘 다니다가 갑
자기 "아냐. 내 삶은 이런 게 아냐! 난 아프리카로 가야겠어!"라며
급격하게 삶의 방향을 전환하고 새롭게 시작하는 건 갑목(甲)이
지니고 있는 특징이다.

양목(陽木)의 특성을 가지고 있는 천간의 갑목(甲)은 소나무
처럼 크고 곧다. 자신의 명예가 무엇보다 중요하다. 명예 지향적
이다. '명예 지향적'이라는 것은 다른 사람들의 평판에 민감하다
는 뜻이다. 일이 순조롭게 흘러가더라도 옆에서 누가 부정적인
말을 한마디만 하면, 갑목(甲)은 그 말을 마음속에 담아두고 '내
가 진짜 바보 같은 짓을 하고 있는 게 아닌가!'라면서 막 회의하
고, '내가 이렇게 사람들한테 업신여김을 당하는구나!' 이렇게 자

괴하는 여린 마음도 지니고 있다. 그래서 갑목(甲)이 '명예 지향적'이라고 하면 왠지 멋지고 좋을 것 같지만, 그 이면에는 이런 구차함도 들어 있다. 이렇게 남의 평판에 좌지우지되는 것이 명예 지향적인 사람들의 특징이다.

갑목(甲)의 성격을 가진 사람이 조직의 리더일 때, 그는 인화를 중시하고 부하 직원들의 이야기를 잘 들어주려는 수평적 리더십을 보이는 경향이 있다. 속까지는 알 수 없지만, 어쨌든 온화하고 인자하고 측은지심이 많기 때문이다. 그럼 다 좋을까? 갑목(甲)의 리더십은 모두의 운명이 걸린 급박하고 결정적인 순간에 꼭 한 박자 늦는 경향이 있다. 규모도 훨씬 작은 다른 회사에 수주를 빼앗기고 크게 욕먹을 상황일 때도 "저는 만전을 기하려고 했을 뿐인데, 늦었네요!" 이렇게 말하기도 한다. 따라서 인화를 중시하고 인덕이 높다는 게 언제나 아름다운 가치만은 아닐 수도 있다. 늘 그 이면을 생각해야 한다.

태산명동서일필(泰山鳴動鼠一匹, 태산을 크게 울리며 세상을 떠들썩하게 움직였는데 정작 나타난 것은 고작 쥐 한 마리이다. 요란하게 일을 벌였으나 별로 신통한 결과를 얻지 못한 경우를 일컫는 말)은 갑목(甲)의 대표적인 특징 중 하나다. 이들의 계획은 늘 새롭고 화려하고 멋지다. 다만, 꾸준함이 1주일을 넘기지 못해서 끝은 늘 비실비실하다. 1월 1일에 결심하고, 2월이 되면 마음이 바뀌면서 자기를 자책하는 게 갑목(甲)의 또 다른 성격이다. 유시무종(有始無終, 처음은 있되 끝이 없다는 뜻으로, 시작한 일의 마무리를 하지 아니함을 이르는 말)의 힘을 가졌다.

천간과 지지의 스물두 글자 중 같은 문자가 나란히 있는 경우를 '병존'(並存)이라고 한다. 갑갑(甲甲) 병존의 경우, 선명하게 자신을 드러내는 힘인 갑목(甲) 두 개가 함께 있다 보니, 애로 사항이 커질 확률이 높다. 즉, 길흉화복이 극단적으로 변하는 경우가 빈번하다. 우리 모두 길흉의 기복을 갖고 살지만, 갑갑(甲甲) 병존의 경우에는 그 기울기가 급격하다. 남이 볼 때는 별일 아닌데, 갑갑(甲甲) 병존을 가진 이는 그걸 가지고 몇 달 동안 집 안에 처박혀서 나오지도 않고, 연락이 되지 않는다. 그리고 객관적으로 볼 때 그렇게 길한 것도 아닌데 본인은 엄청나게 길하다고 생각한다든가, 별로 어려운 일도 아닌데 자기한테는 지구가 반파된 것으로 여긴다.

갑갑(甲甲) 병존은 자신의 의지와 상관없이 큰 위험을 당하거나, 사고를 당하거나, 어린 나이에 가족·친지·애인 등의 특수 관계인과 생이별 혹은 사별하는 경우가 많다. 그래서 외로움을 많이 느낀다. 곧게 뻗어 올라가는 소나무는 결국 고독하고 외로운 존재이다. 그렇지만 '생이별 수가 크다'는 것이 꼭 부정적인 것이냐면, 꼭 그렇지도 않다. 한 사람의 인생은 나아감과 물러남이 핵심이고, 기운은 넘치거나 부족함이 핵심이며, 관계는 만남과 헤어짐이 핵심이다. 이때 만남은 양(陽)이고 헤어짐은 음(陰)이다. 앞에서 보았듯이 양과 음은 좋고 나쁨의 의미가 아니다. 그러니 생이별의 수가 꼭 나쁜 것만도 아니라는 뜻이다. 우주의 질서에서 헤어진다는 것은 '상실'을 의미하는 게 아니라, 상실 속에서 '새로운 생성'이 이루어짐을 의미한다. 그러므로 생·사이별이라는 이야기가 나온다고 그것이 곧 불행을 의미한다고 생각하면 안 된다.

살다 보니, 나는 다양한 사람들을 만날 수 있었다. 다음은 나와 동갑인 어떤 사람의 이야기다. 그는 수백억 재산을 지닌 자산가의 외아들이다. 그의 어머니는 대부업을 통해 큰돈을 벌었다. 그래서 그는 지금 100억대의 집에서 어머니와 함께 산다. 그러나 30년째 하는 일이 없다. 20대 중반에 어머니가 지원한 돈으로 사업을 하다가 망한 이후, 그의 어머니는 그에게 한 달에 1,000만 원씩 용돈을 줄 테니 그냥 아무 일도 하지 말고 살라고 했다. 그 뒤로 그는 정말로 매달 용돈을 1,000만 원씩 받고, 비싼 외제 차를 끌고 다닌다. 그런 그는 행복할까? 그는 내가 만난 사람들 중에서 가장 불행한 사람 중 하나다. 결혼도 못 했고, 친구도 없고, 아무것도 없다. 물론 처음엔 있었지만, 시간이 지나고 나니, 점점 사람들이 다 그의 곁을 떠났다. 낮에는 괜찮은데, 밤에 술을 마시면 정말 저급한 수준의 주사가 나온다. 당연히 사람들은 그를 피하고, 결혼을 하고 싶어도, 그가 결혼하고 싶은 여성은 그를 마음에 들어 하지 않는다. 그래서 50이 될 때까지 미혼으로 아무 일도 안 하고 살아간다. 그의 어머니는 여전히 정정하고, 갈수록 그의 정신 상태는 깨진 유리와 같다. 그의 원국을 봤더니, 일간(日干)과 월간

(月干)에 갑목(甲)이 병존해 있었다. 다른 위치에도 양목(陽木)에 해당하는 음양오행이 두 개 더 있었다. 그와 상담을 하면서 나는 이렇게 조언했다.

"당신의 원국을 보았을 때, 정작 필요한 아버지와는 일찍 사별했는데, 빨리 벗어나야 하는 어머니와는 이별하지 못했다. 이것이 지금 당신이 겪는 고난의 원인이다. 어머니와 독립된 삶을 살아야 한다. 절대 어머니의 용돈을 받으면 안 된다. 나가서 무엇을 하더라도 스스로 길을 찾아야 한다!"

나중에 설명할 대운에서도 대운의 천간에 갑목(甲)이 나오면 새로운 전환을 의미한다. 지금까지와는 다른, 새로운 방향 전환이 필요한 시점임을 의미한다. 이때 갑목(甲)이 자신에게 좋은 기운이 되는 카드이면 도움이 되겠지만, 나쁜 기운이 된다면 보수적으로 생활해야 한다. 이 시기에는 새로운 전환의 고민거리를 만나는 시기이다.

을(乙)

을(乙)은 을목(乙木)이라고 읽는다. 음양 중 음(陰)에 해당하고, 오행으로 보면 목(木)에 해당한다. 음양오행의 관점에서 음목(陰木)이다. 갑목(甲)이 자신을
확 드러내는 소나무라면, 을목(乙)은 눈에 잘 띄지 않는 아파트 베란다에 놓인 화분의 작은 나무나 사람의 키를 넘지 않는 키 작은 나무다. 덩굴처럼 위로 솟기보다는 옆으로 퍼지기도 한다.

일간(日干)이 을목(乙)인 사람은 겉으로 봐서는 일간이 갑목(甲)인 사람과 그 차이를 발견하기가 어렵다. 그렇지만 둘의 차이는 분명하다. 일간이 갑목(甲)인 사람이 명예 지향성이 강하고 스타일리시(stylish)하다면, 일간이 을목(乙)인 사람은 수수하지만 알짜배기를 챙기는 실속파이다. 갑목(甲)이 자기과시성이 강하다면, 을목(乙)은 온유하고 섬세하다. 열 개의 천간 중에서 을

목(乙)이 가장 눈에 띄지 않는다. 눈에 불을 켜고 열심히 찾아봐야만 겨우 배시시 웃고 있는 사람을 발견할 수 있는데, 그가 바로 을목(乙)인 확률이 높다. 그래서 을목(乙)은 콤플렉스가 하나 있다. '내가 혹시 지진아가 아닐까?', '내가 트렌드에 밀려나지는 않을까?' 등등 이런 고민을 많이 한다. 을목(乙)은 모든 문제를 자기 안으로 수렴하는 사람이다. 같이 일하는 사람이 잘못하더라도, '내가 이 한마디를 못해서 빗나간 게 아닐까?'라고 생각하고 자신에게서 그 원인을 찾는 경향이 크다. 그리고 을목(乙)은 자기의 아픔을 타인과 공유하지 않는다. 자신의 아픔을 이야기하는 건 타인에 대한 결례라고 생각하기 때문이다. 그래서 주변의 도움을 받기보다는 모든 것을 자기 혼자서 해결하거나 처리하려고 한다. 그래서 나는 일간(日干)이 갑목(甲)인 사람보다 일간이 을목(乙)인 사람이 자립심이 더 뛰어나다고 생각한다.

그렇다면 을을(乙乙) 병존이면 어떻게 될까? 주변의 도움이 박하고 외로움을 많이 느낀다. 만일 을목(乙)이나 을을(乙乙) 병존이 있는 사람이 외롭지 않다고 한다면, 그건 오히려 더 문제다. 자신의 콤플렉스로부터 도망치기 위해 허세를 부리고 있을 가능성이 크기 때문이다. 이렇게 되면 사람들과의 관계가 더 나빠질 가능성도 크다.

그럼 외로움은 절대적으로 나쁘기만 한 걸까? 을목(乙)은 외로움을 자신의 원동력으로 삼아, 외롭기 때문에, 오로지 자신의 힘만으로 할 수 있는 일을 선택해야 한다. 대하소설을 쓰는 작가처럼 방에 혼자 틀어박혀 기나긴 작업을 해야 하는, 끈기와 성실이 필요한 작업을 해내는 사람에게는 대개 을목(乙)의 힘이 가장 크다. 21세기에 필요한 힘은 이런 을을(乙乙) 병존의 독립심이다. 만일 자신의 원국에 을을(乙乙) 병존이 있다면, 외롭고 박한 인생이라 좌절하지 말고, 자신에게는 타인의 도움 없이 혼자서 몰두

하고 집중해서 결과를 만들어내는 힘이 강하다고 생각하길 바란다. 똑같은 물도 젖소가 마시면 우유가 되고, 독사가 마시면 독이 된다. 물을 마시는 행위는 같지만 어떤 마음으로 살 것인가는 온전히 자신의 몫이다. 사주에 들어 있는 을을(乙乙) 병존을 '박복'(薄福)으로 대할지, '강인한 힘'으로 바라볼지는 순전히 자신이 결정해야 한다.

마지막으로, 을목(乙)이 세 개가 붙어 있는 을목(乙) 삼병존(乙乙乙)도 있다. 이를 특별히 복덕수기(福德秀氣)라고 부른다. 복덕수기는 '최고의 명예로운 관직에 올라 오랫동안 복록을 유지하는 기운'이다. 그러나 나는 아직까지 을목(乙) 삼병존(乙乙乙)을 가진 원국은 만나보지 못했다.

병(丙)

병(丙)은 병화(丙火)라고 읽는다. 음양 중 양(陽)에 해당하고, 오행으로 보면 화(火)에 해당한다. 음양오행의 관점에서 양화(陽火)이다. 양화(陽火)는 큰불 이다. 세상을 다 태울 것 같은 산불, 무쇠도 녹일 수 있는 용광로의 불이다. 화(火)는 어느 방향으로 튈지 알 수 없다. 화(火)의 적극성과 활동성은 큰 에너지이다. 어느 보수주의자의 이런 농담이 생각난다.

> "20대에 혁명을 꿈꾸지 않은 이도 바보고, 40대에 혁명을 꿈꾸는 이들도 바보다."

화(火)는 세상을 바꾸려는 큰 에너지가 있다. 병화(丙)는 사교적이고 친화적이다. 일간(日干)이 병화(丙)인 사람은 모든 일을 앞에 나서서 하는 경우가 많다. 병화(丙)가 많거나, 강한 병화(丙)의 기운을 갖고 있는 사람 옆에 있으면, 절대 심심하지 않다. 좋은 뜻이든 나쁜 뜻이든 간에 사건 사고가 끊이질 않기 때문이다.

병병(丙丙) 병존은 활동 범위가 넓은 광역역마(廣域驛馬)의 특성이 있다. 국내를 제집처럼 나다닐 수 있는, 즉 한 나라 정도는 휘젓고 다니는 역마의 강한 이동성이 있다. 물론 글자 두 개만 보고 판단할 수는 없고, 다른 요소도 살펴봐야 한다.

병병(丙丙) 병존의 기운이 원국의 다른 오행에 의해 위축되거나 훼손되지 않은 사람이 있다고 하자. 만일 이런 사람이 약국을 운영하는 약사인데 아침 8시에 집에서 130미터 앞에 있는 자신의 약국에 나가서 셔터를 올리고 저녁 9시까지 그 카운터 뒤에서 일하다가, 저녁 9시에 셔터를 내리고 다시 130미터를 걸어서 집에 돌아와 밥을 먹고 잠을 자는 생활을 해야 한다면, 남들 보기에는 멀쩡해 보여도 자신의 불같은 성질을 이기지 못하고 우울한 삶을 살 것이다. 이런 사람의 우울을 해결하려면 직업을 바꾸는 것이 좋겠지만 그게 쉬운 일은 아니니, 주 중에는 그렇게 약국을 운영하더라도 퇴근 후와 주말에는 광역역마의 기운을 채워줄 수 있는 여행이나 장거리를 다니는 프로그램을 기획하고 실천해야 한다.

정(丁)

정(丁)은 정화(丁火)라고 읽는다. 음양 중 음(陰)에 해당하고, 오행으로 보면 화(火)에 해당한다. 음양오 행의 관점에서 음화(陰火)이다. 일간(日干)이 병화 (丙)인 사람을 큰불이라고 한다면, 일간이 정화(丁)인 사람은 작은 불이라고 할 수 있다.

이런 사람의 성격은 은근하고 명랑하다. 병화(丙)가 얼굴이 시원시원하다면, 정화(丁)는 얼굴이 오목조목하다.

정정(丁丁) 병존은 을을(乙乙) 병존과 비슷한 특성을 갖는다.

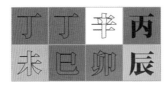

임상 결과를 가지고 통계를 내보면, 정정(丁丁) 병존이 있는 사람들은 주변의 도움을 상대적으로 못 받는 경우가 많다. 인덕이 별로 없다는 의미다. 그러니 이런 사람들은 스스로의 힘으로 인덕의 박복을 극복해야 한다.

을을(乙乙) 병존과 비교해볼 때 정정(丁丁) 병존을 가진 사람들의 장점은 인상이 좋다는 점이다. 다만, 타인을 향한 의존성이 강한 사람이라면, 살아가는 데 가장 힘든 요인이 바로 자기 자신인 경우가 많다.

무(戊)

무(戊)는 무토(戊土)라고 읽는다. 음양 중 양(陽)에 해당하고, 오행으로 보면 토(土)에 해당한다. 음양오행의 관점에서 양토(陽土)이다. 무토(戊)는 넓은 대지와 저 너른 벌판과 평야로서 자존감과 고집을 의미하므로, 일간(日干)이 무토(戊)인 사람의 속을 쉽게 알기가 어렵다. 이들은 강한 리더십을 가지고 있고, 될 때까지 밀어붙이기 때문에 무토(戊) 성향이 강한 지휘관 밑에 있는 병사들은 고달프다.

일간이 병화(丙)인 사람의 리더십은 한마디로 '영차영차 리더십'이다. 같은 결과를 두고도 병화(丙)의 리더십은 "결과는 비록 안 좋아도 우리 모두 최선을 다했으니, 노래방에 가서 싹 잊고 내일부터는 다시 시작하자!"이다. 그에 비해, 무토(戊)의 리더십은 "너, 너, 너는 훌륭했다. 그런데 팀워크가 안 좋으니 우리가 그걸 극복해야 한다!"라는 식으로 말한다. 물론 틀린 말은 아니지만, 왠지 듣는 사람의 기분을 상하게 만든다. 무토(戊)의 리더십은 좋은 결과를 내긴 하지만, 많은 희생을 무토(戊)의 광활한 땅에 묻어야만 한다.

무무(戊戊) 병존은 스케일이 무척이나 크다. 만약 아이들이라면, 사고를 치는 스케일이 또래의 아이들과는 아주 다르다. 안 될 때 안 되더라도 일단 프레임을 크게 잡아줘야 한다. 그래야 그 안에서 '어떻게든 한번 움직여볼까?' 이렇게 생각한다. 예를 들어, F1 그랑프리 카 레이서를 복서들이 싸우는 링 위에 올려놓으면 아무런 의미가 없다. 자식이 무무(戊戊) 병존의 원국을 가졌다면, 자식이 질주할 곳을 만들어줘야 한다. 이들에게는 역마의 성격도 있는데 그 범위는 스케일도 넓어서 해외를 넘나드는 역마이다.

지인의 딸의 원국이 무무(戊戊) 병존이었다. 교수인 아버지는 쪼들릴 정도는 아니었지만 월급이 많지 않아서 결코 넉넉한 형편이라고는 할 수 없었나. 그런데 중학교에 다니던 그의 딸이 어느 날 미국에 6개월만 보내달라고 마구 졸라댔다. 형편이 안 된다고는 차마 말 못하고 아직 어리니까 나중에 커서 어학연수를 가라고 말렸는데도 이 아이는 결코 포기하지 않고 인터넷으로 스스로 검색해서 홈스테이를 알아보더니 보내달라고 하더란다. 하도 조르니 어쩔 수 없어서 보냈는데 그 이후 한국으로 돌아오지 않는다. 시골인데도 거기가 좋다며 자기에게 맞는 학교에 가서, 결국 좋은 대학까지 들어갔다. 당연히 그 아이야 좋았겠지만 아이의 학비를 대느라 교수인 아버지는 차까지 팔아야 했다. 그 아이는 무무(戊戊) 병존의 힘이 있기에 어린 시절 유학이라는 쉽지 않은 일도 스스로 결정하여 해냈다. 그렇지만 부모의 입장에서 보자면, 이런 자식이 태어나면 돈도 많이 들어가고 뒷바라지를 하느라 삶이 편치 않다. 이렇게 자식만이 아니라 배우자나 부모가 무무(戊戊) 병존일 때도 그 주변 가족의 삶은 결코 평온하기 쉽지 않다.

기(己)

기(己)는 기토(己土)라고 읽는다. 음양 중 음(陰)에 해당하고, 오행으로 보면 토(土)에 해당한다. 음양오행의 관점에서 음토(陰土)이다. 기토(己)는 작은 땅으로, '정원' 혹은 '화분' 안의 토(土)

의 기운이다. 소극적이고, 작은 땅이긴 하지만 어쨌든 땅이기 때문에 안정적이다. 그래서 자신을 지키는 힘이 있고, 철저히 자기와 자기 가족을 방어하고 배려하며 연대감을 잘 조성한다. 그에 비해 무토(戊)는 양토(陽土)이기에, 역마의 불안정성이 있지만, 강한 토(土)의 기운으로 자기 확신과 안정감이 있다. 부모와 논쟁을 벌이더라도 자기 나름의 근거를 가지고 부모를 설득한다.

일간(日干)이 기토(己)인 사람과 일간이 무토(戊)인 사람은 함께 있어야 한다. 물론 둘 사이는 좋지 않다. 그러나 함께 있어야 조화를 이룬다. 기토(己)는 우물 안의 개구리다. 세상을 넓게 보지 못하고, 자신이 경험하고 본 대로만 세상을 바라본다. 무토(戊)인 사람이 옆에서 "네가 경험하지 못한 이런 세계도 있다"고 말해주며 다른 세상을 보여줄 필요가 있다. 거꾸로 무토(戊)인 사람에게는, 아무리 세계를 호령할 기질을 가지고 있다 하더라도, 일단 호령할 세상으로 가기 위한 과정으로서의 근거지를 어떻게 확보하고 유지할 수 있을지를 알려주는 사람이 필요하다. 기토(己)인 사람은 그런 컨트롤에 매우 능하다.

기기(己己) 병존 역시 작은 토(土)라고 할 수 있다. 기기(己己) 병존은 역마가 있기는 해도 좁은 범위 안에서 움직인다. 성북구 정도라면 그 범위의 스케일이 이해가 될까?

경(庚)

경(庚)은 경금(庚金)이라고 읽는다. 음양 중 양(陽)에 해당하고, 오행으로 보면 금(金)에 해당한다. 음양오행의 관점에서 경(庚)은 양금(陽金)이다.

지금까지의 천간들을 살펴보면, 양(陽)은 머물거나 고여 있지 않고 튀어나가려는 성향이 있음을 알 수 있다. 일간이 경금(庚金)인 사람은 큰 쇠, 큰 바위라서 의지가 강하고 자기과시적 경향이 있다.

이들의 자기과시성은 병화(丙)보다 훨씬 더 강하다. 병화(丙)

가 그저 현재 자신의 모습을 과시하려는 욕구가 크다면, 경금(庚)은 확신범의 과시다. 그래서 그런 경금(庚)들의 과시는 함부로 무시하기 어렵다. 확고한 의지가 동반되어 있음을 한눈에 알 수 있기 때문이다. 한번 '4대 강'을 파겠다고 결심하면 온갖 말로 바꿔가면서도 기어이 파고야 마는 어느 전직 대통령은 원국 안에 경금(庚)을 지녔다. 우리는 그에 대해 마구 욕을 하면서도, 한편으로는 '진짜로 그가 팔 것 같다'라는 생각을 했다. 경금(庚)과 다음에 설명할 신금(辛)이 강한 이들의 공통된 이미지다.

경경(庚庚) 병존 역시 병병(丙丙) 병존처럼 전국 단위의 역마가 있다.

신(辛)

신(辛)은 신금(辛金)이라고 읽는다. 음양 중 음(陰)에 해당하고, 오행으로 보면 금(金)에 해당한다. 음양오행의 관점에서 음금(陰金)이다. 신금(辛)은 작은 금속이나 자갈이다. 쇠는 쇠인데, 작은 수술칼 메스(mes)를 생각해보라. 이게 바로 신금(辛)이다. 누군가 메스를 드는 순간을 떠올리면, 몸이 살짝 오싹해지지 않는가? 불도저를 떠올렸을 때보다 작은 메스를 떠올렸을 때가 더 공포스럽다. 예민하고 섬세하기 때문이다. 경금(庚)과 마찬가지로, 확고한 신금(辛)도 자기주장이 강하다.

신신(辛辛) 병존은 수많은 기복을 겪으며 살게 된다. 만일 메스 두 개를 주머니에 넣고 걸어간다고 상상해보라. 메스가 언제 어디를 찌를지 몰라서 불안할 것이다. 실제로 신신(辛辛) 병존의 원국을 가진 사람 중에 외과 의사 같은 '칼잡이'들이 많다. 똑같이 의대에 들어가도 사명감 못지않게 그 직업 자체를 자신의 명예로 여기는 사람들이 이들 가운데는 많다. 이런 기운을 신신(辛辛) 병존의 기운이라고 생각하면 된다.

옛날에는 딸이 고생할까봐 원국에 신신(辛辛) 병존이 있는 남자를 꺼렸다. 그러나 요즘에는 꼭 그렇지 않다. 신신(辛辛) 병존의 기운을 극복하려면, 그 칼을 직업으로 삼으면 좋다. 예전 명리학 책에서는 의사나 조각가 같은 직업이 좋다고 했지만, 그것은 직업이 많지 않았던 시절의 이야기일 뿐 요즘은 훨씬 다양해졌다.

임(壬)

임(壬)은 임수(壬水)라고 읽는다. 음양 중 양(陽)에 해당하고, 오행으로 보면 수(水)에 해당한다. 음양오행의 관점에서 양수(陽水)다. 일간이 임수(壬)인 사람들의 특징은 상상력과 통찰력이 뛰어나다는 점이다. 자신을 통제할 수 있고, 자신에 대한 통찰력이 있다.

1990년대 문화 대통령이라 불리던 어느 뮤지션의 일간이 임수(壬)다. 그는 학력이 고등학교 중퇴에 불과하지만, 정말 똑똑하고 명석한 친구다. 예능판의 '딴따라'이자 자기 경영자다. 임수(壬)가 갖고 있는 총명함과 자기를 부각시키는 힘이 그에게는 잘 드러나 있다. 그렇다고 모두가 다 좋은 건 아니다. 몽상과 상상에 빠져 현실감이 떨어지는 사람도 많다. 당연히 이런 이들의 삶은 고달프다.

임임(壬壬) 병존은 신살 중 도화(桃花)가 강하다. 신살은 나중에 설명할 것이다. 도화는 남으로부터 받는 사랑과 인기를 바탕으로 하는 매력이다. 그래서 타인에게 사랑과 인기를 받는 직업이 어울린다. 대중의 인기로 생활하는 연예인을 떠올리면 된다. 요즘 중고생들이 가장 선망하는 직업은 연예인이 압도적으로 많다.

　그렇다고 도화가 강한 사람은 모두 연예인이 되는 거라고 생각하면 안 된다. 연예인이 아니더라도 할 수 있는 일은 얼마든지 많다. 즉, 인기를 기반으로 먹고사는 직업이 수없이 많다는 말이다. 예를 들어, 지식을 제공하는 학원은 일종의 서비스업이다. 그런데 똑같이 논술을 가르쳐도 한 달에 150만 원도 못 버는 사람이 있는가 하면, '1등 스타'라는 뜻의 유행어까지 만들어낸 '일타 강사'들은 월급을 몇 천만 원 이상 받는다. 사람들로부터 받는 인기 때문이다.

　옛날에는 이런 도화를 천시하고 중요하게 생각하지 않았다. 그래서 심지어 도화살(桃花殺)이라는 말까지 썼다. 일단 들으면 기분이 별로 안 좋다. 이렇게 도화는 부정적인 뉘앙스로 쓰였지만, 예능과 인기가 중요한 21세기에는 화(火)와 더불어 중요한 가치가 되었다. 그러므로 자신의 조카나 자식의 원국을 볼 때 이게 있는지 유심히 살펴볼 필요가 있다.

　임수(壬)와 경금(庚)이 나란히 붙어 있는 것을 특별히 '금수쌍청'(金水雙淸)이라고 부른다. 이 금수쌍청은 동양학이나 종교학과 인연이 깊다. 금수쌍청이 원국에 있는 사람은 사람들의 내면을 들여다보려는 기운이 강하다. 이들은 사색과 수련을 통해서 자기가 알고 싶은 것을 제대로 알려는 힘이 세다. 종교적 신실함이나 도를 닦는 행위들은 금수쌍청과 관련이 깊다. 그래서 역술가들은 자기의 후계자를 뽑을 때 금수쌍청이 있는 사람을 후계자의 후보로 넣었다고 한다.

계(癸)

계(癸)는 계수(癸水)라고 읽는다. 음양 중 음(陰)에
해당하고, 오행으로 보면 수(水)에 해당한다. 음양오
행의 관점에서 음수(陰水)다.

　임수(壬)에 비해서 계수(癸)는 '작은 물'이다. 온화하고 여린
심성을 지녔고, 상상력이 뛰어나다. 특히, 일간이 계수(癸)인 사람
의 '여린 심성'에 주목해야 한다. 이들은 돈을 많이 벌기는 좀 힘
들다. 성격이 여리고 인정에 치우칠 가능성이 많기 때문이다. 누
가 뭘 부탁해도 거절을 잘 못한다. 유명한 스타가 됐더라도 힘들
때 도와줬던 변두리 작은 업소에서 출연해달라고 부탁을 해오면
'그래, 내가 무명 때 저 형이 도와주었는데, 저 업소에 한번 나가
줘야지!' 하고 나간다. 그리고 누가 대단하다고 띄워주기라도 하
면 "제가 뭘 알겠어요. 제가 가진 재주는 노래 만드는 거밖에 없
어요"라고 한다. 이런 게 바로 계수(癸)의 마인드다. 외모와는 관
계가 없다. 반면에 임수(壬)는 같은 스타라도 "나 스타야! 너희들
은 나를 사랑해야 해!" 이런 식이다. 강력한 카리스마를 갖고 있
다. 같은 업종에 종사해도 활동 방식, 음악을 대하는 느낌 등이 일
간이 임수(壬)인 경우와 일간이 계수(癸)인 경우의 차이는 이렇
게 크다.

　계계(癸癸) 병존은 성격이 매우 여성적이다. 나이 든 사람들
에게 익숙한 송 모 가수가 바로 계계(癸癸) 병존이다. 그는 인기
를 먹고살긴 하지만 매우 여성적인 성격을 가지고 있다. 이들은
도화가 있긴 하지만, 임임(壬壬) 병존에 비해 여리고 착한 도화
다. 기생으로 비유하자면, 남자를 정신 못 차리게 해서 재산을 탕
진하게 만드는 스타일이 임임(壬壬) 병존이라면, 계계(癸癸) 병
존은 남자들의 보호 본능을 자극해서 스스로 돈을 바치게 만드는
스타일이다.

계수(癸)와 신금(辛)이 나란히 있는 경우도 임수(壬)와 경금(庚)이 나란히 있는 경우처럼 금수쌍청이라고 한다. 금수쌍청의 특징은 앞에서 이미 말한 바 있다.

땅의 기운, 지지

천간(天干)이 하늘의 기운을 열 개의 글자로 설명했다면, 지지(地支)는 땅의 시간의 변화를 열두 개의 글자로 표현한 것이다. 지구의 공전과 자전에 의해 사계절과 낮과 밤이 생긴다. 그 변화는 월지(月支)와 시지(時支)에 기록된다. 예를 들어, 2월 15일에 태어난 사람은 태어난 해(年)와 관계없이 동일하게 월지(月支)는 인목(寅)이 된다. 마찬가지로 오전 3시 반에서 5시 반 사이에 태어난 사람은 누구나 동일하게 시지(時支)가 인목(寅)이 된다. 다시 말해, 연지(年支)와 일지(日支)는 시간과 관계없이 갑자(甲子)부터 계해(癸亥)까지 순서대로 변하는 육십갑자의 변화의 순서를 따른다. 각 지지에 해당하는 띠와 절기, 기간, 시간은 다음 표와 같다.

子	자	쥐	대설~소한	12월 7, 8일~1월 5, 6일	밤 11:30~새벽 1:30
丑	축	소	소한~입춘	1월 5, 6일~2월 4, 5일	새벽 1:30~새벽 3:30
寅	인	호랑이	입춘~경칩	2월 4, 5일~3월 5, 6일	새벽 3:30~새벽 5:30
卯	묘	토끼	경칩~청명	3월 5, 6일~4월 4, 5일	새벽 5:30~오전 7:30
辰	진	용	청명~입하	4월 4, 5일~5월 5, 6일	오전 7:30~오전 9:30
巳	사	뱀	입하~망종	5월 5, 6일~6월 5, 6일	오전 9:30~오전 11:30
午	오	말	망종~소서	6월 5, 6일~7월 7, 8일	오전 11:30~오후 1:30
未	미	양	소서~입추	7월 7, 8일~8월 7, 8일	오후 1:30~오후 3:30
申	신	원숭이	입추~백로	8월 7, 8일~9월 7, 8일	오후 3:30~오후 5:30
酉	유	닭	백로~한로	9월 7, 8일~10월 8, 9일	오후 5:30~오후 7:30
戌	술	개	한로~입동	10월 8, 9일~11월 7, 8일	오후 7:30~밤 9:30
亥	해	돼지	입동~대설	11월 7, 8일~12월 7, 8일	밤 9:30~밤 11:30

자(子)

| 子 | 자 | 쥐 | 대설~소한 | 12월 7, 8일 ~ 1월 5, 6일 | 밤 11:30~새벽 1:30 |

자(子)는 자수(子水)라고 읽는다. 음양의 관점에서 양(陽)이고, 오행으로는 수(水)이다. 음양오행으로 보면 양수(陽水)이다. 그러나 지지(地支)에서의 화(火)와 수(水)는 체용(體用, 형체와 쓰임새)의 음양이 바뀌므로 명리학에서 자수(子)는 형체는 양수(陽水)이지만 실제로는 음수(陰水)로 해석한다.

대설과 소한 사이에 태어난 사람의 월지(月支)는 자수(子)다. 우리가 모두 다 알고 있듯이 한 해의 모든 절기는 크리스마스처럼 고정된 날짜가 아니다. 해마다 크리스마스는 2014년이든, 2024년이든 12월 25로 고정되어 있지만, 예를 들면, 대설은 어느 해는 12월 7일이 되고, 또 어느 해는 12월 8일이 되기도 한다. 절기의 날짜는 이렇듯 그때그때 다르다. 소한 역시 마찬가지다. 소한은 1월 5일 또는 1월 6일이다.

밤 11시 반부터 새벽 1시 반까지 태어난 사람의 시지(時支)는 자수(子)다. 12시부터 시작되는 게 아니라, 30분이 빠른 밤 11시 반부터 새벽 1시 반까지인 이유는 한국에서는 표준시를 일본 도쿄 표준시를 사용하기 때문이다. 그러나 일본 도쿄 표준시는 한국 지역의 실제 시간과 지역에 따라 27~33분 정도 차이가 난다. 서울과 부산 간에도 약 3분의 오차가 있다. 즉, 내가 서울에서 11시 29분에 태어난 것과 부산에서 11시 29분에 태어난 것은 다르다. 3분이란 오차 때문에 '시'(時)의 오행이 달라질 수 있다. 하지만 내가 새벽 00시 50분에 태어났다면, 태어난 지역이 부산이든 서울이든 관계없이 동일하게 자수(子)로 표기한다.

과거에는 시간의 중요성이 그렇게 크지 않았지만, 변화의 속도가 빠른 현대사회에서는 점차 시지(時支)의 중요성이 높아지고 있다. 실제로 시지(時支)를 정확하게 봤을 때와 안 봤을 때의 차이가 상당히 크다.

그런데 자기가 태어난 시간을 정확하게 모르는 사람들이 꽤 많다. 특히, 병원이 아닌 다른 곳에서 태어난 분들의 출생 시간이 애매한 경우가 많다. 왜냐면 병원에서는 태어난 시간을 정확하게 기록해서 알려주지만, 병원이 아닌 경우에는 정신이 없어서 기억이나 기록을 제대로 못하고 넘어갈 때가 많기 때문이다. 나이가 드신 분들의 출생 시간은 더더욱 애매한 경우가 많다. 어르신들이 태어날 당시에만 해도 지금처럼 정확한 시간을 안다는 것은 쉬운 일이 아니었다. 할아버지, 할머니께 몇 시에 태어나셨느냐고 물어보면 재미있는 대답이 많이 나온다. 소여물 줄 때라거나 아침에 밥 먹고 개가 짖었을 때라거나 또는 닭이 울었을 때, 먼동이 틀 때, 한참 자다가, 새참 먹을 때, 점심 먹은 후 등등 대강 어느 때쯤인 줄은 알겠는데 시간으로 따지면 정확하지 않은 다양한 답변을 들을 수 있다. 어쩌다가 정확한 시간을 알고 계신다고 해도 그게 꼭 정확하다고는 말할 수 없다. 할머니가 아이를 받았을 경우 할머니들에게 시간이란 고무줄과 같기 때문이다. 그러면 어떻게 해야 한단 말인가. 태어난 시간을 모르면 정확한 사주를 볼 수 없다는 말인가. 아니다. 다 방법이 있다. 자신이 알고 있는 출생의 시간의 사주만 뽑아보지 말고, 그 시간과 인접한 시간의 사주를 함께 뽑아보면 된다. 그래서 자신의 성격과 살아온 과정 등을 대입해서 잘 맞는 시간대가 나오면 그것을 자신의 출생 시간으로 생각하면 된다.

그런데 이런 방법이 어려운 것이 바로 자시(子時), 즉 밤 11시 반부터 새벽 1시 반까지다. 30분 차이로 변화가 극심하기 때문이다. 자시(子時)에 태어난 사람은 30분 전이냐 후냐에 따라 날짜가 달라진다는 말이다. 즉, 시간(時干)뿐만 아니라 일간(日干)이 바뀌기도 한다. 일간(日干)이 바뀌면 많은 것이 달라진다. 다시 말해, 밤 11시 반쯤 태어난 사람은 30분 차이로 인해서 일간(日干)에 차이가 생기고, 그로 인해 사주의 데이터가 다 달라지기 때문에 이런 경우 원국을 정확히 판별하는 것은 다소 어려움이 있다.

자수(子)가 나란히 있는 자자(子子) 병존 역시 수(水)의 성분을 가지고 있기 때문에 '인기'를 기반으로 하는 직업을 갖거나 혹은 의술, 의학, 생명과 관련된 분야에 관심이 많다.

축(丑)

🀘	축	소	소한~입춘	1월 5, 6일 ~ 2월 4, 5일	새벽 1:30~새벽 3:30

축(丑)은 축토(丑土)라고 읽는다. 음양의 관점에서 음(陰)이고, 오행으로는 토(土)이다. 음양오행으로 보면 음토(陰土)이다. 절기로 보면, 소한에서 입춘 전까지이다. 양력으로 1월 5, 6일에서 2월 4, 5일 사이이다.

명리학에서는 새해의 시작이 입춘이다. 만약 내가 양력으로 1985년 2월 1일생인데, 음력설이 그해 2월 2일이었다면, 명리학적으로 나의 연간(年干)은 1984년생이 기준이다. 명리학적 새해가 되는 입춘은 양력으로 2월 4, 5일이므로 아직 새해가 아닌 것이다. 하루의 시간으로는 새벽 1시 반부터 새벽 3시 반 사이이다.

축토(丑)는 오행으로는 토(土)지만, 한겨울의 토(土)라서 수(水)의 성분이 강하다. 축토(丑)는 연지(年支)와 일지(日支)에 놓였을 때와 월지(月支)에 놓였을 때의 오행이 다르다. 오행으로는 토(土)인 축토(丑)가 연지(年支)와 일지(日支)에 놓여 있으면 오행상 그냥 토(土)이지만 만일 축토(丑)가 월지(月支)에 놓여 있으면 이때는 오행의 성분을 수(水)로 간주하고 해석해야 한다. 연(年)이나 일(日)은 계절의 변화나 시간의 변화와 관계없지만 월(月)은 계절과 시간의 변화와 관계가 깊기 때문이다. 그래서 나는 양력으로 1월 7, 8일에서 2월 4, 5일 사이에 축월(丑月)에 태어난 사람의 원국을 볼 때는 토(土)보다는 수(水)의 성분이 많다고 해석한다. 월지(月支)의 축토(丑)를 음양오행으로는 음토(陰土)가 있다고 보지만, 내가 실제로 해석할 때는 그렇게 본다는 것이다. 월지(月支)가 축토(丑)이면, 사실상 수(水)의 성분을 가진 것으로 해석한다.

그렇다면 축토(丑)가 시지(時支)에 놓인 경우는 어떻게 될까? 이런 경우는 월지(月支)가 해수(亥)이거나 자수(子)이거나 축토(丑)일 경우에 한해, 축시(丑時, 새벽 1:30~새벽 3:30)에 태어난 경우에, 추운 겨울의 새벽으로 보아 한정적으로 수(水)의 성분으로 본다.

우리가 자신의 원국을 스스로 분석할 때는 이 점을 유념해야 한다. 만일 자신이 수(水)의 성분과 목(木)의 성분이 현격하게 강한데, 그중에서도 얼핏 보면 목(木)이 많은 것 같다. 그런데 축월(丑月), 즉 1월 5, 6일에서 2월 4, 5일 사이에 태어났다면 목(木)이 우세한 게 아니라 수(水)가 우세한 것으로 봐야 한다. 이렇듯 축월생(丑月生)은 다른 사람보다 더 세밀하게 살펴서 판단해야 한다는 사실을 기억하기 바란다.

축토(丑)가 나란히 있는, 즉 축축(丑丑) 병존이 있는 사람들은 어떤 일을 할 때 일어날 수 있는 경우의 수를 이미 다 파악하고 준비한다.

내가 아는 사람 중에 축축(丑丑) 병존이 있다. 그는 순하게 보이는 겉모습과는 달리 세상의 질서에 대해 '자분자분' 씹는 스타일이다. 유연하게 반항하고, 조각칼로 나무젓가락에 새긴 조각품이 있을 정도로 꼼꼼하고 집중력이 강하다. 이런 성향의 사람들은 남이 자기를 통제하고 지배하는 것을 참지 못한다. 조직에 속해 있으나 조직의 압박이나 지휘 체계로부터 떨어져 있는, 회계 분야나 정책 기획과 참모의 위치에서 최고 결정권자에게 도움을 주는 위치에서 일하는 게 좋다. 드물지만 프리랜서로 사는 이도 봤다.

인(寅)

寅	인	호랑이	입춘~경칩	2월 4, 5일~3월 5, 6일	새벽 3:30~새벽 5:30

인(寅)은 인목(寅木)이라고 읽는다. 음양의 관점에서 양이고, 오행으로는 목(木)이다. 음양오행으로 보면 양목(陽木)이다. 절기로 보면, 입춘에서 경칩 전까지의 봄이다. 생명의 상징이라 할 수 있는 목(木)이 땅에서 만물이 올라오려고 움트는 그 시점이 바로 인목(寅)의 시점이다. 양력으로 2월 4, 5일에서 3월 5, 6일 사이이다. 하루의 시간으로 치면, 새벽 3시 반부터 5시 반 사이다. 이때 닭이 운다. 아직 밖은 어두운데, 닭이 운다는 것은 곧 영명한 행위다. 어둠이 가득할 때 만물을 깨우기 때문이다. 자녀나 부하 직원에게 인목(寅)이 많은 경우, 이들은 '가출 1호 후보자'들이다. 인목(寅)은 뭔가 새로운 일을 시작하려는 잠재적 에너지가 강하다.

월지(月支)가 인목(寅)인 경우, 겨울에서 봄으로 넘어오는 입춘에서 경칩 사이여서, 초기에는 수(水)의 성분이 강하다가 점차 목(木)의 성분이 강해진다. 30퍼센트의 수(水)의 기운을 감안해야 한다고 주장하는 이론이 있는데, 임상을 해보니 설득력이 있다.

예를 들어, 2월 4일에서 11일 사이에 태어난 사람들은 월지(月支)가 인목(寅)이지만, 목(木)보다는 오히려 수(水)의 기운이 많다고 해석한다. 이 시기에는 수(水)와 목(木) 성분이 함께 있음을 기억해야 한다. 인목(寅)의 기운이 강한 사람은 자존심이 강하다. 그래서 재정적으로 손해 보는 것보다는 명예가 손상되는 걸 더 견디지 못한다.

인인(寅寅) 병존은 명예욕과 관련된 분야에서 활동적이고 적극적으로 일하는 경향이 강하다.

戊	庚	庚	甲
寅	寅	午	寅

묘(卯)

卯	묘	토끼	경칩~청명	3월 5, 6일~4월 4, 5일	새벽 5:30~오전 7:30

묘(卯)는 묘목(卯木)이라고 읽는다. 음양의 관점에서 음(陰)이고, 오행으로는 목(木)이다. 음양오행으로 보면 음목(陰木)이다. 절기로는 경칩에서 청명 전까지이다. 양력으로는 3월 5, 6일부터 4월 4, 5일 사이이다. 하루의 시간으로는 새벽 5시 반부터 오전 7시 반 사이이다. 목(木)은 인체에서 간과 담, 뼈를 상징한다.

목(木) 중에서, 특히 묘목(卯木)은 뼈의 성분이 더 강하다. 또한 인목(寅)에 비해서 침착한 느낌이 있다. 뭔가를 결정할 때 사신을 포함한 주변 사람과의 관계를 잘 고려해서 현명하고 이성적인 판단을 내리는 힘이 있다.

충성심에는 두 가지 종류가 있다. 하나는 자신과 최고 권력자에게만 충성하는 유형이다. 또 하나는 모두를 위한 충성심을 지닌 유형이다. 묘목(卯木)은 후자의 경우다. 이런 사람들이 중간관리자나 참모로 있으면 좋다. 그래서 묘목(卯木)을 가진 사람들이 적절한 지위나 자기 자리를 지키고 있으면 본인과 주변이 모두 행복해진다. 그러나 이런 사람들은 사건 사고에 노출되는 경우가 많으므로 주의할 필요가 있다.

목(木) 중에서, 특히 묘목(卯木)이 뼈의 성분이 강하다는 말을 앞에서 했다. 묘묘(卯卯) 병존을 가진 이들은 뼈와 관련된 사고가 많다. 원국에 묘묘(卯卯) 병존이 있다면 유심히 봐야 한다. 예전보다 자동차가 늘어나고 운전자가 많아졌을 뿐만 아니라 비행기나 배를 탈 일도 많아 사고의 위험이 크기 때문이다. 그만큼 뼈와 관련된 사고를 당할 가능성이 크게 높아졌으니 조심해야 한다는 말이다.

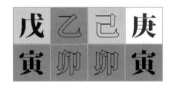

진(辰)

辰	진	용	청명~입하	4월 4, 5일~5월 5, 6일	오전 7:30~오전 9:30

진(辰)은 진토(辰土)라고 읽는다. 음양의 관점에서 양(陽)이고, 오행으로는 토(土)이다. 음양오행으로 보면 양토(陽土)이다. 진토(辰)는 봄의 토(土)이다. 절기로는 청명부터 입하 전까지이다. 봄의 끝자락에서 여름 시작 전이다. 양력으로 4월 4, 5일부터 5월 5, 6일 사이이다. 하루의 시간은 오전 7시 반부터 오전 9시 반까지이다. 월지(月支)의 진토(辰)도 축토(丑)처럼 봄에서 여름으로 계절이 바뀌는 환절기로, 오행의 목(木)의 기운이 화(火)로 넘어가는 시기이다. 월지(月支)는 진토(辰)인데 주변이 목(木)으로 둘러싸여 있다면, 이 토(土)는 주변의 강한 목(木)의 기운으로 변한 것으로 해석하는 게 좋다. 이것이 토(土)의 이중성이다. 토(土)는 자신이 강할 때는 다른 기운과 타협하지 않고 자신의 기운을 지키지만, 세력이 다른 기운으로 바뀌면 그에 적응하는 모습을 보인다. 뜨거운 양(陽)에서 따스한 양(陽)으로 기운이 바뀌기에 축월(丑月)보다는 변화가 적지만, 청명일로부터 1주일 사이에 태어난 이들은 목(木)의 기운이 더 크다고 본다.

진토(辰)는 피부와 관련이 많다. 진진(辰辰) 병존을 가진 이는 피부와 관련된 질병에 주의해야 하고, 실제 아토피 등의 피부 트러블이 많은 이들 중에 진진(辰辰) 병존이 많다. 옛날에는 묘묘(卯卯) 병존보다 진진(辰辰) 병존을 가진 이가 더 고통을 받았다. 조선 시대 왕의 사인(死因)은 독살을 빼고는 다 욕창이었다. 즉, 많은 이들이 피부병으로 사망했던 것이다.

하지만 진진(辰辰) 병존이라고 모두가 피부 트러블이 있는 건 아니다. 없을 수도 있다. 예를 들어, 어릴 때부터 피부가 약한 것을 알아본 어머니가 자라는 동안 피부 관리에 특별히 신경을 써줬다면 피부 트러블을 피해갈 수 있다. 특수 관계인인 어머니의 역할 때문에 그런 것이다.

이렇듯 자신의 원국의 특성과 다른 현상이 나타난다면 무엇이 어떻게 자신의 원국에 개입했는지 살펴볼 필요가 있다. 특히, 특수 관계인의 역할을 자세히 살펴봐야 한다.

다시 말해, 자신의 원국과 다른 삶을 사는 사람은 특수 관계인의 영향을 받았거나, 또는 자신이 그 기운의 삶을 거부했기 때문에 그렇게 된 것이다. 따라서 원국이 가리키는 삶과 실제의 삶을 비교했을 때 차이가 있다면 그 이유가 무엇인지 살펴보는 것도 정확한 해석을 위해서 꼭 필요하다.

사(巳)

巳	사	뱀	입하~망종	5월 5, 6일~6월 5, 6일	오전 9:30~오전 11:30

사(巳)는 사화(巳火)라고 읽는다. 음양의 관점에서 음(陰)이고, 오행으로는 화(火)이다. 음양오행으로 보면 음화(陰火)이다. 하지만 지지(地支)에서의 화(火)와 수(水)는 체용이 바뀌어 명리학에서는 음화(陰火)가 아닌, 양화(陽火)로 해석한다.

절기로는 입하부터 망종 전까지이고 양력으로 5월 5, 6일부터 6월 5, 6일 사이, 하루의 시간으로는 오전 9시 반부터 오전 11시 반까지이다.

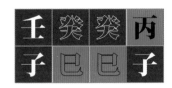

사사(巳巳) 병존을 가진 이들은 한자리에서 오래 하는 활동을 견디지 못한다. 대신 활동적인 일을 하는 경우가 많고, 그런 일에 잘 맞는다. 꼼꼼하고 집중력이 강한 특성을 가진 축축(丑丑)

병존과는 아주 다르다. 이렇듯 각 기운마다 잘하는 것이 따로 있다. 따라서 자신이 어떤 기운을 가지고 있는지를 잘 살펴 편하고 어울리는 일을 하면서 살 수 있도록 하는 노력이 필요하다.

오(午)

午	오	말	망종~소서	6월 5, 6일~7월 7, 8일	오전 11:30~오후 1:30

오(午)는 오화(午火)라고 읽는다. 음양의 관점에서 양(陽)이고, 오행으로는 화(火)이다. 음양오행으로 보면 양화(陽火)이다. 하지만 지지(地支)에서의 화(火)와 수(水)는 체용이 바뀌어 명리학에서는 양화(陽火)가 아닌, 음화(陰火)로 해석한다.

절기로는 망종부터 소서 전까지이고, 양력으로 6월 5, 6일부터 7월 7, 8일 사이이다. 하루의 시간으로는 오전 11시 반부터 오후 1시 반까지 한낮이다. 오화(午)는 사화(巳)에 비해 파괴력이 있는 불이다. 그래서 선이 굵고 강하고, 길흉의 힘이 선명하다. 오오(午午) 병존은 인기를 기반으로 하는 직업이 적성에 맞다.

미(未)

未	미	양	소서~입추	7월 7, 8일~8월 7, 8일	오후 1:30~오후 3:30

미(未)는 미토(未土)라고 읽는다. 음양의 관점에서 음(陰)이고, 오행으로는 토(土)이다. 음양오행으로 보면 음토(陰土)이다.

절기로는 소서부터 입추 전까지, 양력으로 7월 7, 8일부터 8월 7, 8일 사이이다. 하루의 시간으로는 오후 1시 반부터 오후 3시 반까지이다. 축토(丑)와 마찬가지로 월지(月支)에 미토(未)가 있으면 오행을 토(土)가 아니라 화(火)로 해석한다. 축축(丑丑) 병존이 그러하듯, 아주 춥거나 아주 더운 계절 가운데 있는 토(土)는 섬세하게 살펴야 한다.

사주팔자, 즉 자신의 원국에 미미(未未) 병존을 가진 사람의 경우에는 생애에 간난신고(艱難辛苦)가 많다. 즉, 오랫동안 견뎌야 하는 어려움이나 위기가 끊임없이 주기적으로 찾아오는 경우가 많다.

신(申)

申	신	원숭이	입추~백로	8월 7, 8일~9월 7, 8일	오후 3:30~오후 5:30

신(申)은 신금(申金)이라고 읽는다. 음양의 관점에서 양(陽)이고, 오행으로는 금(金)이다. 음양오행으로 보면 양금(陽金)이다.

절기로는 입추부터 백로 전까지이다. 양력으로 8월 7, 8일부터 9월 7, 8일 사이이다. 하루의 시간으로는 오후 3시 반부터 오후 5시 반까지이다. 월지(月支)의 신금(申)은 여름과 가을의 길목이기에 여름의 화(火)의 성분과 가을의 금(金)의 성분이 혼용되어 있다.

신신(申申) 병존은 활동적이고 움직임이 크나 변동성이 크고, 아픈 역마이다. 또한 허리 이하의 질병에 남보다 유의할 필요가 있다. 예전에 묘터를 봐주는 지관(地官)들 중에는 일주(日柱)

가 병신(丙申)인 사람들이 많았는데 이들 중에는 주로 걸어다니는 직업의 특성상 다리가 부실한 이들이 많았다고 한다. 노동력이 중요했던 예전에는 튼튼한 다리가 주목을 받았고, 부실한 다리는 환영을 받지 못했다. 그렇지만 지금은 다르다. 오히려 가늘고 부실한 다리가 높은 평가를 받는다. 이처럼 약하고 강한 것도 시대에 따라 좋고 싫은 게 달라진다.

유(酉)

酉	유	닭	백로~한로	9월 7, 8일~10월 8, 9일	오후 5:30~오후 7:30

유(酉)는 유금(酉金)이라고 읽는다. 음양의 관점에서 음(陰)이고, 오행으로는 금(金)이다. 음양오행으로 보면 음금(陰金)이다.

절기로는 백로부터 한로 전까지, 양력으로 9월 7, 8일부터 10월 8, 9일 사이이다. 하루의 시간으로는 오후 5시 반부터 오후 7시 반까지이다.

유금(酉)은 지지(地支) 중에서 금(金)의 성분이 가장 강하다. 유금(酉)을 가진 사람은 자신의 잠재력을 키워줄 수 있는 주변의 특수 관계인과 환경이 중요하다. 임상을 해보니, 유능한 의사 중에 유금(酉)을 가진 사람이 많았다. 쇠를 가진 도구를 다룬다는 의미도 있고, 유금(酉) 자체가 사람을 해칠 수 있는 힘이기에 더욱 순화된 방향으로 그 힘을 사용하려는 의미도 포함되어 있다. 의사가 아니었다면, 뭐가 되었을지 섬뜩한 느낌을 주는 사람도 가끔 있었다.

유유(酉酉) 병존을 가진 경우, 인기나 생명을 다루는 직업에 종사하는 경우가 많다. 오오(午午) 병존처럼 도화의 기운이 강하

므로 인기를 누리는 직업이지만, 연예인 쪽의 인기보다는 인터넷 상의 인기 강사나 주부 교실 강사 중에서 유금(酉)의 힘이 센 사람이 많다.

술(戌)

戌	술	개	한로~입동	10월 8, 9일~ 11월 7, 8일	오후 7:30~밤 9:30

술(戌)은 술토(戌土)라고 읽는다. 음양의 관점에서 양(陽)이고, 오행으로는 토(土)이다. 음양오행으로 보면 양토(陽土)이다. 술토(戌)는 가을의 토(土)이다.

절기로는 한로부터 입동 전까지, 양력으로 10월 8, 9일부터 11월 7, 8일 사이이다. 하루의 시간으로는 오후 7시 반부터 밤 9시 반까지이다.

주변에 금(金)의 기운이 강하면 금(金)의 기운으로 바뀔 수 있는 토(土)의 기운이다. 월지가 술토(戌)라면, 절기의 시작일인 절입일(節入日) 기준 7일 안에 태어난, 즉 10월 8, 9일부터 10월 15, 16일 사이에 태어난 사람은 다른 간지에 금(金)의 기운이 많으면 술토(戌)의 오행을 토(土)가 아니라, 금(金)으로 해석한다.

술술(戌戌) 병존을 가진 경우 해외 유학이나 해외 상사원으로 나가면 강한 힘을 발휘하는 '광역역마'의 특징이 있다. 반면에 좁은 공간에 갇혔을 때는 재능을 잘 발휘하지 못하기도 한다.

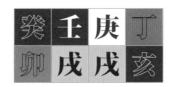

해(亥)

해(亥)는 해수(亥水)라고 읽는다. 음양의 관점에서 음(陰)이고,

亥	해	돼지	입동~대설	11월 7, 8일~12월 7, 8일	밤 9:30~밤 11:30

오행으로는 수(水)이다. 음양오행으로 보면 음수(陰水)이다. 지지(地支)에서의 화(火)와 수(水)는 체용이 바뀌어 명리학에서는 양수(陽水)로 해석한다.

절기로는 입동부터 대설 전까지, 양력으로 11월 7, 8일부터 12월 7, 8일 사이 태어난 사람은 월지(月支)에 해수(亥)가 있다. 하루의 시간으로는 밤 9시 반부터 밤 11시 반까지이다. 해수(亥)는 역마이면서 물에 해당한다.

인기를 다룬 직업 중에서 소리로 사람을 감동시키는 가수 중에 해수(亥)를 가진 사람이 많다. 옛날에는 수(水)의 힘을 '음란한 힘', '소리의 힘'으로 봤다. '소리의 힘'이 강력하게 발휘되는 영역이 바로 해수(亥)이다.

해해(亥亥) 병존을 가진 경우, 인기나 생명을 다루는 직업에 종사하는 사람이 많다. 그러나 음양이 다르고 오행이 같은 자수(子)와 비교했을 때 인기가 있으면서도 동시에 역마가 있기 때문에 자수(子)에 비해서 훨씬 그 활동 범위가 크다는 차이가 있다.

지장간(地藏干)

지지(地支)를 이해하려면 지장간(地藏干) 역시 알아두어야 한다. 지장간이란 지지 속에 숨어 있는 천간을 의미한다. 아래의 표에서 자(子), 축(丑), 인(寅), 묘(卯), 진(辰), 사(巳), 오(午), 미(未), 신(申), 유(酉), 술(戌), 해(亥)의 열두 개의 각 지지의 지장간을 보면, 각 지지마다 세 개(초기初氣, 중기中氣, 정기正氣) 또는 두 개(초기初氣, 정기正氣)의 천간이 모여 구성되어 있음을 알 수 있다.

	子	丑	寅	卯	辰	巳	午	未	申	酉	戌	亥
초기	壬	癸	戊	甲	乙	戊	丙	丁	戊	庚	辛	戊
	10	9	7	10	9	7	10	9	7	10	9	7
중기		辛	丙		癸	庚	己	乙	壬		丁	甲
		3	7		3	7	9	3	7		3	7
정기	癸	己	甲	乙	戊	丙	丁	己	庚	辛	戊	壬
	20	18	16	20	18	16	11	18	16	20	18	16

첫 번째 글자인 자수(子)를 보면, 초기(初氣)는 임수(壬), 중기(中氣)는 없고, 정기(正氣)는 계수(癸)다. 초기와 정기의 오행은 오로지 '수'(水)로만 구성되어 있다. 이처럼 자신의 오행의 기운과 구성된 천간이 하나로 순일(純一)한 지지로는 자수(子) 외에도 묘목(卯)과 유금(酉)이 있다. 묘목(卯)은 을목(乙)과 갑목(甲)으로만 이루어져 있고, 유금(酉)은 경금(庚)과 신금(辛)만으로 이루어져 있다.

나머지는 다른 오행이 섞여 있다. 예를 들어, 인목(寅)은 초기는 무토(戊), 중기는 병화(丙), 정기는 갑목(甲)으로, 토(土)와 화(火)와 목(木)의 기운이 섞여 있다. 자수(子), 묘목(卯), 유금(酉)을 제외한 나머지는 모두 이와 같다.

또한 눈여겨볼 것은 진토(辰), 술토(戌), 축토(丑), 미토(未)이다. 여기에는 토(土)가 꼭 들어 있다. 그러나 네 개의 토(土) 성분은 같은 토(土)라도 조금씩 다르다. 우선, 축토(丑)는 겨울 토(土)이기에 수(水)의 성분이 들어 있고, 진토(辰)는 봄의 토(土)이기에 을목(乙)의 성분이 들어 있으며, 미토(未)는 여름 토(土)

봄	가을		겨울	여름
辰	戌		丑	未
초기 乙	辛	초기	癸	丁
중기 癸	丁	중기	辛	乙
정기 戊	戊	정기	己	己

이기에 정화(丁)의 성분이 들어 있고, 술토(戊)는 가을 토(土)이기에 신금(辛)의 성분이 들어 있다. 이것은 나중을 위해 기억해두는 게 좋다. 좀 더 자세한 내용은 나중에 다시 나올 것이다.

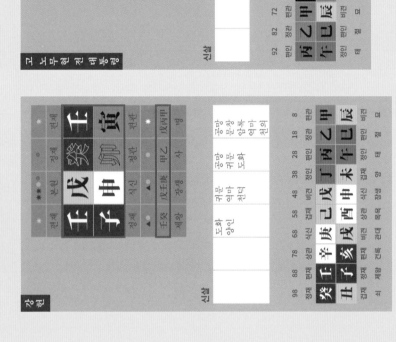

원국표의 천간과 지지

3강에서 천간과 지지에 대해 배웠다. 2강까지 천간의 글자들을 임(壬), 계(癸), 무(戊), 임(壬)이라고 읽었다면, 이제 3강을 배우고 나서부터는 나의 원국을 음양과 오행을 넣어서 읽을 수 있게 되었다.

먼저, 천간부터 읽어보자. 연간과 시간의 임(壬)은 음양으로는 양, 오행으로는 수이다. 그래서 임수(壬水)이자 양수(陽水)이다.

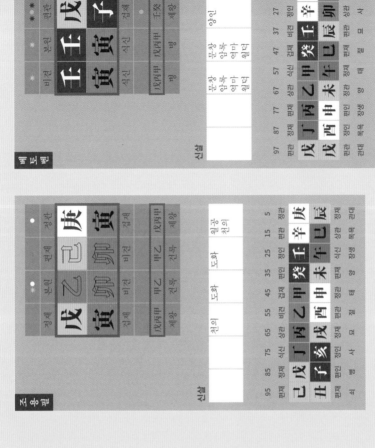

일간의 무(戊)는 음양으로는 양, 오행으로는 토이다. 그래서 무토(戊土)이자 양토(陽土)이다. 월간의 계(癸)는 음양으로 음, 오행으로 수이다. 그래서 계수(癸水)이자 음수(陰水)이다.

이제, 지지를 읽어보자. 연지의 인(寅)은 음양으로는 양, 오행으로는 목이다. 그래서 인목(寅木)이자 양목(陽木)이다. 월지의 묘(卯)는 음양으로는 음, 오행으로는 목이다. 그래서 묘목(卯木)이자 음목(陰木)이다. 일지의 신(申)은 음양으로는 양이고, 오행으로는 금이다. 그래서 신금(申金)이자 양금(陽金)이다. 시지의 자(子)는 음양으로는 양인데, 명리학에서 해석을 할 때는 양이 아니라 반대인 음이 된다. 그리고 시지의 자(子)는 오행으로는 수이다. 그래서

115

다. 그리고 일간의 무(戊)는 음양으로 양, 오행으로는 토이다. 그래서 무토(戊土)이자 양토(陽土)이다.

이제, 지지를 읽어보자. 연지의 술(戌)은 음양으로는 양, 오행으로는 토이다. 그래서 술토(戌土)이자 양토(陽土)이다. 월지의 신금(申)은 음양으로는 양, 오행으로는 금이다. 그래서 신금(申金)이자 양금(陽金)이다. 일지의 인(寅)은 음양으로는 양, 오행으로는 목이다. 그래서 인목(寅木)이자 양목(陽木)이다. 시지의 진(辰)은 음양으로 양, 오행으로는 토이다. 그래서 진토(辰土)이자 양토(陽土)이다.

그리고 지장간도 배웠다. 연지와 일지만 살펴보자. 지지에는 세 가지 천간이 숨어 있다. 첫 글자는 초기, 가운데 글자는 중기, 마지막 글자는 정기이다. 연지 술(戌)의 지장간 '신정무(辛丁戊)'는 초기는 신금(辛), 중기는 정화(丁), 정기는 무토(戊)이다. 일지 인목(寅)의 지장간 무병갑(戊丙甲)은 초기는 무토(戊), 중기는 병화(丙), 정기는 갑목(甲)이다.

자수(子水)이자 음수(陰水)이다. 이제 명리학의 일간과 팔자를 다 익힌 셈이다. 이제부터는 천간과 지지에 음양오행을 붙여서 설명하겠다.

그리고 3장에서는 지장간도 배웠다. 연지와 시지에만 살펴보자. 지지에는 세 가지 천간이 숨어 있다. 첫 글자는 초기, 가운데 글자는 중기, 마지막 글자는 정기이다. 연지 인(寅)의 지장간 무병갑(戊丙甲)은 초기(첫 글자 무戊), 중기(두 번째 글자 병丙), 정기(세 번째 글자 갑甲)는 병화(丙), 정기(세 번째 글자 갑甲)는 갑목(甲)이다. 시지의 자수(子), 자수(子)에는 두 가지 천간(즉, 임壬과 계癸)되어 있다. 자수(子)에는 중기가 없고 초기와 정기만 표시된다. 따라서 시지 자수(子)의 초기(첫 글자 임壬)는 임수(壬)이고, 정기(두 번째 글자 계癸)는 계수(癸)이다. 지장간은 앞으로 4강이 함께 중을 쉽게 이해하고, 명리학을 깊게 공부할 때 유용하다.

이번에는 고 노무현 전 대통령의 천간과 지지를 살펴보자. 연지, 천간부터 읽어보겠다. 연간, 월간, 시간의 병(丙)은 음양으로는 양, 오행으로는 화이다. 그래서 병화(丙火)이자 양화(陽火)이 조용필의 천간과 지지를 읽어보자. 2강까지 조용필 원국의 천간의 글자들을 경(庚), 기(己), 을(乙), 무(戊)라고 읽었다면, 3강을 배우고 나서는, 그의 원국을 음양과 오행을 붙여서 읽을 수 있게 되었다.

먼저, 천간부터 읽어보자. 연간의 경(庚)은 음양으로는 양, 오행으로는 금이다. 그래서 정금(庚金)이자 양금(陽金)이다. 월간의 기(己)는 음양으로 음, 오행으로는 토이다. 그래서 기토(己土)이자 음토(陰土)이다. 일간의 을(乙)은 음양으로 음, 오행으로는 목이다. 그래서 을목(乙木)이자 음목(陰木)이다. 시간의 무(戊)는 음양으로 양, 오행으로는 토이다. 그래서 무토(戊土)이자 양토(陽土)다.

이제, 지지를 읽어보자. 연지와 시지의 인(寅)은 음양으로는 양, 오행으로는 목이다. 그래서 인목(寅木)이자 양목(陽木)이다. 월지의 묘(卯)는 음양으로는 음, 오행으로는 목이다. 그래서 묘목(卯木)이자 음목(陰木)이다.

지장간 중에서 연지와 월지만 살펴보자. 지지에는 세 가지 천간이 섞여 있다. 첫 글자는 조기, 가운데 글자는 중기, 마지막 글자는 정기이다. 연지의 지장간 무병갑(戊丙甲)은 조기는 무토(戊), 중기는 병화(丙), 정기는 갑목(甲)이다. 월지 묘목(卯)에는 두 가지 천간(즉, 갑甲과 을乙)만 표기되어 있다. 묘목과 유금은 중기가 없고, 조기와 정기만 표시된다. 월지 묘목(卯)의 조기는 갑목(甲)이고, 정기는 을목(乙)이다.

마지막으로 베토벤의 원국을 음양과 오행을 붙여서 읽어보자.

먼저, 천간부터 읽어보겠다. 연간의 경(庚)은 음양으로는 양, 오행으로는 금이다. 그래서 정금(庚金)이자 양금(陽金)이다. 월간의 무(戊)는 음양으로 양, 오행으로는 토이다. 그래서 무토(戊土)이자 양토(陽土)이다. 일간의 임(壬)은 음양으로는 양, 오행으로는 수이다. 그래서 임수(壬水)이자 양수(陽水)이다. 시간의 임(壬) 또한 일간과 마찬가지로 임수(壬水)이자 양수(陽水)이며, 음양으로는 양, 오행으로는 수이다.

이제, 지지를 읽어보자. 연지의 인(寅)은 음양으로는 양, 오행으로는 목이다. 그래서 인목(寅木)이자 양목(陽木)이다. 월지의 자(子)는 음양으로는 양, 오행으로는 수이다. 그래서 자수(子水)이자

양수(陽水)이다. 일지의 인(寅)은 음양으로는 양이고, 오행으로는

목이다. 그래서 인목(寅木)이자 양목(陽木)이다. 시지의 인(寅)은

일지와 마찬가지로 음양으로는 양, 오행으로는 목이다. 그래서 인목

(寅木)이자 양목(陽木)이다.

이번에는 지장간을 보자. 연지와 월지만 살펴보자. 지지에는 세

가지 천간이 섞여 있다. 첫 글자는 초기, 가운데 글자는 중기, 마지막

글자는 정기이다. 연지 인(寅)의 지장간 무병갑(戊丙甲)은 초기(첫

글자 무토(戊), 중기(두 번째 글자 병화(丙)는 병화(丙), 정기

(세 번째 글자 갑목(甲)이다. 월지의 자수(子)에는 두 가지

천간(즉, 임王과 계癸)만 표기되어 있다. 자수(子), 묘목(卯), 유금

(酉)은 중기가 없고, 초기와 정기만 표시된다는 것을 이미 배웠다.

갈등과 충돌, 조화와 변화

생태계에서
살아남는 것은
강하거나 똑똑한
종이 아니라
변화에 잘
적응하는 종이다.

찰스 다윈
Charles Robert
Darwin

합과 충

우리는 앞에서 음양오행이 우주의 변화하는 기운이라고 했다. 그 렇다면 이 음양오행은 어떻게 변화하는가? 이 우주의 변화를 설명하는 개념이 바로 합(合)과 충(冲)이다. 흔히 합(合)은 두 개의 기운이 서로 뭉쳐지는 것을, 충(冲)은 두 개의 기운이 서로 밀쳐 내는 것을 의미한다고 한다. 이렇게만 보면 합(合)은 좋은 것이고, 충(冲)은 나쁜 것이라고 생각하기 쉽다. 그러나 그렇지 않다. 서로 성격이 다를 뿐이다.

결혼을 한다고 생각해보자. 남녀가 결혼을 한다는 것은 음과 양이 서로 만나 둘이 아닌 새로운 존재로 변화되는 것을 뜻한다. 물론 결혼을 해도 변하지 않는 남녀도 있다. 하지만 일반적으로 결혼을 하면 삶의 질서가 바뀐다. 아이가 태어나면 더욱더 그렇다. 새로운 가족이 생성되면서 여기에 맞는 각자의 역할을 찾고, 결혼 전과는 다른 새로운 가족이라는 울타리 안에서 각자의 성격이 새롭게 나온다. 적어도 가정이라는 범위 안에서는 결혼 전과는 다른 상황이 존재한다. 이렇게 변화하는 것이 바로 합(合)이다.

이처럼 남녀에 비유하면, 합(合)이 '사랑'(愛)이라면, 충(冲)은 '한'(恨)이라고 할 수 있다. 충(冲)의 한자적 의미는 '비어 있다', '충돌하여 비어 있는 상태'이다. 음양오행상 각각 고유의 결을 지닌 두 가지가 서로 부딪쳐서 원래의 모습을 유지하지 못하는 것이 바로 충(冲)이다. 예를 들어, 음양오행상 갑목(甲)과 경금(庚)이 만났다고 하자. 목(木)과 금(金)은 서로 상극이다. 목(木)은 금(金)에 의해 목(木)의 기질을 제대로 발휘하기 어렵다. 그렇기 때문에 충(冲)이 발생한다. 그렇지만 목(木)이 여러 개가 존재하거나, 금(金)이 다른 위치의 화(火)나 수(水)에 의해서 힘을 빼앗기면 상황이 역전되기도 한다. 즉, 개별 오행이 어떻게 만나느냐만이 아니라 그 오행이 어느 자리에 놓여 있는지, 주변에 다른 오행들과의 관계가 어떻게 되는지에 따라 합(合)과 충(冲)의 변화는 다양해진다.

합(合)

먼저 합(合)을 살펴보자. 충(冲)은 부딪치는 것이기 때문에 각자의 성격이 변하지 않는다. 다만, 금이 가고 깨질 뿐이다. 그에 비해 합(合)은 상황에 따라 성격이 바뀐다. 그래서 혼동하기 쉽다.

합(合)의 종류는 크게 천간에서 일어나는 합과 지지에서 일어나는 합으로 나뉜다. 천간에서 일어나는 합을 '천간합'(天干合)이라고 하고, 지지에서 일어나는 합을 '지지합'(地支合)이라고 한다. 지지합은 삼합(三合), 육합(六合), 방합(方合), 암합(暗合), 반합(半合) 등 그 종류가 다양하다. 하나씩 살펴보자.

천간합(天干合)

천간에서 일어나는 합인 천간합(天干合)은 다섯 가지 경우가 있다. 이 다섯 가지는 공식처럼 외워야 한다.

이해는커녕 어떻게 읽어야 할지조차 난감하다. 우선, 맨 위의 것부터 읽어보면, '갑기합화토'(甲己合化土) 이렇게 읽으면 된다. 대체 무슨 뜻일까?

"갑목(甲)과 기토(己)가 서로 합(合)하면 토(土)로 변한다."

이런 뜻이다. 좀 더 자세히 설명하면 이렇다.

"천간의 오행들 중, 갑목(甲)과 기토(己)는 음양의 조화에 의해 서로 만나면(合) 토(土)로 바뀌려고(化) 한다."

나머지는 모두 같은 방식으로 이해하면 된다. 갑기합화토(甲己合化土)와 똑같이 읽어보자. 두 번째는 '을경합화금'(乙庚合化金)이다. 을목(乙)과 경금(庚)은 음양의 조화에 의해 서로 만나면(合) 금(金)으로 바뀌려고(化) 한다.

세 번째는 '병신합화수'(丙辛合化水)다. 병화(丙)와 신금(辛)은 음양의 조화에 의해 서로 만나면(合) 수(水)로 바뀌려고(化) 한다.

네 번째는 '정임합화목'(丁壬合化木)이다. 정화(丁)와 임수(壬)는 음양의 조화에 의해 서로 만나면(合) 목(木)으로 바뀌려고(化) 한다.

다섯 번째는 '무계합화화'(戊癸合化火)다. 무토(戊)와 계수(癸)는 음양의 조화에 의해 서로 만나면(合) 화(火)로 바뀌려고(化) 한다.

戊 癸 합화(合化) 火

다시 말하지만, 이것은 수학 공식처럼 외우는 것이 좋다.

그런데 이렇게 '합'(合)이 된다고 해서 공식처럼 언제나 똑같이 적용되는 것은 아니다. 예를 들어, 갑목(甲)이 기토(己)를 만났다고 무조건 토(土)가 되는 것은 아니라는 말이다. 주변에 어떤 음양오행의 천간과 지지가 있느냐에 따라 아예 다른 오행으로 바뀌기도(化) 하고, 다른 오행으로 바뀌지는(化) 않고, 합(合)만으로 끝나기도 한다.

결혼을 생각해보면 이해하기가 쉽다. 남녀가 결혼은 했는데 결혼식 이후 서로 소 닭 보듯 방도 따로 쓰고, 말도 잘하지 않는다고 해보자. 이들은 혼인신고를 하고 주민등록지는 같은 곳으로 옮겼지만, 두 사람 사이는 달라진 것이 없다. 결혼은 했지만, 즉 '갑기합'(甲己合)은 했는데, '화'(化)는 안 된 경우다. 다시 말해, 합(合)을 이룬다고 반드시 화(化)가 되는 것은 아니다. 그렇지만 합(合)을 이룬 것만으로도 '사랑'은 한 것이다. 너무 싫은데 결혼했다는 사람은 없다. 그러나 결혼을 했다고 둘이 반드시 행복한 것은 아니다. 처음에는 좋아했지만 살다 보니 싫어질 수도 있다. 합(合)을 이루었으나 화(化)가 되지 않는 것이 그런 경우다. 좀 더 자세히 살펴보자.

일간의 갑목(甲)과 월간의 기토(己)가 만났다. 서로 합(合)이 된 것이다. 좋은 관계이다. 그런데 이게 화(化)가 되느냐는 살펴봐야 한다. 수학 공식처럼 외운 대로 하면 갑기합(甲己合)을 했으니 토(土)가 되어야(化) 한다. 그런데 꼭 그렇지가 않다.

우선 위의 경우처럼 일간이 월간, 연간, 시간 등 다른 천간과 합(合)을 하는 경우에는 합(合)으로 보지 않는다. 일간은 나를 이루는 가장 중심이다. 따라서 이것은 다른 오행으로 바뀌면 안 된

시간　일간　월간　연간

戊　甲　己　庚
辰　午　丑　午

시지　일지　월지　연지

다. 우주의 질서가 깨진다.

　　일간을 제외한, 월간·연간·시간의 자리에서 합(合)의 규칙에 맞는 오행들이 만날 때 그것을 합(合)이라고 본다. 물론 예외의 경우도 있다. 일간 주변의 세력이 모두 화(化)가 되는 오행으로 둘러싸여 있을 때는 화(化)가 된다고 본다.

　　따라서 원국에서 외워둔 공식에 맞는 오행의 합(合)이 보이면 각 오행별로 그 오행 주변에 그것을 도와주거나 같은 오행이 얼마나 있는지 확인해야 한다.

　　위의 경우는 일간의 갑목(甲) 주변에 갑목(甲)과 같은 오행인 목(木)도 없고, 갑목(甲)을 도와주는 수(水)도 없다. 오히려 오행이 화(火)인 오화(午)와 토(土)인 무토(戊)와 진토(辰)만 있다. 반면에 기토(己) 주변에는 기토(己)와 같은 오행인 토(土)의 축토(丑), 토(土)를 돕는 화(火)의 오화(午)들이 있다. 이렇게 목(木)을 도와주는 세력은 하나도 없고, 토(土)를 도와주는 세력만이 가득한 경우, 이럴 때는 목(木)이 토(土)를 따라간다고 본다.

　　인간사로 설명하면, 나는 술을 좋아해서 열 병쯤 마시는데, 처가 사람들은 아무도 술을 마시지 않는다. 그런데 상황이 어려워져서 할 수 없이 처가살이를 하게 되었다. 평소 술을 좋아하는 나는 마시고 싶지만, 눈치가 보인다. 생활이 어려워져서 얹혀살기 때문에, 처갓집에서 밥이라도 얻어먹으려면 그 좋아하는 술을 안 마셔야 한다. 사위라고 내 집처럼 안하무인으로 행동하면, 쫓겨나서 노숙자가 되기 때문이다. "허허, 아무도 안 드시네"라고 말하며, 나도 마시지 않아야 한다. 이것은 갑목(甲)이 토(土)의 성분으로 화(化)한 경우이다. 술을 마시고 싶은 자신의 의지가 주변 환경에 의해 꺾여버린 것이다.

　　두 번째는 위의 사람과 완전히 상황이 다르다.

124

똑같이 갑기합(甲己合)이 되었지만, 갑목(甲) 주변에 자수(子), 임수(壬)가 둘러싸고 있다. 갑목(甲)을 돕는 수(水) 기운이 매우 강력하다. 이런 경우 갑목(甲)은 쉽게 토(土)의 기운으로 바뀌지 않는다.

앞의 사례와 같이 나는 술을 무척 좋아하지만, 주변 사람들은 술을 마시지 않는다. 하지만 이 집에 장가 와서 할 만큼 하고 살았다. "내가 너희 처남들 다 결혼 시키고, 처제들 다 집 한 채씩 사줬는데, 술 마시지 말라고?"라고 말하며 당당하게 자기가 좋아하는 술을 계속 마실 수 있다. 원래의 성향을 그대로 드러낸다.

정리하면, 첫 번째 경우는 갑목(甲)이 토의 성분으로 변화한(化) 것이고, 두 번째 사례는 합(合)은 됐지만 변하지(化) 않고 확실한 갑목(甲)의 성향을 그대로 유지한다.

일간 외에 연간, 월간, 시간의 합(合)에는 '인접의 원칙'과 '격리의 원칙'이 있다. 인접의 원칙이란 서로 옆에 붙어 있는 합(合)이 가장 강력한 영향력을 갖는다는 것이다. 격리의 원칙이란 거리가 먼 합(合)은 영향력이 미미하다는 것이다. 연간과 월간처럼 붙어 있는 경우는 영향력이 강력하고, 연간과 시간처럼 멀리 떨어진 경우는 그 영향력이 크지 않다는 의미다.

이렇게 이해하면 쉽다. 연애중인 남녀가 있다고 하자. 그런데 남자의 직장은 서울이고, 여자의 직장은 부산이다. 보고 싶을 때 자주 볼 수 없다. 바로 옆에 살면서 연애하는 사람들에 비해 두 사람은 연애를 해나가기가 어렵다. 보고 싶을 때 언제든지 볼 수 있어야 두 사람의 친밀도나 애정의 강도가 강해진다. 이처럼 두 천간의 위치가 인접해 있는 경우의 합(合)일수록 그 영향력이 크다.

이것은 충(沖)도 마찬가지다. 충(沖)도 연간하고 시간이 충(沖)하는 것보다는 일간하고 월간이 충(沖)하고, 월간하고 연간이, 일간하고 시간이 충(沖)하는 것이 더 파괴력이 크다. 즉, 가까운 데서 한 대 때리는 것이 더 아픈 법이다. 일간 이외의 합(合)도 주변의 오행과의 조화를 살펴서 완전하게 합(合)은 됐으나 어느 정도 화(化)가 되는지를 판단해야 한다. 천간합에 대해 좀 더 쉽게 설명하면 다음과 같다. 낭월(朗月) 박주현(1957~)의 '합충변화'에 나오는 예시다.

갑돌이(甲子)와 기순이(己丑)가 만났다. 둘이 만났을 경우, 갑목(甲)이 기토(己)를 만나 갑기합(甲己合)이 되었으므로 둘이 사랑해서 곧 결혼(化)할 것처럼 보인다. 하지만 주변에 다른 대상들이 등장한다.

갑돌이(甲子)에게는 을미(乙未)라는 결혼을 못한 형이 있었던 것이다. 갑돌이(甲子)와 기순이(己丑)는 서로 사랑은 계속하겠지만 사실 결혼은 어렵다. 갑목(甲)과 기토(己) 사이에 을목(乙)이 있다고 해서 합(合)이 되지 않는 건 아니지만, 화(化)는 되지 않는다고 봐야 한다.

또 다른 경우도 있다.

갑돌이(甲子)와 기순이(己丑)는 서로 사랑하고 있는데, 을미(乙未)라는 결혼 못한 형이 등장했다. 갑돌이(甲子)는 을미(乙未)를 장가보내기 위해 경오(庚午)라는 미인을 소개시켜주었다. 그래서 갑돌이(甲子)와 기순이(己丑)도 사랑을 하고(甲己合), 형 을미(乙未)와 미인 경오(庚午)도 서로 사랑을 나누면서(乙庚合) 을미(乙未)가 동생 갑돌이(甲子)를 괴롭히지 못하게 된다. 이 경우,

갑기(甲己)는 방해 세력 없이 제대로 된 합(合)을 이루게 된다.

천간합의 다섯 가지 사례를 시각적으로 나타냈다. 각 천간의
위에 표시된 색은 합(合)이 되어 바뀐(化) 오행의 색이다.

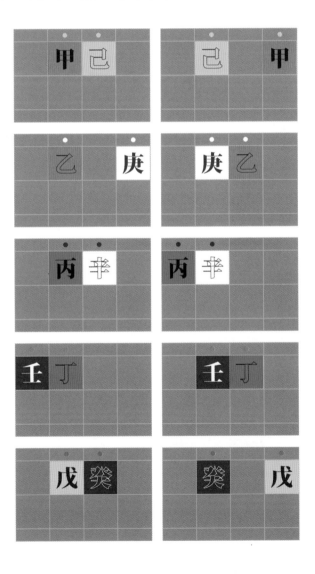

일간 이외의 합(合)은 인접의 원칙과 격리의 원칙이 적용된다. 예를 들어, 시간의 갑목(甲)과 연간의 기토(己)가 합(合)을 한 경우에는, 월주와 일주에 간지가 뭐가 놓이느냐에 따라 토(土)로 바뀌기도 하고, 바뀌지 않기도 한다. 아래는 각각의 경우를 나타낸 원국표이다.

바뀌지 않은 경우

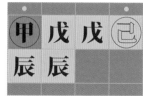

바뀐 경우

지지합(地支合)

천간합 다음에는 지지합(地支合)이 있다. 지지합(地支合)에는 삼합(三合), 방합(方合), 육합(六合), 암합(暗合)이 있다고 했다. 순서대로 살펴보자.

삼합(三合)은 지지의 열두 글자 중 세 글자가 만나 목(木), 화(火), 금(金), 수(水) 네 개의 오행 중 하나로 변한다. 따라서 경우의 수는 모두 네 가지이다. 그 네 가지는 아래와 같다. 이 역시 공식처럼 외워야 한다.

읽는 법은 천간합과 같다. 위에서부터 해묘미합화목(亥卯未
合化木), 인오술합화화(寅午戌合化火), 사유축합화금(巳酉丑合化
金), 신자진합화수(申子辰合化水), 이렇게 읽으면 된다.

인오술합화화(寅午戌合化火)로 삼합(三合)을 설명해보겠다.
우선 인(寅)·오(午)·술(戌), 이 세 개가 꼭 이 순서대로 있어야
하는 건 아니다. 아래의 그림처럼 인(寅)·오(午)·술(戌)이 순서
가 바뀌어도, 떨어져 있어도 삼합(三合)이다. 나머지 세 개의 경
우도 마찬가지다.

이렇게 삼합(三合)이 성립한 네 개의 경우 중에서 각각 가장
강력한 삼합(三合)이 있다. 해묘미합화목(亥卯未合化木)은 월지
가 묘목(卯)일 때, 인오술합화화(寅午戌合化火)는 월지가 오화
(午)일 때, 사유축합화금(巳酉丑合化金)은 월지가 유금(酉)일 때,
신자진합화수(申子辰合化水)는 월지가 자수(子)일 때 가장 강력
하다.

모두 공통점이 있다. 월지의 글자가 모두 가운데 글자다. 이렇
게 가운데 위치한 글자를 왕지(旺地)라고 한다. 왕지(旺地) 주변
의 상황에 따라 합(合)의 정도가 달라진다. 다시 말해, 월지에 왕
지(旺地)가 놓인 경우 가장 강력한 합(合)이 성립한다.

삼합은 두 개만 만나도 합(合)이 일어난다. 이것을 반합(半
合)이라고 한다. 그렇지만 가운데가 반드시 매개가 되어야 한다.
즉, 왕지(旺地)가 있어야 한다는 말이다.

다시 또 인오술합화화(寅午戌合化火)로 예를 들면 이렇게 인
오(寅午), 오술(午戌)이 만나면 반합(半合)이 되지만, 인술(寅戌)
은 가운데인 오(午)가 없기 때문에 반합(半合)이 되지 않는다. 다
시 말해, 왕지(旺地)가 없으면 반합(半合)이 아니다. 그렇다면 이
번에는 삼합의 다양한 예를 살펴보자.

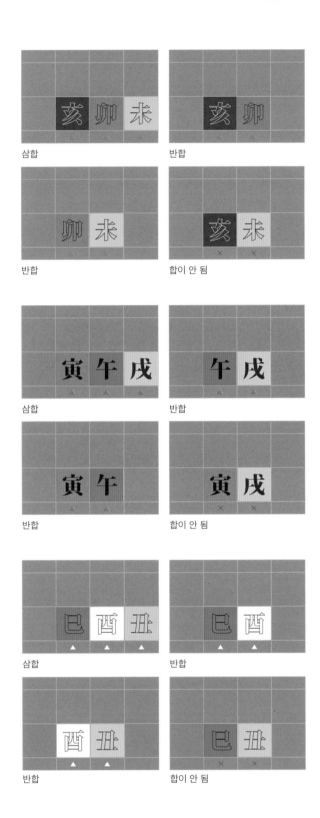

삼합

반합

반합

합이 안 됨

삼합

반합

반합

합이 안 됨

삼합

반합

반합

합이 안 됨

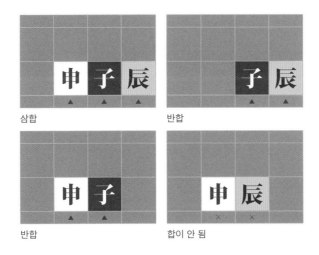

삼합

반합

반합

합이 안 됨

다음은 방합(方合)이다. 방합(方合)은 자(子)·축(丑)·인(寅)·
묘(卯)·진(辰)·사(巳)·오(午)·미(未)·신(申)·유(酉)·술(戌)·
해(亥)라는 지지의 순환을 인(寅)부터 세 개씩 묶어서 전체를 모
두 4등분하여 인묘진(寅卯辰)·사오미(巳午未)·신유술(申酉戌)·
해자축(亥子丑), 이렇게 네 개로 나눈다.

이 네 개는 각각 속한 계절이 있다. 인묘진(寅卯辰)은 봄, 사
오미(巳午未)는 여름, 신유술(申酉戌)은 가을, 해자축(亥子丑)은
겨울에 속한다. 방합(方合)은 계절을 뜻하는 세 개의 기운이 모이
면 그 계절이 더욱 강해진다는 정도로 쉽게 이해할 수 있는 원리
이다.

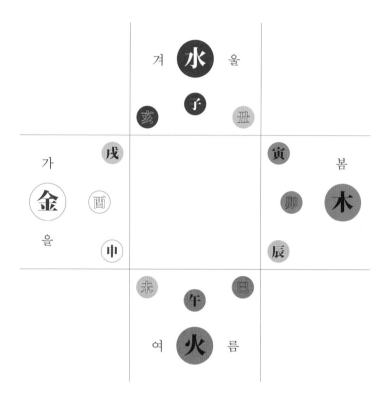

　가령 원국에 인묘진(寅卯辰)·사오미(巳午未)·신유술(申酉戌)·해자축(亥子丑), 이런 세 개의 글자가 모두 나타났다고 하자. 그러면 각 글자의 끝에 해당하는, 환절기인 토(土) 기운을 의미하는 진(辰), 미(未), 술(戌), 축(丑)이 각각 봄, 여름, 가을, 겨울의 기운인 목(木), 화(火), 금(金), 수(水)의 기운으로 바뀐다. 이처럼 토(土)는 주변 상황에 따라 자신을 잘 버리는 특성을 가지고 있음을 기억해두자. 그렇다면 방합(方合)의 예를 살펴보자.

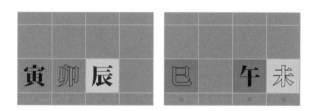

다음은 육합(六合)이다. 육합(六合)은 지지의 열두 글자 중두 글자가 모여 다른 오행으로 바뀌는 것이다. 여섯 개의 변화가일어나니 경우의 수 역시 모두 여섯 가지이다. 경우의 수는 아래와 같다.

읽는 법은 지금까지와 같다. 위에서부터 자축합화토(子丑合化土), 인해합화목(寅亥合化木), 묘술합화화(卯戌合化火), 진유합화금(辰酉合化金), 사신합화수(巳申合化水), 오미합화화(午未合化火)로 읽으면 된다. 육합(六合)을 인정하느냐 마느냐는 학설에따라 서로 팽팽하게 대립하고 있다. 나의 경우, 결혼과 이혼 여부를 따질 때 참고 사항으로 활용하고 있다. 그렇다면 육합(六合)의예를 살펴보자.

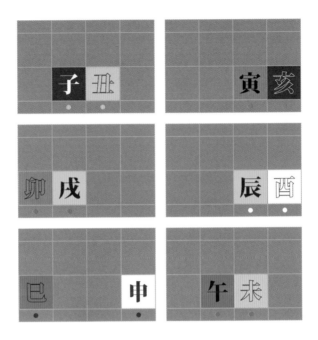

마지막으로, 암합(暗合)이 있다. 눈에 띄지 않는 어두운 합이다. 천간합과 삼합(三合), 육합(六合)은 겉으로 보이지만, 암합(暗合)은 지장간 내부에 있는 합(合)이라서 겉으로 보이지 않는다. 그래서 이름도 암합(暗合)이다.

겉으로는 아무 사이 아닌데, 지장간끼리 몰래 내통하고 있다. 숨겨진 것과 사통한 것이다. 화(化)가 되는 건 아니기에 복잡하지 않지만, 둘의 관계가 다른 어떤 관계보다 굉장히 조화를 이루고 있다는 걸 기억해야 한다.

천간과 지지 사이에 이루는 합(合)이 네 개 있고, 지지끼리의 암합(暗合)이 다섯 개가 있다.

먼저 천간과 지지의 암합(暗合)은 정해(丁亥), 무자(戊子), 신사(辛巳), 임오(壬午) 이렇게 네 가지 경우가 있다.

천간과 지지의 암합(暗合)은 연주, 월주, 일주, 시주처럼 각 주별로 발생한다. 천간과 지지의 지장간이 만나서 일어나는 변화다.

첫 번째는 천간 정화(丁)와 지지 해수(亥)의 지장간의 정기(正氣)인 임수(壬)가 합(合)해서 목(木)의 기운이 은밀히 발생한다. 즉, 정임합화목(丁壬合化木)이다.

두 번째는 천간 무토(戊)와 지지 자수(子)의 정기(正氣)인 계수(癸)가 합(合)해서 화(火)의 기운이 은밀히 발생한다. 즉, 무계합화화(戊癸合化火)다.

세 번째는 천간 신금(辛)과 지지 사화(巳)의 정기(正氣)인 병화(丙)가 합(合)해서 수(水)의 기운이 은밀히 발생한다. 즉, 병신합화수(丙辛合化水)다.

네 번째는 천간 임수(壬)와 지지 오화(午)의 정기(正氣)인 정화(丁)가 합(合)해서 목(木)의 기운이 은밀히 발생한다. 즉 정임합화목(丁壬合化木)이다.

3강에서 보았던 지장간 표를 다시 한 번 살펴보면 이해가 쉽다.

	子	丑	寅	卯	辰	巳	午	未	申	酉	戌	亥
초기	壬	癸	戊	甲	乙	戊	丙	丁	戊	庚	辛	戊
	10	9	7	10	9	7	10	9	7	10	9	7
중기		辛	丙		癸	庚	己		壬		丁	甲
		3	7		3	7	9		7		3	7
정기	癸	己	甲	乙	戊	丙	丁	己	庚	辛	戊	壬
	20	18	16	20	18	16	11	18	16	20	18	16

지지 간의 암합 역시 마찬가지다. 지지와 지지 사이에도 다섯 개의 암합이 있다. 자술(子戌), 축인(丑寅), 묘신(卯申), 오해(午亥), 인미(寅未)가 그것이다. 자술(子戌)은 무계합화화(戊癸合化火)의 작용이, 축인(丑寅)과 인미(寅未)는 갑기합화토(甲己合化土)의 작용이, 묘신(卯申)은 을경합화금(乙庚合化金)의 작용이, 오해(午亥)는 정임합화목(丁壬合化木)의 각 지지별 정기들끼리 천간합이 작용한다. 이렇게 지장간 사이의 합인 '암합'은 매우 깊은 인생의 데이터를 살펴볼 때 필요한 합(合)이다. 천간과 지지

135

사이의 암합을 살펴보면 아래와 같다.

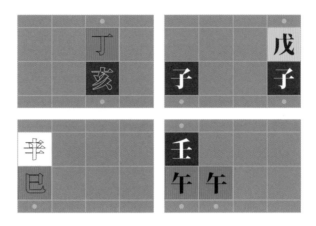

다음은 지지 사이의 암합이다.

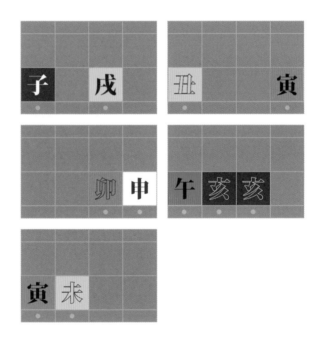

충(冲)

충(冲)이란 글자는 '충돌한 이후의 상태'를 표현한 말이다. '충돌

한다'는 것을 살핀 것이 아니라, '충돌 이후의 상태'를 조명했다는 점이 더욱 멋지다. 이것이 바로 명리학의 매력이기도 하다. 충돌하고 나면 부서지거나 금이 가거나 가루가 된다. 즉, 본래 있었던 형태가 극적으로 바뀐다. 발전하기 위해서는 건설적인 파괴가 필요하다. 기존의 틀이 부서져야, 새로운 것으로 나아갈 수 있다. 충(沖)이 있으면 사는 데 어려운 점이 많고, 사건 사고를 조심해야 하고, 시험을 치면 다 떨어진다고 보는데, 절대 그렇지 않다.

40~50대가 되어 이젠 기존의 틀을 버려야 될 나이가 되었건만, 충분히 성장하지 않고 여전히 자기 틀 안에 갇혀 있는 사람들이 많다. 특히, 가까운 친족 안에 이렇게 늘 한결같은 상태를 유지하는 사람들을 보고 있노라면, 답답해서 미칠 노릇이다. 합(合)과 충(沖)의 원리로 이것을 설명하면, 충(沖)의 힘이 작용하지 않은 경우이다.

충은 천간의 충(沖)과 지지의 충(沖)으로 나뉘는데 천간의 충(沖)이 지지의 충(沖)보다 훨씬 더 강하게 작용한다. 천간의 충(沖)은 하나의 힘이 순일하게 부딪친다. 전부 동일하게 파워가 100이다. 파괴력이 크고 임팩트가 강하다. 중간의 완충장치가 없다.

오행의 상생상극의 원리에 따라 금(金)이 목(木)을 극(剋)하는, 갑경충(甲庚沖)과 을신충(乙辛沖), 목(木)이 토(土)를 극(剋)하는 갑무충(甲戊沖)과 을기충(乙己沖), 토(土)가 수(水)를 극(剋)하는 무임충(戊壬沖)과 기계충(己癸沖), 수(水)가 화(火)를 극(剋)하는 병임충(丙壬沖)과 정계충(丁癸沖), 화(火)가 금(金)을 극(剋)하는 병경충(丙庚沖)과 정신충(丁辛沖)이 있다.

지지의 충(沖)은 천간에 비해서 성분이 복잡하다. 하나의 오행으로 이루어지지 않아서 순수하지 않다. 세 개의 천간이 들어가는 지장간으로 구성되어 있기 때문이다. 지지의 충(沖)은 천간 세 개가 모여 있어서 복잡하다. 앞에서 본 지장간표를 보면 안다. 파괴력은 약하고 대신 지속력이 강하다. 지지의 충(沖)은 딱 여섯 개가 있다. 자오충(子午沖), 축미충(丑未沖), 인신충(寅申沖), 묘유충(卯酉沖), 진술충(辰戌沖), 사해충(巳亥沖). 십이지지를 시계처럼 배치해서 서로 180도로 마주보는 위치에 놓인 것들이 충(沖)

을 한다. 여섯 개의 충(冲)이지만 다 똑같은 충(冲)이 아니다.

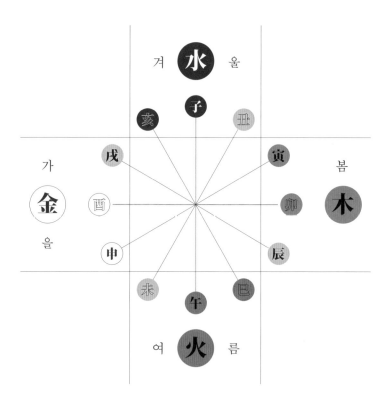

　　가장 선명한 충(冲)은 한밤과 한낮이 부딪치는 '자오충'(子午冲)이다.

　　자오충(子午冲)의 자수(子)는 100퍼센트 순수한 수(水)이고, 오화(午)는 지장간이 복잡하다. 오화(午) 중 정화(丁) 성분이 자수(子) 안의 계수(癸)와 부딪친다. 경험에 의하면, 자오충(子午

沖)은 가장 산뜻한 충이다. 뒤끝이 없고 심플하다. 자오충(子午
沖)이 있는 경우에는, 특히 사람과 사람의 관계에 있어서도 뒤끝
이 없다. 그래서 크게 싸우고 나서도, 나중에 다시 만날 수 있다.
선명하고 투명한 충이다.

두 번째는 묘유충(卯酉沖)이다. 지지는 세 개의 지장간으로
구성되어 있는데, 묘목(卯)과 유금(酉)은 각각 목과 금, 하나의 기
운만으로 구성된다. 묘목(卯)과 유금(酉)이 부딪치면 천간끼리의
충(沖)과 버금가는 타격이 있다. 금극목(金剋木)의 원리에 의해
묘목(卯)이 조금 더 다치지만, 한쪽이 일방적으로 충(沖)하는 것
은 아니다. 늘 하는 말이지만 때리는 놈과 맞는 놈이 있으면 때리
는 놈도 아프다.

21세기에 주목해야 할 두 개의 충(沖)은 인신충(寅申沖)과 사
해충(巳亥沖)이다. 지지에서 인목(寅)과 신금(申)이 충(沖)할 때,
그 위치가 월지와 일지에 있을 경우, 충(沖)의 파괴력이 가장 크다.

월지와 일지가 아닌, 다른 위치에서 인신충(寅申冲)이 발생할
경우를 살펴보자.

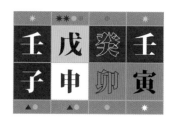

예를 들어, 나는 연지와 일지가 인신충(寅申冲)이다. 인신충
(寅申冲)이 있다면 주변의 오행이 각각의 '인목'(寅木)과 '신금'(申
金)의 힘을 더하는지, 뺏는지 살펴봐야 한다.

나의 경우, 일지 신금(申)과 연지 인목(寅) 사이에 월지 묘목
(卯)이 있다.

금극목(金剋木)의 원리에 의해서 극(剋)을 당하는 목(木)의
기운이 더 큰 타격을 받지만, 인목(寅) 옆에 묘목(卯)이 있어 인
목(寅)의 힘이 더욱 강해진다. 다행히 일지 신금(申)이 연지 인목
(寅)에 주는 타격은 인목(寅)이 혼자 있을 때 받는 충격보다 훨씬
줄어든다.

9강에서 다시 설명하겠지만, 지지의 충(冲)은 원국 안의 지지
들 간의 충돌로 끝나는 것이 아니라, 대운과 세운에서도 충(冲)
이 성립한다. 이 경우 일지를 기준으로 대운과 세운의 지지를 살
핀다.

일지가 신금(申)일 때는 인년(寅年), 일지가 인목(寅)일 때는
신년(申年)에 인신충(寅申冲)의 효력이 발생한다. 거기에 둘의

자리 위에 있는 천간들 사이에도 충(冲)했을 때는 평소와 다르게 정신을 바짝 차리고 살아야 한다. 이렇게 조심도 해야 하지만, 달리 생각하면 자기의 힘이 극대화되는 극도의 기회이기도 하다. 에너지가 확 올라오는 그런 시기이다.

사해충(巳亥冲)은 인신충(寅申冲) 못지않게 복잡한 충이다. 예술가들에게 사해충(巳亥冲)이 많다. 인신충(寅申冲)은 교통사고, 다리부상 등 외관상으로 드러나지만, 사해충(巳亥冲)은 내면의 갈등 때문에 잘 보이지 않는다. 그래서 가까운 사람도 겉으로 봐선 그가 사해충(巳亥冲)인지 알기 어렵다. 현대사회에서 우울증과 스트레스는 큰 사회적 문제인데, 사해충(巳亥冲)은 이런 우울증과 스트레스라는 과도한 정신적인 불안정과 관련이 깊다.

이제, 축미충(丑未冲)과 진술충(辰戌冲)만 남았다. 진술(辰戌)과 축미(丑未) 모두 토(土)의 기운이다.

이 둘을 제외한 다른 네 개의 충들(자오충子午冲, 묘유충卯酉冲, 인신충寅申冲, 사해충巳亥冲)은 오행 중 목(木), 화(火), 금(金), 수(水)의 네 개 오행의 기운이 부딪치는 경우였다면, 진술충(辰戌冲)과 축미충(丑未冲)의 충들은 오행 중 토(土)끼리의 충이다. 그래서 친구끼리 충한다고 해서 '붕충'(朋冲)이라고도 한다. 사실 친구끼리도 부딪치면 금이 간다. 외관상으로는 금이 안 가더라도 지장간에 손상이 일어난다. 지장간에서의 충돌은 생각보다 크다.

특히, 지장간에 숨어 있는 오행들의 운명을 잘 살펴보아야 한다. 축미충(丑未冲)이 지지에서 일어난다고 했을 때, 축토(丑) 안에는 계수(癸)와 신(辛)금이, 미토(未) 안에는 정화(丁)와 을목

(乙)이 각각 초기, 중기에 암장되어 있다. 계수(癸)와 정화(丁) 그리고 신금(辛)과 을목(乙)은 각각 충(沖)의 관계에 있음을 알 수 있을 것이다. 그런데 이 원국의 나머지 오행 중에 화(火)에 해당하는 오행은 없고 수(水)에 해당하는 오행의 힘은 강하게 분포되어 있다면 미토(未) 안의 정화(丁)는 집중적인 공격을 받아 심각한 위기에 빠질 것은 자명하다. 그렇게 된다면 정화(丁)에 해당하는 육친이나 신체의 장기는 정상적인 기능을 하기 어렵게 된다. 이렇듯 충(沖)은 원국에 드러난 여덟 글자만이 아니라 지장간에 숨은 오행들의 관계도 세심히 살펴야 한다.

원국 안의 여덟 글자에서 발생하는 충(沖)과, 원국에 있는 천간과 시지가 대운과 세운에 있는 천간과 지지와 만나 발생하는 충(沖)은 그 효과가 다르다. 원국 안에서 발생하는 충(沖)은 '격렬한 변화 또는 이동', '상태의 변화' 등을 의미한다. 대운과 세운에서 발생하는 충(沖)은 원국에서의 '충(沖)'보다 불안하고 부정적인 요인이 적다.

예를 들어, 이사를 가게 되었다고 하자. 원국 안에서의 충(沖)은 도박을 하다가 돈을 날려서 낮은 평수로 이사한 것이라면, 대운에서의 충(沖)은 마누라가 아파트 추첨에 당첨되어 더 큰 집으로 이사하는 경우일 수 있는 것이다.

또한 원국과 대운이 충(沖)할 때, 천간과 지지가 동시에 충한다면, 그것도 일주의 일간과 일지를 동시에 충한다면 그것은 특히 건강상의 변동, 그것도 질병이나 사고 같은 부정적인 힘이 매우 강하게 작용하는 경우가 많다. 하지만 월주의 간지를 동시에 충하는 경우는 조금 다르다. 어떤 원국이든 50대의 대운에서는 월주의 간지를 동시에 충하게 되어 있다. 이 경우 월주만을 충(沖)하고 다른 주와는 충(沖)과 합(合)이 이루어지지 않을 때는 오랫동안 준비하고 노력해오던 것이 성사되는 발복의 힘으로 본다.

쟁합, 쟁충, 쟁충합

지금까지는 일 대 일 관계의 합(合)에 대해서 이야기를 했다. 그러나 일 대 이, 일 대 삼의 합(合)이 있다. 이렇게 두 개 이상의 합(合)을 쟁합(爭合)이라고 한다. 쟁합은 양다리를 생각하면 이해하기 쉽다. 합(合)이 두 개 이상이면, 합의 가치가 반 이하로 떨어진다.

쟁충(爭沖)은 두 개 이상의 천간과 지지가 충(沖)을 이루는 것이다. 합(合)이 둘 이상이면 그 가치가 반 이하로 떨어지는 쟁합(爭合)과는 달리, 충이 둘 이상인 쟁충은 그 파괴력이 두 배 이상 커진다.

좀 더 자세히 설명하면 이렇다. 쟁충과 쟁합은 개념은 같은데, 적용은 정반대이다. 한 남자와 한 여자가 사랑을 한다. 둘이 맺어질 확률은 높아진다. 이건 합(合)이다. 그러나 남자 하나에 여자가 둘이라면, 남자의 쾌락은 높아질지 몰라도 상대 여성에 대한 지속적인 애정은 한 여자만 사랑할 때의 합에 비해 낮아진다. 이것이 바로 쟁합이다. 따라서 쟁합은 합의 기운이 반감되거나 무화된다고 봐야 한다. 그에 비해 쟁충은 다르다. 쟁충의 경우는 파괴력이 배 이상이 된다. 곱하기 2가 아니라 곱하기 8이 된다. 충의 힘이 합의 힘보다 더 강하다.

쟁충합(爭沖合)이라는 것도 있다. 합(合)과 충(沖)을 동시에 하는 경우를 말한다. 다음의 원국처럼 일간 무토(戊)와 월간 계수(癸)는 합(合)을 한다. 일간 무토(戊)가 연간 임수(壬)와 시간 임수(壬)를 동시에 충(沖)해서 쟁충이다. 일간 무토(戊)에 쟁충과 합(合)이 동시에 발생해서 쟁충합이 일어난다. 이렇게 합(合)과 충(沖)이 동시에 일어나는 것을 쟁충합이라고 한다.

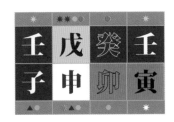

인간사로 예를 들면, 한 사람하고는 합(合)하고, 또 다른 한 사람하고는 충(冲)하면, 도대체 정신이 없지 않겠는가? 즉, 한 사람하고는 합인 사랑을 하고, 동시에 다른 한 사람하고는 충인 싸우는 상황이 생기면 합인 사랑에도 충실할 수 없고, 충인 관계에서도 무력(無力)해진다. 충(冲)과 합(合) 모두의 기운이 매우 떨어진다. 쟁충합이 꼭 그렇다.

명리학의 하이라이트, 합(合)과 충(冲)

힙(合)과 충(冲)은 명리학의 하이라이트다. 어렵다고 생각하면, 이것처럼 어려운 게 없다. 천간과 지지의 글자들이 속한 음양과 오행이 고정된 것 같지만 이것들이 다른 오행을 만나면, 변하고 달라진다. 다시 말해, 천간과 지지의 오행, 즉 각각의 질료는 고정되어 있지만, 다른 것과 만나면 다양한 변화가 일어나는 것이다. 두 개가 만나 생긴 변화를 통해서 만나기 전과 다른 판단과 해석이 생기는 것이다. 단순하지 않고 입체적이다. 이뿐만이 아니다. 원국에서도 합(合)과 충(冲)이 일어나고, 이 책 후반부에 등장하는 10년마다 바뀌는 대운과 해마다 달라지는 세운에서도 합과 충이 일어난다.

합과 충을 다시 정리하면, 우선 합(合)은 사랑하는 것이다. 합(合)이 존재한다는 것은, 곧 내면에 융합하는 기운이 많다는 의미이다. 즉, 사랑하고 사랑받는 기운이 크다는 것이다. 쉽게 말해서, 사람들과 잘 어울리고 평화로운 기운을 만들어가는 데, 즉 바람직한 커뮤니티를 만들어가는 데 도움이 되는 기운이 많다는 의미이다.

반면에 충(冲)은 합(合)의 정반대편에 있는 그늘이다. 뾰족하고 강한 힘이다. 충 안에는 파괴적인 본능과 파괴 뒤의 폐허의 정서들이 존재한다. 합(合)보다 충이 훨씬 격렬하다. 이 격렬함을 일상적인 용어로 치환하면, '동일성'보다는 '차이'를 강조하는 경우가 많다. 그래서 두루뭉술하게 넘어갈 수 있는 것도 꼭 따지고 넘어간다. 주변 사람들이 그냥 대충 넘어가자고 해도 "이 경우에는 이런 문제가 있고, 이건 꼭 생각하고 넘어가야 해!"라며 또박또박 따진다. 이런 기질이 충(沖)의 힘이다. 그렇다고 꼭 나쁜 건 아니다. 충(沖)은 기존 질서의 모순과 장애 등을 직진하여 정면 돌파하려는 힘을 가졌고, 이런 힘에 의해서 역사는 진보해왔다. 충(沖)이 많으면, 인생이 고달플 것도 같지만, 사실은 그렇지도 않다.

지금까지의 합(合)과 충(沖)에 대한 설명을 들으면, 충(沖)에 비해서 합(合)이 훨씬 좋아 보인다. 특히, 궁합 때문에 더욱 그래 보인다. 하지만 꼭 그렇지만도 않다. 경우에 따라서는 합(合)이 오히려 좋지 않은 결과를 만들어낼 수 있다. 그 사례를 한번 살펴보겠다. 다음은 1960년생 어느 여자 분의 사주다.

이 여성의 천간을 살펴보면, 천간합 다섯 가지 경우(갑기합화토甲己合化土, 을경합화금乙庚合化金, 병신합화수丙辛合化水, 정임합화목丁壬合化木, 무계합화화戊癸合化火) 중 적용되는 대상이 없다. 지지를 살펴보면, 연지 자수(子)와 일지 축토(丑)가 합화(合化) 토(土)의 육합, 시지 묘목(卯)과 월지 술토(戌)가 합화(合化) 화(火)의 육합 두 개가 발생한다. 각 지지들이 바로 붙어서 합(合)하지 않아도, 즉 떨어져 있어도 합(合)은 합(合)이다. 묘술합(卯戌合)의 경우에는 각 지지들 위에 정화(丁)와 병화(丙)가 천간에 있어서, 합(合)이 되어 화(火)로 바뀔 가능성이 높다.

일간이 기토(己)인 이분은 사랑스러운 여자였다. 지지의 합(合)이 두 개나 있다 보니, 애교가 많고 많은 사람과 잘 어울린다. 그래서 남들이 모두 인정할 만한 사람과 일찍 결혼했다. 앞으로 십신 파트에서 공부하겠지만, 각 천간과 지지는 우주의 질료인 음양과 오행의 속성을 배속 받는다. 이 우주적 언어는 십신이라는 인간의 언어로 번역되는데, 일간을 중심으로 비겁(比劫), 식상

(食傷), 재성(財星), 관성(官星), 인성(印星)의 다섯 가지를 합해 육친(六親)이라 한다. 각각 형제·자식·남편 또는 아내·아버지·시아버지·어머니 등의 육친 계와 대응된다.

이 여성의 경우에는 일간이 기토(己)이므로 시지 묘목(卯)은 일간을 극(剋)하는 오행이다. 일간을 극하는 오행은 십신에서 관성(官星)이 되는데 관성은 여성에게 육친상으로 남편, 혹은 남자이다. (지금은 완벽하게 이해가 안 되겠지만 다음 장에서 상세히 설명할 것이므로 지금은 우선 읽고 넘어가주기 바란다.) 그런데 이 묘목(卯) 관성이 묘술합(卯戌合)이 되었고 천간의 정화(丁)와 병화(丙)의 기세가 강한 탓으로 이 합(合)은 합화(合化)가 이루어졌다고 보자. 그림 묘술합화(卯戌合化)의 작용이 발생해서 남편의 관성(官星)이 인성(印星)으로 표시되는 어머니의 자리로 바뀐다. 관성(官星)이 있었지만, 합(合)의 기운으로 화(火)인 인성(印星)으로 변화했다. 남편 자리가 목(木)의 기운을 유지하지 못하고, 변화의 기운이 강해 인성(印星)인 어머니의 기운으로 바뀌었다. 그럼 어떻게 되는 걸까? 두 가지로 해석할 수 있다. 첫째는 남편하고 같이 살다가 어머니하고 같이 살게 됐다는 뜻이다. 즉, 이혼했다는 말이다. 둘째는 인성(印星)은 육친상으로는 '어머니'지만, '문서'라는 의미도 있으므로 남편이 문서로 바뀌었다고 할 수 있다. 이혼하려면 생각보다 많은 문서에 도장을 찍어야 한다. 행복하게 잘살 거라는 사람들의 예상을 뒤엎고 실제로 그녀는 이혼을 했다. 행복하게 잘살 수 있는 합(合)의 기운이 많았지만, 딱 하나 있는 관성(官星)이 결혼과 동시에 합(合)이 되면서 남편이 사라져버렸던 것이다.

이 여성의 사례는 십신과의 경우만 놓고 본 것이지만, 건강·직업·재물의 획득·명예의 손상에도 합(合)의 이치가 다 적용이 된다. 그러니 합(合)이라고 하는 것이 늘 좋기만 한 것은 아니다. 어떤 쪽으로 변화하느냐에 그 의미가 달라지기 때문이다. 결론은 합(合)이 늘 좋기만 한 것도, 충(冲)이 늘 나쁘기만 한 것도 아니라는 것이다. 꼭 기억해두기 바란다.

삼형(三刑)

삼형(三刑)의 형(刑)은 '형을 받는다'는 뜻이다. 즉, 감옥에 갇힌 다는 말이다.

삼형(三刑)에는 인사신(寅巳申) 삼형과 축술미(丑戌未) 삼형 이렇게 두 가지가 있다. 두 지지로 이루어진 자형(自刑)도 있지 만 이제는 거의 적용하지 않으므로 무시해도 될 것 같다. 지지 네 글자 중에 세 글자가 이렇게 이루어져 있다면 그것은 충(冲)만큼 강력한 변화를 암시한다. 옛날에는 삼형을 두고 무례하고 포악하 며 은혜를 모르는, 자기의 이익만을 챙기는 흉한 기운으로 해석 했으나 현대로 오면서 그 의미는 바뀌었다. 공직에 종사할 경우 인사신(寅巳申) 삼형은 남보다 이른 승진과 출세를 의미하고, 축 술미(丑戌未) 삼형은 거대한 부를 쌓는 힘이 되기도 한다. 요컨대 경쟁에서 승리하는 집중적인 역량을 갖추고 있다는 것이다. 하지 만 이럴 경우 아무래도 건강상으로 무리가 발생하기 십상이므로 질병과 사고, 혹은 송사에 얽히는 가능성도 따라서 높아질 수밖 에 없다.

삼형은 원국 안에서만 작용하는 것이 아니라 원국과 대운과 의 관계에서도 성립된다. 가령 원국의 지지에 인목(寅)과 사화 (巳)가 있는데 대운에서 신(申) 대운이 들어온다면 그 대운은 삼 형의 기운이 지배하게 된다. 그중에서 특히 원국의 일지와 대운 의 지지와 세운의 지지, 세 개가 삼형을 이룰 때를 유심히 관찰해 야 한다. 이렇게 세 지지가 삼형을 이루었을 때는 그해에 만만치 않은 건강상의 문제가 발생할 가능성이 높다.

특히, 원국에 축술미 삼형이 있는데, 어떤 일에서 좋은 성과를 거뒀다면 함께한 이들과의 논공행상(論功行賞)을 정확히 해야 한다. 행여 자기가 사장이나 리더라고 해서 모든 것이 자신의 힘 으로 이루어졌다고 여기고 동료나 부하에게 인색하게 굴면 안 된 다. 그렇게 되면 가지고 있는 힘이 반감된다. 어떤 일이 잘 되었을 때는 뜻을 같이한 사람들의 공로를 반드시 언급하고, 그 공을 인 정해줘야 한다. 논공행상이 제대로 이루어지지 않으면, 자신의 말 년도 좋지 못하고, 일의 결과도 나빠진다. 가정, 회사, 조직, 국가를 운영하는 통치자에게도 이 원리는 적용된다.

축술미는 오행으로 토(土) 세 개가 모여 있는 경우다. 작가, 종교인, 예술가 등에게서 볼 수 있다.

삼형은 대운과 세운에서 만나는 경우도 있다. 예를 들어, 일지가 인목(寅)이라면 대운과 세운에 따라 인사신 삼형이 발생할 수 있다. 일지가 인목(寅)인데 대운이 사화(巳), 세운이 신금(申)이거나, 일지가 인목(寅)인데 대운이 신금(申), 세운이 사화(巳)인 경우 인사신 삼형이 성립된다.

또한 일지가 미토(未)인데 대운이 축토(丑), 세운이 술토(戌)이거나, 일지가 미토(未)인데 대운이 술토, 세운이 축토인 경우 그해에 힌해 축술미 삼형이 성립된다. 따라시 심형은 대운이나 세운까지도 함께 살펴야 한다.

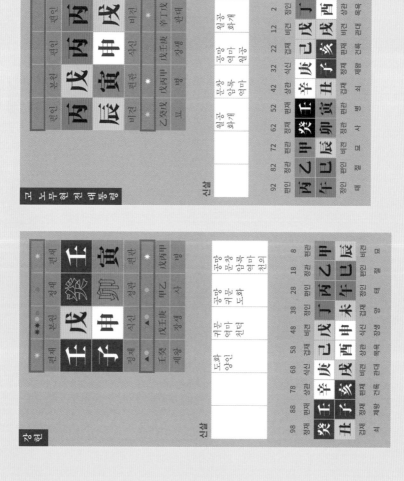

四

원국표의 합과 충

4강에서 합과 충에 대해 배웠다. 4강을 통해 별 모양과 동그라미, 삼각형이 어떤 의미를 지녔는지 알게 되었다. 나의 원국을 보며, 4강의 내용인 합과 충을 복습해보자.

천간과 지지로 나누어서 합과 충을 살펴보겠다.

우선, 천간의 변화와 같은듯부터 살펴보자.

일간 무토(戊)는 연간 임수(壬)와 시간 임

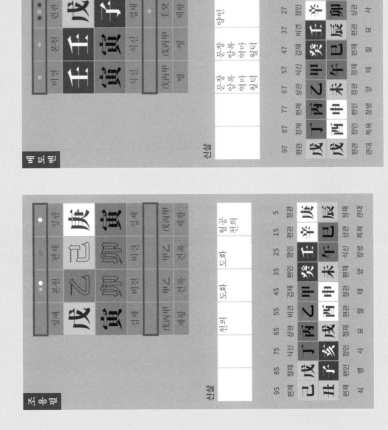

수(壬)와 무임 쟁충(戊壬爭沖)을 한다. 일
간 무토 위에 검은색 별 모양★ 두 개는 충
이 두 개인 쟁충(爭沖)임을 의미한다. 검은
색이기에 다른 천간에 있는 검은색을 의미
하는 수와 충한다. 충은 양과 양, 음과 음 사
이에 일어나기에, 양토(陽土)인 무토(戊)와
충하는 수는 천간 양수인 임수(壬)이다. 연
간과 시간 임수(壬) 위에 노란색 별 모양★
은 각각의 임수(壬)가 무토(戊)와 충한다는
것을 의미한다. 일간 무토(戊)와 월간 계수
(癸) 위에 붉은색 동그라미●가 각각 한 개
씩 있다. 이것은 무토와 계수 사이에 합(合)
작용이 일어나는 것을 의미한다. 동그라미
●는 합을, 동그라미의 색은 합의 결과로
나온 오행의 색을 의미한다. 무토와 계수가
천간에 같이 있다면, 이 둘은 합 작용이 일

인신충(寅申沖)을 한다. 천간처럼 지지의 충은 별 모양★으로 표시된다. 중합하면 이 원국은 충, 생충, 반합, 암합으로 어지럽다. 특히 무토 일간은 생충과 합, 암합으로 정신이 없다. 게다가 정미 대운 갑

은 경우 충과 정합 반합과 암합이 추가되어 더욱 산란하다. 삶에서 변화 변동의 폭이 크다는 것을 암시한다.

고 노무현 전 대통령의 원국을 보면 특이하게도 천간에는 합과 충이 하나도 없다. 지지에서는 일지인 인목(寅)이 월지인 신금(申)과 충이 발생한다. 또 시지인 진토(辰)와 연지인 술토(戌)는 진술충(辰戌沖)을 한다. 천간처럼 지지의 충도 별 모양으로 표시된다.

천간에 충이 없다는 것은 천간의 병화(丙)와 무토(戊)의 성정이 깨끗하게 발현된다는 것이며 (평생을 우직하게 직진했던 그의 에너지를 상기해 보라.) 지지의 두 충 역시 깨끗하게 일매일로만 이루어진다는 것은 성취와 좌절이 극명하게 갈린다는 것을 암시한다.

세 번째로, 조용필의 원국을 보며, 합과 충을 복습해보자. 먼저, 천간의 변화와 갈등부터 살펴보자. 일간인 을목(乙)은 일간의 기토(己)와 을기충(乙己沖)을 한다. 일간인 을목(乙) 위에 황토색 별 모양★

여나고, 경우에 따라 화(化)의 결과인 붉은색 동그라미, 즉 오행 중 화(火)로 변화하려고 한다. 천간의 합(合)이 되는 경우는 화(化)가 되는 원국의 합이 되는 두 글자 이외의 주변의 글자들이 오행에 따라 달라진다는 것을 4강에서 배웠다.

연간과 시간에는 노란색 별 모양★ 하나, 열간에는 붉은색 동그라미 ● 하나만 있는데, 일간 위에는 별 모양★ 두 개와 동그라미 ● 하나가 있다. 이를 쟁충합(爭沖合)이라고 한다. '쟁충 + 합' 또는 '충 + 쟁합', '쟁합 + 쟁충'이 일어나는 경우를 쟁충합이라고 말한다. 일간이 쟁충합이라는 건 일간에서 충과 합의 변화가 동시에 일어남을 의미한다.

지지는 일지 신금(申)이 시지 자수(子)와 반합(半合) 작용을 한다. 반합은 삼각형▲이 지지 아래에 표시된다. 검은색 삼각형 기호가 뜨는 건 반합의 결과가 검은색, 즉 오행 중 수(水)의 기운으로 화(化, 변화)하려고 하는 것을 의미한다. 일지 신금(申)은 동시에 월지 묘목(卯)과 암합(暗合)을 한다. 암합은 은밀한 합이라서 회색 동그라미 ●로 표시된다. 그리고 연지의 인목(寅)과는 지지 중의 하나인

151

판이 지지의 구성에서 드러난다.

마지막으로 베토벤의 인구를 보며, 합과 충을 복습해보자. 천간과 지지로 나누어서 합과 충을 살펴보겠다. 우선, 천간의 변화와 갑등부터 살펴보자. 월간 무토(戊)는 일간과 시간의 임수(壬)와 무임쟁충(戊壬爭沖)을 한다. 월간 무토 위에 검은색 별 모양★ 두 개는 충이 두 개인 쟁충(爭沖)을 의미한다. 별 모양이 검은색인 것은 다른 천간에 있는 검은색을 의미하는 수(水)와 충한다는 이미이다. 충은 양과 양, 음과 음 사이에 일어나기 때문에 천간의 양토인 무토(戊)와 충하는 수는 양수인 임수(壬)이다. 이제, 지지를 살펴보자. 지지에서는 월지 자수(子)가 월간의 무토(戊)와 암합을 하고 있다. 암합은 은밀한 합이라서 회색 동그라미●로 표시된다.

오행이 상생상극의 관계를 상기한다면 천간의 무토(戊)는 생충을 맞아 거의 깨어졌다고 본다. 하지만 그믐 도와 중 하나 토는 일천않아보이나 인목(寅)과 병화(丙)가 숨어있어 충분히 버틸 수 있게 한다. 평생을 통해 중용의 타협없이 좌충우돌한 그의 인생이 떠오른다.

은 중하고 있음을 의미한다. 그리고 그 세상의 황토 세이기에 다른 천간에 있는 황토세을 의미하는 토(土)와 충하고 있다. 중은 양과 양, 음과 음 사이에 일어나기 때문에 음목(陰木)인 을목(乙)과 충하는 천간의 음토(陰土)는 기토(己)이다. 월간인 기토(己) 위에 조목색 별 모양★은 기토(己)가 을목(乙)과 충한다는 것을 의미한다.

일간 을목(乙)과 연간 경금(庚) 위에 회색 동그라미○가 있다. 이것은 을목과 경금 사이에의 합(合)을 의미한다.

동그라미는 합을, 동그라미의 색은 합의 결과로 나온 오행의 세상을 의미한다. 을목과 경금이 천간에 같이 있다면, 이 둘은 합 작용이 벌어지고, 그 합의 결과는 회색, 즉 오행 중 금(金)을 의미한다. 연간에는 회색 동그라미 하나, 월간에는 조록색 별이 하나 있는데, 일간 위에는 별 모양 한 개와 동그라미 하나가 있다. 이를 충합(沖合)이라고 한다. 일간은 충과 합이 변화가 동시에 일어남을 의미한다.

그리고 특이하게도 조용필 인구에 지지에서는 충과 합이 없다. 이처럼 인구에 충과 합이 하나도 없는 경우도 종종 있다.

그는 십대 후반부터 오로지 음악만을 위해 살았다. 그런 조건일

물질에 예속되고
돈의 노예가 될 때
삶의 기쁨과
창조의 샘은 막히기
시작한다.

카를 마르크스
Karl Heinrich Marx

사회적 존재로서의 성격과 관계

십신 또는 육친

'십신'(十神)은 '육친'(六親)이라고도 하는데, 같은 말이다. 우주적 질서에서 인간 사회로 그 의미를 바꾼 것을 십신 또는 육친이라고 한다. 십신은 음양오행을 열 가지 성질로 구분한 데서 유래했다. 그리고 육친은 명리학이 만들어진 봉건사회가 농업 위주의 사회였고 친족과의 관계를 중요시했기 때문에 남편이나 자식 등을 비롯한 친족과의 관계를 빗대어 표현한 데서 유래했다. 정착 사회였던 먼 옛날에는 태어나서 동구 밖을 한번도 나가보지 못하고 죽는 경우가 많았다. 이처럼 대가족 사회에서는 가족 관계나 인척 관계가 제일 중요했기 때문에 이 십신 관계를 친족이나 육친의 관계로 보았던 것이다.

지금까지 이 책에서 설명해온 음양오행과 천간 지지, 음양오행의 상생상극의 원리는 우주의 기운인 음양과 오행의 우주적 이야기이다. 그러다 보니 솔직히 현실감이 떨어진다. 십신은 그런 점을 보완하여 음양오행으로 배속된 글자들이 인간 사회에서 어떠한 관계와 속성을 지니는지에 관해 이야기하고 있다. 십신은 현실적인 이야기다. 즉, 땅이나 물, 바위 같은 뜬구름 같은 이야기에서 인간세계의 현실적인 이야기로 들어오는 첫 단계가 바로 십신이다. 우리 인간에게 중요한 의미를 지니는 연애와 비즈니스의 핵심은 '타이밍'이다. 사주원국에서 한 사람의 심리나 적성, 인간관계, 타이밍 등을 판단할 때 십신을 가장 먼저 파악한다.

십신은 크게 다섯 가지로 나뉜다. 우주를 목, 화, 토, 금, 수의 오행이라는 다섯 가지 기운으로 바꾼 것처럼, 십신은 인간 사회를 다섯 가지 유형으로 나눈다. 이때 나누는 기준은 일주의 천간 즉, 일간(日干)이다. 일간을 중심으로 일간의 오행과 같은 오행이면 '비겁'(比劫)이라고 하고, 상극상생의 원리에서 일간이 생하는 오행은 '식상'(食傷), 일간이 극하는 오행은 '재성'(財星), 일간을 극해주는 오행은 '관성'(官星), 일간을 생해주는 오행을 '인성'(印星)이라고 한다. 오행의 상생상극을 떠올려서 학습하면 쉽게 이해할 수 있을 것이다. 이렇게 오행으로 나눈 비겁(比劫), 식상(食傷), 재성(財星), 관성(官星), 인성(印星)이라는 십신의 다섯 가지 유형은 다시 음양의 원리에 따라 각각 둘로 나뉜다. 그래서 총 열 가지 유형으로 나뉘는 것이다.

첫째 '비겁'(比劫)은 일간과 오행도 같고 음양도 같은 '비견'(比肩), 일간과 오행은 같지만 음양이 다른 '겁재'(劫財)로 나뉜다. 예를 들어, 일간이 갑목(甲)인 경우, 오행도 같고 음양도 같은 갑목(甲)의 글자가 월간에 있는 경우, 월간의 십신은 '비견'(比肩)이 된다. 만일 연간에 음양은 다르지만 오행은 같은 을목(乙)이 있다면, 연간의 십신은 '겁재'(劫財)가 된다.

둘째 '식상'(食傷)은 일간과 음양이 같은 '식신'(食神), 일간과 음양이 다른 '상관'(傷官)으로 나뉘고, 셋째 '재성'(財星)은 일간과 음양이 같은 '편재'(偏財), 일간과 음양이 다른 '정재'(正財)로 나뉜다.

넷째 '관성'(官星)은 일간과 음양이 같은 '편관'(偏官), 일간과 음양이 다른 '정관'(正官)으로 나뉘고, 마지막으로, 다섯째 '인성'(印星)은 일간과 음양이 같은 '편인'(偏印)과 일간과 음양이 다른 '정인'(正印)으로 나뉜다.

비견(比肩), 겁재(劫財), 식신(食神), 상관(傷官), 편재(偏財), 정재(正財), 편관(偏官), 정관(正官), 편인(偏印), 정인(正印) 이렇게 총 열 개로 이루어진 십신은 오행의 상생상극의 원리가 인간 세계로 적용된 것이라 이해하면 된다. 지금부터 십신의 각 요소들을 하나씩 상세하게 설명하겠다.

아래의 〈오행의 상생상극표〉를 살펴보자. 오행 중 목(木)이 내 일간(日干)이라고 할 때, 오행의 상생상극의 원리에 의해 목(木)은 화(火)를 생해주고, 목(木)은 토(土)를 극하며, 금(金)은 목(木)을 극하고, 수(水)는 목(木)을 생해준다. 그리고 〈십신의 상생상극표〉를 보면, 화(火)는 목(木)이 생해주는 관계이므로 목(木)에게 식신(食神) 또는 상관(傷官)의 관계가 되고, 토(土)는 목(木)이 극하는 관계이므로 편재(偏財)나 정재(正財)가 된다. 금(金)은 목(木)을 극하는 관계이므로, 편관(偏官) 또는 정관(正官)이 되고, 수(水)는 목(木)을 생해주는 관계이므로 편인(偏印) 또는 정인(正印)이 된다.

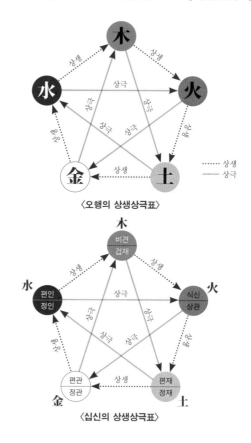

〈오행의 상생상극표〉

〈십신의 상생상극표〉

목(木)이 아니라 화(火)가 기준일 경우, 화(火)를 가운데에 놓고, 다른 오행과의 관계를 보고, 그에 해당하는 〈십신의 상생상 극표〉에 맞게 찾으면 더 이해하기 쉽다.

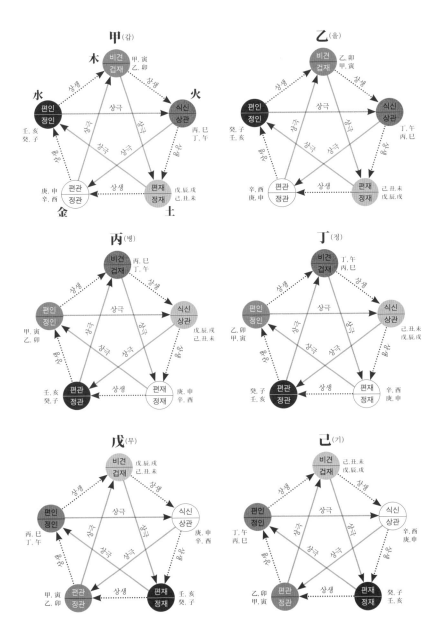

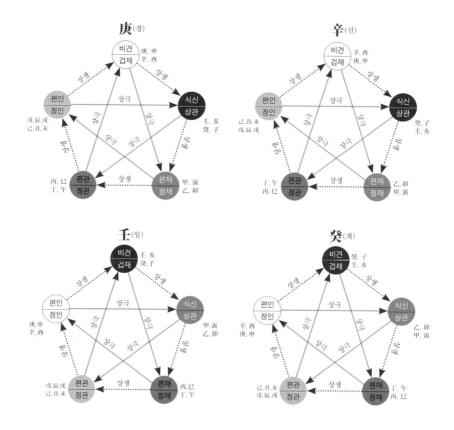

그럼 지금부터 십신 열 가지를 하나씩 살펴보기로 하자.

비겁(比劫)

비겁(比劫)은 비견(比肩)과 겁재(劫財)를 합쳐서 부르는 말이다. 오행상 나와 같은 힘이다. 인간 사회의 관점으로 보면, 나와 같은 편, 내가 신경 쓰는 사람들, 내 주변에 가장 가까이 있는 사람들이다. 오행의 기운이 같기 때문에 십신 중 가장 강한 힘으로, 형제자매와 친구, 동료, 동업자가 이에 해당된다. 경쟁 관계에 있는 라이벌도 비겁(比劫)에 들어간다. 연인 관계에서는 아이러니하게도 배우자의 정부(情夫, 情婦), 다시 말해서 남편의 애인이나 아내의 애인도 나에게 비겁(比劫)이 된다. 여자에게는 시댁 식구, 남자에게는 처가 식구가 비겁(比劫)이다.

비겁(比劫)이 비견(比肩)과 겁재(劫財)로 나뉜다는 것은 이미 앞에서 설명했는데, 이 중 비견(比肩)은 나와 오행이 같고 음양이 같은 것이다. '나'의 기준은 일간이다. 여기에서 주목해야 할 점은, 오행은 '절대적'이지만, 십신은 '상대적'이라는 것이다. 오행은 어디에 있든

지 자기 성분이 있는데, 십신은 나의 일간을 중심으로 다른 위치에 있는 성분과 나의 관계를 보기 때문에 상대적이다.

예를 들어, 나는 무토(戊)지만 함께 일하는 A는 갑목(甲)이라고 하자. 만일 이런 두 사람의 원국에 토(土)가 있다고 하면 나에게 토(土)는 같은 오행이라서 비겁(比劫)에 해당하지만, A의 경우는 비겁(比劫)이 아니라 재성(財星)에 해당한다.

'나'는 오행의 성분만 있고, 십신은 없다. 즉, 일간에는 십신이 없다는 말이다. 나(일간)를 기준으로 하기 때문에 십신은 사실상 나(일간)를 제외한 연간, 연지, 월간, 월지, 일지, 시간, 시지의 일곱 개에만 존재한다.

자, 그럼 비견(比肩)을 살펴보자. 견줄 비(比) 자와 어깨 견(肩) 자를 쓰는 비견(比肩)은 '나 혹은 나와 같은 힘'이다. 나의 일간이 갑목(甲)이면, 갑목(甲)은 양목이니, 오행이 같은 목(木)이고, 음양까지 같을 때, 그러니까 일간을 제외한 다른 위치(연간, 연지, 월간, 월지, 일지, 시간, 시지) 중 천간(연간, 월간, 시간)에 갑목(甲)이 있거나, 지지(연지, 월지, 일지, 시지)에 양목에 해당하는 인목(寅)이 있으면 비견(比肩)이다.

비견(比肩)은 기본적으로 자기의 힘이므로 비견을 지닌 사람은 자기를 누가 규정하거나 지배 받는 것을 생리적으로 싫어하고, 남이 자기에 대해 뭐라고 말하는지 무시하는 경향이 있다. 반면에 주위 사람들이 자기에게 관심이 없으면, 심장이 찢어지는 특징이 있다. 그래서 비견을 지닌 사람은 관심과 칭찬에 민감하

다. 특히, 자기를 칭찬해주는 사람을 오버한다고 느낄 만큼 좋아한다. 일종의 공주병과 왕자병 증세가 있다.

점점 비견(比肩)의 오만함이 커져가는 세상이 되어가고 있다. 요즘은 대개 자식을 한 명밖에 안 낳기 때문에 이전의 형제자매 사이의 관계 속에서 갈등하기보다는 혼자만의 오만과 고독이 강해지는 비견의 성향이 강해지고 있다. 연예인 중에도 비견이 있는 사람들이 많다. 결혼 적령기가 지난 미혼자 혹은 결혼하자마자 이혼한 사람들 중에 비견이 많다. 나이는 많지만 혼자서 사업을 하거나 직장에 다니면서 결혼은 안 하는 사람들에게도 비견이 많다. 그렇다고 이들이 이성에 전혀 관심이 없는 건 아니다. 관심이 없는 척하면서 자기 몸이나 패션에 신경을 너 많이 쓴다. 이성이 자신을 어떻게 보는가에 관심이 매우 많기 때문이다. 결혼을 한 사람이라고 해서 비견이 없다는 건 아니다. 결혼한 사람들 중에서도 유난히 자기 몸이나 패션에 신경 쓰는 사람들은 비견이 많다.

비견(比肩)은 자기의 힘이기 때문에 독립심이 강한 만큼 추진력도 강하다. 비겁의 기운이 약한 사람들이 보기에 어떻게 '저렇게까지 할 수 있지?'라고 생각할 수 있을 정도로, 저돌적으로 일을 추진하는 에너지가 있다.

이렇게 추진력과 돌파력이 있는 비견은 베풀기도 잘한다. 식사나 회식 자리에서 한 턱 쏘는 일을 잘하는 성향이 있다. 왜? 주변이 다 나의 힘이라고 생각하기 때문이다. 내가 베풀면 모두들 나를 칭찬하고 북돋아주기 때문이다. 그러나 돌아오지 않는 메아리처럼 대부분 그의 그러한 노력은 실속 없는 행동일 뿐이다. 모두가 자기를 좋아하고 사랑한다고 혼자서 착각하는 것이다.

비견(比肩)이 강한 사람들에게 그들 스스로 돈을 관리하는 직업은 위험하다. 예를 들어, 포장마차나 술집을 직접 운영하면 손님들에게 다 퍼줘서 안 된다. 만약 술집을 하게 되더라도 마누라가 돈통을 딱 꿰차고 있어야 한다. 그래서 친구가 와서 먹고 갈 때도 "카드 주세요!" 하면서 계산을 정확히 해서 보내야 한다.

그럼 비견(比肩)이 있는 사람에게는 어떤 일이 좋을까? 돈을 만지지 않으면서 자유로운 직업이 비견에게는 좋다. 비견은 지배를 받지 않으면서 자기도 지배를 안 하는 게 건강에 좋다. 똑같은 직장에 다닐지라도 돈을 직접 만지지 않는 직업이 좋다. 공장이라면 공장장이 그에게 어울린다. 어느 정도 자기 결정권을 갖고 있으면서 자기가 판단하고 행동할 수 있는 여지가 있으니까, 비견이 강한 사람에게 추천할 만하다. 만일 사업을 하게 된다면, 가급적이면 자기하고 성(性)이 같은, 즉 내가 남자면 주 고객이 남자인 분야를, 여자라면 주 고객이 여자인 분야의 사업을 하는 것이 좋다.

비견(比肩)의 키워드는 한 마디로 정리하면 '독립'과 '오만'이다. 일단 독립과 독신이 맨 먼저 떠오르고, 동시에 오만과 방자가 떠올라야 한다. 이 독립의 뒷면에는 오만이 도사리고 있다. 해석하자면 오만해야 독립을 할 수 있고, 독립을 해야만 오만도 부릴 수 있는 것이다. 마누라한테 매일 5,000원씩 용돈을 받으면서 밖에서 오만을 부리는 사람은 사실 정상이 아니다.

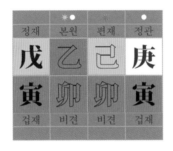

이번에는 겁재(劫財)다. 겁재의 한자를 해석해보면 '재물을 겁탈하는 힘'이라고 할 수 있다. '남의 재물', '남의 여자'를 빼앗는 힘으로 이해하면 쉽다. 나중에 설명할 정재(正財)를 공격하는 힘이라서 겁재라고 부른 것이다.

겁재(劫財)는 나(일간)와 오행이 같고, 음양은 다르다. 일간이 갑목(甲)이라면, 천간에 을목(乙)이 있을 때, 지지에서는 묘목(卯)이 있는 경우 겁재이다. 겁재가 비견(比肩)과 다른 점은 음양이 다르다는 것이다. 음양이 같은 것보다는 음양이 다른 게 더 드라마틱하고 복잡하다. 겁재는 이름부터 비견보다 강한 힘이 느껴진다.

겁재(劫財)는 비견(比肩)을 상징하는 '오만'과 '독립'을 넘어서 '남의 것도 내 것'이라고 쉽게 생각한다. 우리나라 '재벌'을 떠올리면 된다. 분명히 자신의 것이 아닌데, '내 것은 내 것이고, 남의 것도 내 것'이라고 생각한다. 겁재(劫財)는 힘의 양만 따지자면 가장 힘이 세다. 섬세하고, 집념이 강하고, 개척적이다. 일반적인 생각과 질서를 뛰어넘는 사고와 행동에 강하다. 이렇게 센 힘인 만큼 극귀(極貴)하기도 하고 극천(極賤)하기도 하다. 능히 한 나라를 제압할 수 있는 힘이면서, 동시에 자기 자신을 완전히 망가뜨릴 수 있는 힘이다. 평온한 농경 사회 시절에는 월지나 일지에 겁재가 있는 딸은 사돈 삼기를 거절할 정도로 두려워했던 힘이다.

그러나 새로운 질서를 창조하는 힘을 가진 자들에게는 겁재(劫財)가 많다. 겁재는 상생상극의 원리로, 재성(財星)을 극하는데, 특히 그중에서도 정재(正財)를 극한다. 똑같이 음양이 엇갈리지만, 겁재가 제일 싫어하는 게 바로 정재(正財)다.

겁재(劫財)가 재성(財星)을 극하기 때문에 통상적으로는 재물이 붙어 있기가 힘들고, 돈이 들어오면 나가는 속도가 빛의 속도와 비슷하다는 설이 있다. 큰돈을 벌어도 그만큼 빨리 나간다는 것이다. 실제로 큰돈을 버는 사람들은 겁재의 힘으로 번다.

사회적 관계로 놓고 보면, 지극히 사회적으로 평판이 좋은 남자가 집에만 들어오면 가족들을 아주 힘들게 하는 경우가 바로 그것이다. 그런 극단성이 겁재(劫財)의 특성이라고 할 수 있다. 겁재는 가정적인 것과는 거리가 멀다. 겁재가 강한 여자에게 집에서 살림만 하라는 것처럼 지옥은 없다. 어떤 의사 부인이 늘 시름시름 아프다고 했다. 종합검진을 해봐도 아무 문제가 없다는데 왜 그러는지 모르겠다고 하소연했다. 그래서 그녀의 원국을 살펴봤더니, 겁재가 무려 세 개나 있었다. 그래서 살면서 언제가 제일 좋았냐고 물었더니, 애 낳기 전에 사회단체에서 봉사할 때가 가장 살 것 같았다고 대답했다. 그래서 아이 생각하지 말고, 일하고 싶으면 나가서 일을 하라고 조언했다. 겁재를 가진 사람은 작은 조직이나, 특히 가정에 갇혀 있으면 정신적으로 견디기 힘들다.

또 이런 사람도 있다. 결혼하기 전과 결혼 직후에는 활동적으로 사회생활을 한 여성이었는데, 애를 낳은 뒤 현모양처 모드가 되었다. 그러나 6년쯤 지나자 정신적으로 힘들다고 고통을 호소했다. 자기한테 안 맞는 것도 할 수 있다고 생각하고, 전혀 다른 모습으로 변신하려고 했지만 역시 자기 옷이 아니었던 것이다. 겁재(劫財)는 극도의 허무감을 느껴 자살도 할 수 있다. 나같이 비겁의 기운이 약한 사람들은 아무리 죽고 싶어도 너무 무섭고 아플 것 같아서 절대로 자살을 못한다. 실제로 자살을 하는 사람들은 비겁이 강한 사람들이다. 자신을 능히 해칠 수 있을 정도로 자기를 무력화시키고, 자신을 파괴할 정도의 힘과 의지가 있어야 자기를 죽일 수 있다. 때문에 겁재가 강한 사람에게는 정신적인 균형이 중요하다. 사회적으로 가장 길들여지지 않는 존재이다 보니, 매뉴얼화된 내일이 예측되는 삶의 방식에 만족을 느낄수가 없다. 본능적인 야생성을 갖고 살아야 하기에 통제된 사회에 적응하는 데 어려움이 있다.

비견(比肩)의 키워드가 독립과 오만임에 반해, 겁재(劫財)의 키워드는 '혁명'과 '허무'다. 혁명이라고 해서 운동권을 떠올리면 안 된다. 기존의 모든 질서를 어떻게든 다 뒤엎겠다는 전복의 힘이 바로 혁명이다. 그와 동시에 이 파괴적인 힘 뒤에 극심한 허무가 자리 잡고 있다. 혁명과 허무를 동전의 양면으로 본 것은 명리학이 가지고 있는 놀라운 통찰력이다.

다음으로 넘어가기 전에 하나만 더 이야기하고 가자. 비견(比肩) 및 겁재(劫財)와 관련된 '군겁쟁재'(群劫爭財)란 명리학 용어가 있다. "비겁(比劫)이 너무 많으면 재물을 다툰다"는 뜻이다. 즉, "내 원국 안에 비견과 겁재가 많으면 온갖 사람들이 와서 내 재물을 가져가려고 다툰다"는 뜻이다. 여기까지만 보고 '비겁이 많으면 역시 재산을 유지하기 힘들겠구나!'라고 생각할지도 모르겠다. 하지만 다르게 생각해보자.

다음의 사주는 고 김영삼(金泳三, 1927~2015) 전 대통령의 것으로, 전형적인 군겁쟁재의 사주이다. 그의 사주에는 오행 중 토(土)가 여섯 개이고 비견(比肩)과 겁재(劫財)가 다섯 개이다. 결국은 정치가 김영삼의 재물을 보고 많은 사람들이 달려들어서 그 힘으로 대통령이 되었다는 것이다. 이게 무슨 말일까? 재물을 돈으로만 생각하지 말라는 것이다. 그가 가진 재능, 신뢰, 리더십으로 확장해서 살펴보자. 토(土)의 비견과 겁재를 보고 사람들이 모여서 그들은 김영삼 전 대통령의 지지자가 되었다. 그에게 있는 토(土) 다섯 개의 군겁쟁재의 기운이 정치가로서 사람들을 끌어모으는 힘으로 작용하여 대통령이 되는 데 강력한 힘이 되었던 것이다. 겁재(劫財)의 개념을 이해하는 데 참고가 될 만하다.

나에게 명리학을 배운 제자 가운데 여교사 한 분이 있다. 그분의 원국이 고 김영삼 전 대통령과 거의 유사했다. 그래서 농담 삼아 어릴 때 꿈이 뭐였느냐고 물었더니, 갑자기 얼굴을 붉히면서 초등학교 때 꿈이 대통령이었다고 대답했다. 대통령을 꿈꾸던 초등학생은 자신의 원국이 훗날 대통령이 될 누군가와 유사했을 거라는 걸 짐작도 못했을 것이다.

식상(食傷)

식상(食傷)은 식신(食神)과 상
관(傷官)을 합쳐서 부르는 말이
다. 여자에게는 '자식'이, 남자에
게는 '장모'(丈母)가 식상(食傷)
에 해당한다. 전통 사회에서는
남자에게 식상이 장모였기에
큰 의미를 두지 않았다.

식신(食神)은 내가 생해주고
일간과 음양이 같은 것이다. 일간이 갑목(甲)이라고 하면, 양목인
갑목(甲)이 생해주는 것은 화(火)이다. 화(火) 중에서 음양까지
같은 천간에서는 양화인 병화(丙)가, 지지에서는 사화(巳)가 식
신(食神)에 해당한다.

식신(食神)은 언어와 의식주의 힘으로, 특히 입(口)과 관련되
어 있고, 예술적 감수성과 낙천성과 배려심, 그리고 사교성을 뜻
한다. 식신의 사교성은 소소함이 그 특징이다. 술 먹으러 가는데
열 명쯤 가야 좋아하는 사람이 있고, 소소하게 한 명이나 두 명하
고 술 먹는 것을 좋아하는 사람이 있다. 식신은 후자의 경우이다.
'사람이 많으면 정신 사나우니까 한두 명이 오붓하게 먹는 게 좋
다'고 생각하는 소규모의 사교성을 식신은 가지고 있다.

또한 식신(食神)이 있는 사람들은 온화함과 명랑함이 있다.
이 중에서 명랑함이 제일 중요하다. 식신이 있는 이들은 무조건
즐거워야 한다. 어떤 가치보다도 즐거움이 중요하다. 즐거움을 추
구하고 진지한 것을 싫어한다. 재미가 제일 중요하다. 반면에 '실
천력의 결여'가 그들의 핵심이다. 입만 살아서 온갖 말은 다하지
만, 실제로 실행력이 부족하다. 말로는 혁명을 열 번도 더 했다. 그
러나 실천력이 없고, 책임을 지지 않는다. 그리고 게으르다. 실제
로 임상을 해보면, 식신이 원국에 세 개 이상으로 너무 많은 경
우, 너무 감각적인 것을 따지다가 불감증 증상을 보인 사람도 있
었다. 무엇보다도 식신은 귀가 얇다. 충동구매를 잘하는 사람들이

전형적인 식신들이다. 그리고 모험을 회피하려고 해서 정치적으로 보수적인 경우가 의외로 많다. 확률이 높아서 한번쯤 베팅을 할 만해도, '꼭 그렇게까지 해야 하나?' 하는 태도를 보인다. 노름을 해보면 안다. 이만큼을 더 얹어서 베팅하면 이만큼 벌 수 있는데도, '나 그만 할래!' 하는 게 식신이다. 식신의 키워드는 '낙천성'과 동시에 '의지박약'이다. 그래서 다이어트에 성공하기 힘들다. 식신은 상관(傷官)과 함께 힘의 세기가 가장 약하다. 그래서 남의 업신여김이나 구설수의 대상이 되기 쉽다. 그러나 의지박약을 꼭 나쁘게만 볼 필요는 없다. 기가 센 조합에서 중화시키는 역할을 하거나, 양극단으로 편이 갈린 상황에서도 자신만은 살아남을 수 있기 때문이다.

이런 사람들은 좀 더 액티브(active)하게 자신의 삶을 만들 필요가 있다. 생소하고 낯선 것에 자신을 훈련시킬 필요가 있다.

상관(傷官)은 일간의 오행이 생하고, 일간과 음양이 다른 것이다. 십신 중 내가 매력적으로 생각하는 것 중 하나가 바로 이 상관이다. 상관은 나의 일간이 생하는 오행으로 식신(食神)과 함께 식상(食傷)으로 묶여 있는데, 이름이 좀 이상하다. 식신은 밥 식(食)자가 들어가서 배부르고 여유로워 보이는데, 그에 비해 상관은 글자 그대로 풀면 "관직 또는 관을 상하게 한다"는 뜻이다. 아무래도 이름이 잘못 지어진 것 같다. 식신(食神)하고 같은 짝인데, 십신의 오행의 상생상극의 원리에 의해 정관을 공격한다는 이유로, 이름이 상관이 되어버린 것이다. 농경 사회에서는 관(官)이란 이름이 붙은 벼슬이나 관직을 숭상했다. 특히, 정관(正官)을 최고로 봤다. 그래서 이런 정관을 공격하는 상관을 홀대하고 가장 나쁘게 평가했던 것이다. 정관과 상관 모두에 대한 편견이 들어 있는, 편파적인 생각이다.

상관(傷官)은 기본적으로 식신(食神)의 성격을 갖고 있지만, 식신에게는 없는 예리함과 민첩함이 있다. 그리고 자신만의 정의를 강조하는 정의로움이 있다. 대신 식신에 비해서 여유로움이 부족하고 밥그릇의 안전성이 위태롭다. 두 발 중 한 발이 허공에 떠 있는 느낌을 떠올리면 이해가 될 것이다.

또한 상관(傷官)은 식신(食神)보다 활동적이고 적극적이며 총명하다. 정의감과 측은지심이 강하고, 기본적으로 정관(正官)을 공격하는 힘이기 때문에 정관으로 표상되는 권위에 대한 반발심이 있다. 썩은 권위에 대해서는 참지 못한다. 그래서 운동권이나 시민 단체의 사무국장 같은 사람들 중에 상관이 많다. 이들은 또한 기획력이 강해서 내일 데모는 어떻게 할지, 어떻게 하면 기존과 다른, 창의적인 데모를 할 것인가를 고민하고 하루에 무려 촛불을 27만 개나 만들어내는 기발한 데모 방식을 기획한다.

공직에서 그들의 모습을 살펴보면, 같은 관직에 있지만 썩은 권력들을 참지 못하고 추적하다가 낙마하는 TV 드라마 〈모래시계〉 속 검사들에게 의외로 상관(傷官)이 많다. 또한 흥미롭게도 조폭에도 상관이 많은데, 그것은 기존의 행정질서를 거부한다는 측면 때문이다. 〈모래시계〉 검사든 조폭이든 운동권이든 상관(傷官)의 기본적인 키워드는 '권위와 질서에 대한 반항'이다.

이들은 또 자기한테 의탁하는 사람들을 거절하지 못한다. 자기도 힘들어서 웬만하면 모른 척하고 싶지만, '내가 아니면 저 사람은 진짜 아무도 도와줄 수 없다'라는 생각이 들면 '에라, 모르겠다!' 하고 도와주는 경향이 있다. 따라서 상관은 약자에게 관심을 갖고 인화를 도모하는 직업에 어울린다. 시민사회의 거버넌스(governance)가 강력해지고 있는, 후기 자본주의 사회에서는 상관이 중요한 역할을 한다.

상관(傷官)을 가진 이들의 공통점은 말하는 것을 좋아하고, 토론을 즐기며 언변이 탁월하다는 것이다. 비영리 사회적 기업 '아름다운가게'를 떠올려 봐라. 상관이 있는 사람은 가진 건 아무것도 없지만, 돈 있는 사람들을 말로 설득하여 지원을 받아 운영한다. 남의 주머니에서 돈을 꺼내려면 언변은 필수다. 상관(傷官)의 또 다른 키워드는 '화술에 근거한 정의감'이다. 실제로 내가 NGO단체에서 일하는 사람 열 명 정도의 원국을 봐준 적이 있다. 이들에게는 공통적으로 상관이 많았다. 평균 1.5개씩은 있었다. 거기서 못 견디고 이탈해나간 사람들은 대부분 상관이 없거나 상관이 과다하게 많았다.

상관(傷官)은 힘이 약해서 자신이 모든 걸 결정하는 일은 감당하지 못한다. 스태프나 참모 기질이 강하고, 자신의 이익을 포기하는 희생정신이 높다. NGO의 사무국장을 떠올리면 된다. 상관은 21세기에 재평가되고 재해석되고 재설정되어야 한다고 생각한다.

그렇지만 상관(傷官)이 다 좋은 건 아니다. 상관은 일단 실속이 없다. 남 좋은 일만 시키고, 게다가 융통성도 없다. 가장 나쁜 건 주변 사람을 은근히 자신의 마음속에서 등급을 매겨 구분한다는 것이다. 이런 특징 때문에 상관은 사실상 마음을 터놓고 신뢰할 사람을 만들 확률이 적다. 자기도 모르게 사람을 구분하기 때문이다.

재성(財星)

재성(財星)은 편재(偏財)와 정재(正財)를 합쳐서 부르는 말이다. 재성(財星)은 일간인 내가 극하는 오행을 말한다. 재성은 내가 극하는, 즉 내가 상대와 다투는 힘이기에 나의 힘은 남아 있지만, 다투는 것 자체가 힘든 일인 만큼 상대적으로 약한 기운에 속한다. 십신 간의 힘의 우열은 십신을 다 설명한 후에 다시 정리하겠다.

재성(財星)은 글자 그대로 '재물'(財物)을 뜻한다. 자본주의는 다른 무엇보다도 돈의 가치가 우선하는 이데올로기이다. 21세기는 자본주의의 시대라서, 재성이 가장 중요하게 느껴질 수 있다. 하지만 재성의 본뜻을 이해하고 나면, 결국 그렇지 않다는 사실을 알게 된다.

재성(財星)은 식상(食傷)처럼 남자의 경우와 여자의 경우가 다르다. 남자에게는 '아내와 애인, 여자 친구, 아버지'가 재성이다. 그에 비해 여자에게는 '아버지 혹은 시아버지'가 재성이다. 아버지의 기운이 압도적으로 아주 큰 특별한 경우를 제외하면, 남자에게 아버지는 그다지 큰 영향을 미치지 않는다. 아버지보다는 오히려 어머니의 기운이 밀접하고 중요하다. 그렇지만 여자의 경우에는 아버지의 영향이 남자보다 크다. 대체 왜 그럴까 생각해봤더니, 동서양이 정도는 다르지만 비슷하게 적용된다. 나에게는 아들 하나와 딸 하나가 있다. 평소 아들은 외박을 해도 들어오는지 안 들어오는지 그 자체에 관심이 없다. 들어오면 오나 보다 생각하고, 안 들어오면 친구네 집에 놀러 갔구나, 하고 만다. 그러나 딸이 안 들어오면, 아들과 다르게 '이것이 혹시……?' 하는 생각을 하게 된다.

내가 중·고등학교를 다니던 1970년대만 하더라도 한동네에서 남학생과 여학생이 빵집이나 분식점에 앉아 있었다는 사실이 알려지면, 남학생 집은 아무 문제가 없었지만, 여학생 집은 그날로 온 동네 초상나는 날이었다. "이게 미쳤나"라는 말로부터 시작해서 "머리를 확 깎아버린다"라는 극단적인 반응까지 나왔다. 이처럼 여자는 부모로부터, 특히 아버지로부터 규제당하는 관계가 남다르다. 서양은 우리와 달라 보이지만, 정도만 다를 뿐 본질은 같다.

아버지에게 딸은 자식 중의 하나이지만, 다른 한편으로는 애인과 같은 느낌이 있다. 어머니하고 아들의 관계도 마찬가지다. 그래서 남자에게 아버지는 별로 큰 의미가 없고, 더 중요한 것은 아내 혹은 애인 같은 여자가 그의 재성(財星)이 된다.

사주를 볼 때 제일 많이 묻는 질문은 뻔하다. 60이 넘지 않는 다음에야 똑같다. "언제 결혼할까요?", "언제 남자를 만날까요?" 혹은 "언제 여자를 만날까요?", "결혼할 사람이 생겼는데, 이 사람과 제가 맞나요?" 등등이다. 남자 혹은 여자에게 가장 큰 관심사는 결국 배우자의 가능성이 있는 미시의 이성에 대한 의문이다.

옛날에 현자들이 재성(財星)에 대해 내린 정의를 보면, 그들의 세상을 바라보는 관점이 참 멋지다는 생각이 든다. 옛 현자들의 관점에서 볼 때, 재성은 '봉사', '의협심', '약자에 대한 배려'를 뜻했다. 남보다 많이 가지는 것은 지배하려는 게 아니라, 남에게 봉사하기 위해서, 그리고 베풀기 위해서라는 의미가 내포되어 있다. 그 말을 뒤집어보면, 남보다 많은 재물을 가지고 있는데 남을 위해 쓰지 않고 오히려 남을 착취하는 도구로 쓴다면, 그는 이미 천기(天氣)를 거스르고 있다는 것이다. 즉, 그는 재성(財星)을 모독하는 삶을 살고 있는 것이다. 옛날에는 재성(財星)을 '사회적 복지'로 봤다는 사실을 절대 잊으면 안 된다.

재성(財星) 중에서 '일간과 음양이 동일한 경우'를 편재(偏財)라고 한다. 편재(偏財)의 편(偏) 자는 '기울어지다', '삐딱하다'는 뜻이다. 한국 사회는 '정(正) 자 증후군'이 있다. 바를 정(正) 자가 있으면 왠지 있어 보이고, 좋아 보이고, 우월하다고 생각한다. 그에 비해 '편 자'는 뭔가 삐딱하고 짝퉁처럼 보인다. 그러나 편재의 편 자는 가치판단과는 아무런 관련이 없다.

편재(偏財)는 재물은 재물인데, 몸에 지니지 않은 재물을 뜻한다. 즉, 현찰이 아니다. 예를 들면, 편재는 투기, 투자, 주식, 복권 등 비정기적인 수입을 뜻한다. 똑같은 돈이지만 예측이 불가능한 재물을 편재라고 한다. 사업을 한다고 할 경우, 얼마를 벌지 예측

하기가 불가능하다. 편재는 많이 벌 수도 있고, 잃을 수도 있는 재물의 성격을 말한다.

남자를 기준으로 봤을 때, 남자에게 재성(財星)은 여자이다. 그래서 일부다처제 사회에서는 정재(正財)를 본처로, 편재(偏財)를 첩으로 봤다. 그러나 그러한 관점은 옛 시대의 생각일 뿐 지금과는 맞지 않다. 정재나 편재 모두 남자에게 있어서 '여자'이다. 남성의 관점에서 볼 때, 정재(正財)는 안정감이 있는 '부인'에 비교할 수 있고, 편재(偏財)는 활동적이고 자기만의 매력이 있는 '애인'에 가깝다. 원국에 편재가 있는 아내를 얻었다면, 그녀는 집에 틀어박혀 있기보다, 직장이나 봉사 활동 등으로 밖으로 돌아다니길 좋아하는 활동적인 성격을 가졌다고 이해해야 한다.

또한 편재(偏財)를 가진 남성은 여성을 유혹하는 다양한 재능을 가지고 있다. 게다가 편재를 가진 사람은 기본적으로 유머 감각이 뛰어나다. 그래서 대인 관계에 뛰어난 능력을 가졌고, 이성에게 인기가 많다. 남자에게 편재가 있다면 여자에게 인기가 많다. 그러나 여자에게는 좀 다르다. 여자의 편재(偏財)가 꼭 이성에 대한 인기로 이어지지는 않는다.

편재(偏財)의 성격을 따져보면, 편재는 틀에서 자유롭다. 사실 연애 관계에서는 자기만의 규칙을 가지고 원칙적으로 행동하는 사람은 답답해 보이고, 그와 반대로 이것저것 사건 사고가 많고, 변화가 많은 사람은 더 매력적으로 보인다. 9시에 정확하게 출근하고, 술 한잔 마시러 가자고 하면, "나, 학원 가야 해!"라고 말하는 동료를 좋아할 사람은 많지 않다. 편재가 가지고 있는 매력은 재성(財星) 중에서도 좀 더 틀에서 벗어난 감각을 뜻한다. 전형적으로 이런 사람들은 대인 관계가 얇고 넓다.

원국에 편재(偏財)가 있는 사람들은 투기와 모험심이 있다. 그래서 축구를 보더라도 꼭 오늘 스코어는 돈 걸고 보자고 말하는 이들이 편재의 주인공들이다. 꼭 돈을 벌겠다기보다는 돈을 걸어놓고 투기하는 것을 편재는 즐긴다. 취미 생활을 해도 포커를 치자고 말하는 사람들이 바로 그들이다. 예를 들어, 관광하러 홍콩에 갔는데, 마카오를 넘어갔다 오자고 말하는 사람들이 바로 편재를 가진 사람들이다. '돈을 써가면서 피곤하게 사느냐'라고 하는 사람이 있는가 하면, 거기에 가본 적도 없으면서 '서비스하는 언니들이 진짜 예뻐!'라고 꼬여서 데려가는 사람들이 있다. 후자처럼 말하는 사람들이 바로 편재(偏財)를 가진 사람들이다.

재성(財星)은 생각보다 큰 힘이 아니다. 물론 식상(食傷)보다는 강하지만, 비겁(比劫)·식상(食傷)·재성(財星)·관성(官星)·인성(印星) 등 다섯 가지의 힘 중에서 약한 편에 속한다. 적극적인 배짱과 추진력은 편재에 결여되어 있다. 오히려 몇 천 명, 몇 만 명이라는 큰 규모의 직원이 있는 회사의 대표 중에는 편재가 없는 경우가 많다.

　편재(偏財)는 재물을 가져도 한 사람이 감당해낼 수 있는 작은 규모의 재물 정도다. 그러므로 자신에게 편재가 있으므로 큰 재물이 있을 것이라고 생각하는 건 바보 같은 소리다. 편재의 재물은 한 가족이 감당해낼 수 있는 재물에 속한다. 즉, 재성(財星)의 의미를 재물과 돈에 속한다고 생각해서 매우 큰 재물이 들어올 거라고 확대해석하면 안 된다.

　은행이나 증권회사에 일하는 직원처럼 하루에도 수백 억씩 많은 돈을 만지지만, 내 돈이 아닌 돈을 관리하는 금융업계 사람들을 떠올려 보자. 그들은 수백 억 원의 큰돈을 관리하지만, 실제로 그 속에 자기 돈은 하나도 없다. 따라서 편재(偏財)의 성향이 강한 사람에게 꼭 맞는 직업이다. 신나게 자기의 기운을 쓸 수 있기 때문이다. 큰돈을 잃어도 겨우 견책에서 멈추고, 많이 벌어도 자기 돈은 아니지만, 어쨌든 마음만은 즐겁다.

　고시에는 죽어도 안 붙었지만, 금융 계통으로 와서 크게 성공한 사람들이 법대 출신자 중에 꽤 있다. 이들을 잘 살펴보면, 편재의 기운이 적절하게 자리 잡고 있다. 빨리 관직을 포기하고 재물쪽으로 와서 편재의 기능을 잘 발휘한 경우이다.

　편재(偏財)의 키워드는 '봉사' 혹은 '패가망신'이다. 편재가 좀 과다하게 있는 남자들은 여자를 좋아한다. 그러나 편재가 있는 여성은 남성과는 다르다. 여성이 편재가 많다고 꼭 남자를 좋아하지는 않는다. 다만, 외모는 상당히 따진다. 그러나 편재를 가진 남자는 거의 예외 없이 여자를 좋아한다. 특히, 예쁜 여자를 밝힌다.

　정재(正財)는 일간을 기준으로 일간과 음양이 다르고, 내가 극하는 오행을 말한다. 정재는 '몸에 지닌 재물'을 의미하고, 남자의 경우에는 '현실적인 아내'를 뜻한다. 농경 사회에서는 식신(食神)을 제일 중요시했고, 그다음이 정재(正財)였다. 내 몸에 없는 재물인 편재와는 달리, 정재는 내 몸에 지닐 수 있는 재물이다. 자본주의가 도래하기 전에도 재물은 인간에게 제일 중요한 사회적인 가치 평가의 기준이었다. 확실한 재물로서 문서화하거나 자기의 소유를 바로 증빙할 수 있는 정재(正財)는 인간에게 필수 불가결한 것이다.

　정재(正財)를 지닌 사람은 헛된 계획을 세우지 않는다. 결혼기념일이라고 비자금까지 탈탈 털어서 꽃과 함께 비싼 선물을 사주면 "차라리 돈으로 주지. 이런 거 사려고 돈을 썼어?"라면서 화를 내면서 싫어하는 사람들이 바로 정재이다.

　게다가 정재(正財)는 선비적인 기질을 가졌다. 그래서 "마른 땅이 아니면 걸어가지 않겠다"는 자신만의 일관된 규칙을 준수한다. 돈을 벌거나 사람과의 관계를 맺는 원칙도 일관성이 있다. 성품상으로는 논리적인 정합성을 가졌으므로 그들을 자기편으로 만들려면 납득을 시켜야 한다. 그에 비해 편재(偏財)는 분위기를 맞춰 온도가 같다는 걸 증명하면 되지만, 정재는 오히려 그러면 의심할 수 있다. 그래서 그보다는 "네가 왜 나와 같이 가야 하는지" 설득해야만 한다. "이러이러한 문제점들은 예상되지만, 이만큼의 아웃풋(output)을 얻을 수 있다"라는 식으로 스스로 납득되어야만 정재는 움직인다.

　또한 정재(正財)는 학자의 마음이다. 정재(正財)는 상관(傷官)과 같이 정의에 대한 자신만의 이상주의가 있다. 현실적인 상상력의 결과로 목표에 도달하려는 사람이다. '아생연후살타'(我生然後殺他)라는 바둑 용어가 있다. "남을 공격하려면 일단 내가 먼저 확실한 삶의 근거지가 있어야 한다"는 이 바둑의 격언이야말로 정재(正財)적인 결론이다.

프로 바둑 기사 이창호(李昌鎬, 1975~)의 바둑은 이와는 정반대다. '아생연후비살타'(我生然後非殺他)이다. "남을 공격하지 않고 단 한 집만 남겨서 이기겠다." 진짜 무서운 사람이다. 이창호는 바둑으로 한 시대를 지배했지만, 솔직히 그의 바둑 경기를 보고 있노라면, 흥미진진한 승부를 겨루는 긴장감과 떨림이 없고, 재미로 표상되는 매력 또한 느낄 수 없다. 그래서 우리는 '월하의 빛나는 장검'을 쓰는 프로 바둑 기사인 이세돌(李世乭, 1983~) 같은 바둑을 좋아한다. 시작부터 화려하고, 결국 장렬하게 전사하는 그런 흥미진진한 바둑을 좋아한다. 이기는 상황에서도 지는 쪽이 도발을 해올 때, 이창호의 바둑은 살짝살짝 피하는 전략을 사용한다. 즉, 손해를 보더라도 이긴다는 확신이 오는 데드라인까지 피하다가 끝을 낸다. 이런 삶이 정재(正財)적 삶이라면, 편재(偏財)적 삶은 프로 바둑 기사 조훈현(曺薰鉉, 1953~)과 이세돌의 바둑 같은 스타일이다. 턱없는 시비를 걸면 참지 않고 싸워서 크게 이기거나 아니면 도발에 걸려서 역전패를 당하는 바둑을 둔다. 그에 비해 이창호 같은 사람은 자기가 열세일 때조차도 참는다. 그러면 우세에 있는 사람이 자기가 우세인지 의심하게 된다. 분명히 자기가 유리한데 상대가 참고 있으니, 혹시 자신이 판단을 잘못했나 하고 의심하는 바람에 실수를 해서 이창호한테 어이없이 지게 된다. 이래서 사람들은 이창호를 무서운 인간이라고 말한다.

정재(正財)는 감성보다는 이성이다. 명예를 중시한다는 점에서는 재성(財星)으로서의 공통점이 있지만, 명예를 위한 단계를 철저히 설계해서 얻고자 하는 사람이 바로 정재다.

지금까지의 설명을 들으면 정재(正財)는 정말 훌륭할 것 같지만, 사회적으로는 문제가 생길 수 있다. '수지청즉무어'(水至淸則無魚)라는 말처럼, 너무 물이 맑으면 물고기가 모여들지 않는 법이다. 이들은 사회적으로 재미없는 사람들의 표본이다. 대다수가 상사나 상관(上官)으로 절대 두고 싶지 않은 스타일이다. 이런 사람을 남편이나 아내로 둔 사람들의 삶의 만족도나 행복감은 지극히 낮다. 예순 살 넘어서의 삶을 위해서 스물여섯 살에 누릴 수 있는 즐거움을 포기하는 게 행복한 삶이라는 정재의 방식에 나는 동의하지 않는다.

또한 정재(正財)는 타인과의 관계에 있어서 인색하다. 누군가 도움을 요청했을 때를 상상해보자. 편재(偏財)는 친구가 돈을 빌려달라고 하면 즉시 빌려준다. 만일 돈이 없으면, "정말 미안하다. 돈이 없다!"라고 솔직하게 말한다. 가장 편재적인 인간이 로마의 군인이자 정치가인 카이사르(JuliusCaesar, B. C. 100~B. C. 44)다. 그의 삶을 보면 딱 편재적이다. 카이사르는 모든 이에게 돈을 빌리고 안 갚았다. 전쟁을 벌일 때도 카이사르는 돈이 없었다. 하지만 그는 돈을 빌리는 데 천부적인 재능이 있었다. 돌려받지 못할 걸 뻔히 알면서도 사람들은 그에게 돈을 빌려주었다. 브루투스(Marcus Junius Brutus, B. C. 85~B. C. 42)가 카이사르를 죽인 건 돈을 빌려주고 못 받은 원로원의 저주가 모여서 그렇게 되었다는 설이 있을 정도였다. 하지만 카이사르는 돈을 돌려주지 못해도 인기가 많았다. 비록 돈을 떼였어도, 자신을 통해 성공을 느끼게 해주는 전형적인 편재(偏財)적 인간이라는 점에서 그의 인기는 사그라들지 않았던 것이다. 그에 반해, 정재(正財)적 인간은 이런 행동을 죽었다 깨어나도 하지 못할 뿐더러, 할 필요를 느끼지도 못한다.

정재(正財)는 누군가 도움을 요청하면, 그의 상환 가능성을 파악하고, 사고가 났을 때 자신이 감당할 수 있는 마지노선을 철저히 고려한다. 자신에게 1,000만 원이 있지만, 보수적으로 마지노선을 잡아서 없어도 되는 돈이 300만 원이면 300만 원만 빌려준다. 그렇게 되면 최악의 경우에도 결코 자신은 실패하지 않는다. 그래서 그로부터 도움을 받는 사람들은 그로부터 어쨌든 도움을 받기는 받았지만 왠지 모르게 기분이 나쁘다. 이렇게 퍼주고도 욕먹는 사람이 정재적 삶이다. 안 퍼주고도 인기 있는 사람이 있는가 하면, 퍼주고도 욕먹는 사람이 있다.

이렇듯 정재(正財)는 베풂과 나눔에 인색하다. 그러니 정재를 지닌 이들에게는 편재가 잘하는 기분파적 일회성 기부보다는 액수가 적어도 정기적이고 반복적인 기부를 권한다. 예측 가능한 정재적 베풂을 통해서 정재의 성격을 활성화시킬 수 있기 때문이다.

아울러 정재는 새로운 상황이나 새로운 사람에 대해서 낯을 가리고, 사람에 대한 적응력이 뛰어나지 않다. 게다가 뒤끝이 있다. 한 번 아니라고 생각하는 사람은 절대 다시 만나지 않으려 한다. 내 원국에 정재가 있거나 그런 기미가 보인다면 빨리 교정해야 한다. 그렇지 않으면 정재의 틀에 쉽게 갇혀버릴 수 있다. 정재(正財)의 키워드는 "정도를 걷지만, 인간적으로 쪼잔하다"이다. 정신적으로 심각한 문제가 있는 사람을 제외하고, '난 쪼잔한 사람이 좋다'는 사람은 없다. 사실 인간은 터무니없는 욕망을 설계한다. 예측 가능하고 또박또박 돈을 벌려고 생각하면서, 동시에 쪼잔해지길 싫어한다. 이걸 보고 우리는 '모순(矛盾)'이라고 한다.

남들이 모를 것 같지만, 정관(正官)과 정재(正財)는 다 보인다. 다 들키고 만다. 은폐할 만한 넉살이나 사기를 칠 수 있는 재능이 없기 때문이다. '투명'이란 뜻은 안이 다 들여다보인다는 말이다. 따라서 그들은 큰일을 도모하기가 어렵다.

관성(官星)

관성(官星)은 편관(偏官)과 정관(正官)을 합쳐서 부르는 말이다. 일간의 오행을 극하는 오행이다. 힘의 세기는 식상(食傷)과 재성(財星)보다는 크지만, 그 방향성이 나를 괴롭히는, 즉 극하는 쪽으로 힘이 세다. 나(일간)에게 직격탄을 날리는 관성(官星)의 관 자는 관직의 관(官) 자를 사용한다.

관성(官星)은 '관직', '명예'를 뜻한다. 관성의 명예는 재성의 명예와는 다르다. 재성(財星)의 명예가 봉사를 통해 얻은 명예라면, 관성의 명예는 지배, 권력, 허세(폼)로 내가 남한테 명령할 수 있고, 나의 힘으로 남을 도울 수 있어서 생기는 권력에 근거한 명예다.

관성(官星) 역시 남자와 여자가 다르게 작용한다. 남자에게 '자식'은 관성이고, 여자에게는 '남편'이나 '애인'이 관성이다. 앞에서 이미 언급했지만, 남자와는 달리 여자에게 '자식'은 식상(食傷)이다.

여자를 괴롭히는, 곧 여자의 힘을 뺏어가는 존재, 즉 여자의 관성(官星)이 '남자'라는 사실은 유리천장 또는 남성 우위 사회에 대한 타당한 시선이라고 생각한다. 관성의 관점에서, 여자의 벽은 '남자'이고, 남자의 벽은 '자식'이라는 뜻이다. 남자는 자식에게 많은 재산을 물려주려는 마음 때문에 자신을 망치는 결과를 초래한다. 모든 대기업의 불법은 재산상속에서 비롯된다. 사회적 통념을 어겨가며, 다른 사람들의 손가락질을 받아가면서도 악착같이 자기 자식에게 물려주려고 한다. 남자에게 자식이 자신의 업(業), 즉 평생 풀어야 할 숙제이기 때문이다. 솔직히 자식이 아니면 그렇게 할 이유가 없다.

여자들에게는 남자가 자신을 극하는 벽이다. 1960년대 페미니즘 이후 여성의 독립성이 보장되어도 남성 중심 사회에서 남자는 여자가 넘어야 할 장벽이다.

관성(官星)은 편관(偏官)과 정관(正官)으로 나뉜다. 편관(偏官)은 열 개의 십신 중에서 가장 매력적이다. 선악과 미추를 떠나서 악마와 같이 빠져나올 수 없는 매력이 있다. 편관의 키워드는 명예, 체면, 권모술수이다.

여자에게 편관(偏官)이 있다면, 그 여성의 남편은 집에 틀어

박혀서 규칙적인 일을 하는 원칙적인 남편이 아니라, 집보다는 밖과 회사에서 회식을 사랑하고, 나서기를 좋아하고, 활동적인 남편일 가능성이 높은 편이다.

음양이 조화로워 안정적인 정관(正官)에 비해서, 편관(偏官)은 부침과 파란이 많다. 정관과 같이 관(官) 자는 들어가지만, 편재(偏財)와 정재(正財)의 차이처럼 유동성이 너무 커서 천간에 편관(偏官)이 있을 때는 죽음이라는 과격한 표현이 들어가는 '살'(殺)을 넣어 '칠살'(七殺)이라고 불렀다. 이처럼 '살'이라는 별칭이 붙은 것은 십신 중에서 편관이 유일한데, 농경이 주업인 전통 사회에서는 변화를 싫어했기에 여자에게 편관(偏官)이 있으면 '큰일이다'라고 생각했기 때문이다.

편관(偏官) 하면 떠오르는 인물이 바로 고 노무현(盧武鉉, 1946~2009) 전 대통령이다. 내 생각에 그는 가장 편관적인 인물이다. 노무현의 삶은 늘 예측 불가능했다. 지역 갈등을 극복하기 위해 나간 국회의원 선거에서 모두 낙선했지만, 그 신념이 동력이 되어 집권 여당의 대통령 후보가 되고, 결국 대통령에 당선되었다. 원국에서 편관의 힘이 강한 사람의 삶은 예측 불가능성이 높고, 권력을 쟁취하는 힘이 있다.

편관(偏官)은 '배짱'과 '폼'으로 요약할 수 있다. 노무현을 정치가로 살게 한 것은 배짱이었다. 집안도 그리 대단치 않았던 그가 서울에서 출마했으면 안정적으로 국회의원을 할 수 있었을 것이다. 그랬다면 그의 정치생명도 국회의원으로 끝났을 것이다. 그러나 그의 선택은 달랐다. 그 때문에 아내부터 시작해서 주변 사람들을 다 엄청나게 고생을 시켰다. 물론 본인의 고생이 가장 컸지만. 그가 험한 정치판에서 10년 넘게 그렇게 버틸 수 있었던 것은 배짱이 있어서였다. 배짱이 없으면 절대 그렇게 할 수 없다. 결국 권력을 자신의 손에 넣었지만, 그의 말년은 정말 참혹했다.

편관(偏官)은 알파에서 오메가까지 널뛰는 엄청난 에너지를 가지고 있다. 언제나 사건 사고가 일어나고, 정관(正官)보다 어마어마한 성취를 이루는 힘이 있다. 정관(正官)이 '낮의 권력'이라면, 편관(偏官)은 '밤의 권력'에 가깝다. 똑같이 남을 가르치는 능력이 탁월하다고 할 때, 교수와 교사가 정관이라면, 자신의 매력으로 밤에 인기가 많은 학원 선생이나 인터넷 강의의 인기 강사는 편관이다.

밤의 권력에 강하다는 것은, 곧 남자건 여자건 간에 성적인 매력이 뛰어나다는 것이다. 남자들 중에서 정력이 강한 사람은 천간에 편관(偏官)이 있다. 여자들 중에서 편관이 있으면 외모가 예쁜 것과는 상관 없이 성적인 매력이 넘친다. 외모가 예쁘다는 건 얼굴의 호감도를 말하고, 성적인 매력은 토털 보디(total body)에 관한 것이다. 편관이 지지에 있으면 살의 기운이 천간에 비해 매우 약하다고 본다.

편관(偏官)의 성격이 실제 행동에서 강하게 발현하는 건 천간에 있을 때이다. 그리고 편관은 너무 지나친 자신감으로 주변 사람들을 피곤하게 만든다는 문제도 갖고 있다. 편관은 의리를 중시하지만, 과시욕이 너무 심하다. 그래서 실질적인 권력을 유지하는 데 장애가 있을 수 있다. 고 노무현 전 대통령의 수사학 스타일이 전형적인 편관(偏官)의 수사학이다.

"대통령 짓 못해 먹겠다."

앞뒤 문맥을 살펴보면, 타당한 말이다. 하지만 현직 대통령이 쓸 수 있는 언어는 아니었다. 지지자들은 그의 내면까지 이해해서 헤아려줄 수 있다. 하지만 그의 언어는 적에게 먹잇감이 되도록 스스로 머리를 집어넣은 셈이다. 편관은 아주 좋아하는 사람과 아주 싫어하는 사람으로 정확히 나뉜다. 전선이 명확하다. 그에 비해 정관(正官)은 도대체 속을 알 수가 없다.

정관(正官)에 비해서 편관(偏官)은 대놓고 돈을 좋아한다. 하지만 속을 드러내놓지 않는 정관이 오히려 로비를 잘 당한다. 운전을 하다가 법규 위반으로 경찰관에게 적발 당했을 때를 상상해 보자. 편관이 있는 경찰관에게는 절대 돈으로 해결하면 안 된다. 편관이 있는 사람에게 사태를 돈으로 해결하려고 하면 크게 당한다. 물론 그도 돈을 좋아한다. 하지만 자신의 명예를 손상시켜가면서까지 돈을 받고 싶어 하지는 않는다. 오히려 밤에 포커를 쳐서 돈을 따는 건 좋아하지만, 자신의 관직에 대한 자존심을 건드리면 10점으로 끝날 벌점이 30점이 될 수도 있다. 이런 경우엔 인정에 호소해야 한다. 과속할 수밖에 없었던 절박한 심정을 토로해야 한다. "벌점이 추가되면 면허정지가 됩니다. 하는 일이 영업인데, 면허정지가 되면 당장 직장에서 일을 할 수 없습니다. 혹시 못 봐주신다면, 제일 가벼운 걸로 끊어주시면 안 되겠습니까?"라는 식으로 요청하는 편이 좋다.

그에 반해, 정관(正官)은 교통 위반자한테 딱딱하게는 굴지만, 막상 돈을 건네면 "다음부터는 조심하셔야 해요!"라고 말한다. 게다가 정관은 받아도 되는 돈과 받으면 안 되는 돈을 정확하게 구분하는 현명함이 있다. 그에 비해 그것이 없는 편관은 받아서는 안 되는 돈을 덥석 받아서 징치적으로 곤경에 빠지는 경우가 많다.

독특하게도 편관(偏官)에게는 자신의 목적과 명예를 위해서라면 어떤 가혹한 방법을 동원해도 양심의 가책을 전혀 느끼지 않는다. 우두머리에 서려고 하는 힘이 강하기 때문이다. 남녀 관계에서도 마찬가지다. 섹스를 할 때 여자가 기절해야 자기가 남자로서 역할을 다했다고 믿는 사람들이 있다. 왜 꼭 기절을 해야 할까? 그런 성향은 편관의 기운이 너무 강해서 그렇다.

편관(偏官)을 극하는 기운은 식상(食傷)의 식신(食神)이다. 편관같이 자신을 극제하는 힘이 강하면 그것을 완화시킬 기운이 필요하다. 적절한 완화제는 느긋한 식신이다. "왜 우두머리가 되려고 해? 피곤하게!"라는 말을 하는 이가 바로 식신이다.

편관(偏官)은 체질적으로 건강하다. 그래서 어지간하면 건강을 해치지 않는다. 그렇지만 돌연사의 위험이 도사리고 있으므로, 늘 건강에 주의해야 한다.

자신만의 매력이 있고, 솔직한 편관(偏官)은 매력적이다. 편관을 가진 사람들은 남녀를 구분하지 않고 쉽게 친해진다. 편관과 함께 살아가는 삶은 유쾌하고 명랑해서 일상이 즐겁다. 그런 점에서 편관을 적대시하거나 병원균 보듯이 꺼릴 필요는 없다. 나는 정관(正官)적인 삶을 사느니, 차라리 편관(偏官)적인 삶을 살고 싶다. 편관이 강한 사람이 표정이 어둡거나 우울증이 심하다면 그것은 위험신호다.

정관(正官)은 일간을 기준으로 음양이 다르고, 일간을 극하는 오행이다. '명예'와 '관직'을 탐한다는 점에서는 관성(官星)인 편관(偏官)과 비슷하지만, 편관에 비해 안정성이 높다. 십신에 정(正) 자가 붙었다는 것은 음양이 조화로워 활동 범위가 좁고 안정적이라는 이야기다. 예를 들어, 친구와 함께 차근차근 착실하게 단계를 밟아서 9급 공무원이 되어 동사무소에서 일하게 되었다. 내게는 편관(偏官)이 있고, 친구에게는 정관(正官)이 있다. 편관인 나는 9급 공무원이지만 활발하게 사람들과 사귀고, 내가 해줄 수 없는 것도 해준다고 약속하고, 노인들에게도 각종 방법을 찾아 지원 혜택을 늘려주는 데 열심이다. 9급 공무원인데 하는 짓은 꼭 동네 동장이다. 종종 어처구니없는 실수를 저지르기도 하지만 아줌마들이나 할머니들에게는 아들 같은 느낌을 준다. 시의원 선거에 나오는 사람들 중 편관이 있는 사람들이 있다.

그에 비해 정관(正官)인 내 친구는 근무시간에 할 일을 하고 나서 밤이나 주말엔 7급 공무원 시험을 준비한다. 더 높은 관직을 향해 절도와 방법을 준수하며 차근차근 나아간다. 또한 정관은 근원적인 원리에 파고들어 스스로 납득하는 것이 잘 맞는다. 규모가 큰 회사를 운영하는 사장이 있다. 그에게는 정관이 있다. 그는 철학 교수가 어울릴 만큼 추상적인 철학 이론에 관심이 많다. 하지만 집안의 외아들이라 어쩔 수 없이 아버지 재산을 물려받아 회사의 사장이 되었다. 그는 주말이면 서점에 가서 비트겐슈타인(Ludwig Josef Johann Wittgenstein, 1889~1951)이나 슬라보예 지젝(Slavoj Žižek, 1949~) 등의 책을 사서 읽는다. 그 역시 체질적으로 근원적인 원리에 파고들어서 스스로 납득하는 것이 잘 맞는 사람이다.

181

정관(正官)의 키워드는 '건강'과 '보수'(保守)이다. 정관은 규칙적이다. 이들은 일어나고 잠드는 시간이 정확하다. 예외가 없다. 옛날에는 정관이 있는 사람을 최고로 쳤다. 그때는 안정적인 관직에 가서 출세하는 게 최고였기 때문이다. 여자에게 정관이 있으면 현모양처나 정경부인의 상이라 생각하고 최고로 쳤다. 그렇지만 다 좋은 건 아니다. 정관은 객관적으로 착하고 신실한 사람이라는 평가를 받지만, 배우자인 아내 또는 남편도 그 속을 알기가 어렵다.

관성(官星)은 자기를 극하는 힘이다. 어릴 때 어머니 말을 잘 듣고, 숙제 잘하는 애들은 관성 중 정관이다. 정관(正官)은 성적도 좋고 시험에 강하다. 정관을 극하는 것은 식상(食傷) 중 상관(傷官)이다. 상관은 시험에 약하다. 특히, 연주와 월주에 상관이 두 개쯤 있는 사람이 대학 입시를 보면 3년 동안 공부해온 평소 실력보다 결정적인 시험에서 낮게 나온다. 실력보다 평가가 떨어진다. 시험 칠 때 답안지를 한 개씩 밀려 쓰는 아이들이 바로 상관(傷官)이다.

정관(正官)은 우두머리가 되려고 하지 않는다. 실속 없는 우두머리보다는 오래가는 보직을 원한다. 따라서 자신의 지위에 맞게 처신하고 의리를 중시한다. 또한 자신의 모든 상황을 안정적으로 만들기 위해, 충동적인 기질을 억제한다. 규칙적으로 살면서 스스로를 피곤하게 한다. 건강하게 타고난 정관은 자기를 제어하는 힘이 있어서 타고난 건강을 잘 유지하는 편이다. 또한 정치적으로 보수에 속하고, 선동에 절대 넘어가지 않는다. 모든 논리와 추론 과정을 다 따져서 스스로 납득하기 전까지는 어떤 선동이나 유혹에 넘어가지 않는다.

원국 안에 정관(正官)과 편관(偏官)이 나란히 있다면 어떨까? 이런 것을 관살혼잡(官殺混雜)이라고 한다. 한 사람의 원국 안에 정관과 편관이 가로로 나란히 있거나 위아래로 정관과 편관이 함께 있는 경우다. 똑같은 관성(官星)이지만 힘의 방향성이 서로 다른 두 개의 힘이 한 몸 안에 있는 셈이다. 이런 경우에는 관성(官星)의 힘이 극단적으로 작용하거나 또는 아무런 힘을 발휘할 수 없게 바뀐다. 관살혼잡이 말이 안 된다고 주장하는 학파도 있는데, 나는 가능하다고 본다.

관성이 매우 많은 경우의 예를 살펴보자. 정관(正官)이 네 개쯤 된다면, 남자든 여자든 그것은 정관이라고 볼 수 없고, 편관이 네 개 있는 것으로 본다. 정관이 과다하면 편관의 성격을 갖는다. 정관이 적어도 세 개 이상이 되면, 정관으로서의 힘보다는 편관의 힘이 강하다고 해석한다는 것이다. 위든 아래든 정관이 하나만 있을 때만 정관이라고 본다는 어느 문파의 입장도 있다. 타당한 면이 있다. 자기를 극하는 기운이 너무 많으면, 없는 것과 같다. 십신이 무엇이든 하나만 있을 때 그 특징이 강하게 발현된다.

여자에게 관성(官星)이 두 개가 있으면 남편이 두 명이라는 농담에 가까운 속설이 있다. 현실의 남편 외에 마음속에 따로 또 남편이 있다는 말이다. 정관(正官)이 있어 누가 봐도 자신을 책하지 않게 처신을 잘하긴 하지만, 가슴속에 남편이 아닌 정말 좋아하는 사람이 따로 있다는 속설이다. 옛날에는 여성의 원국 안에 관성(官星)이 네 개 있으면 '창기(娼妓)의 사주'라고 하며 꺼리기도 했다. 그러나 21세기에는 "잘 노는 여자들이 시집도 잘 간다"라고 해석한다. 억압적인 가부장제 사회에서는 욕망의 분출 통로가 없었지만, 현재는 다양하게 자신을 표현할 수 있는 요소가 많기에 여자에게 관성이 많다는 걸 부정적인 것으로만 봐서는 안 된다. 이런 여성의 경우 남자를 대상으로 하는 직업이 좋다. 남자를 대상으로 한다고 이상하게 볼 것 없다. 선생님이 되더라도 여학교보다는 남학교가 맞고, 사업을 해도 이왕이면 주 고객층이 남자인 쪽을 하는 게 훨씬 좋다는 뜻이다. 그렇게 하는 편이 자신의 장점과 강점을 발휘하기에 더 좋다. 이를 통해 자신에게 과다한 관성(官星)을 정상적인 방법으로 해소할 수 있기 때문이다.

인성(印星)

인성(印星)은 일간을 기준으로 자신을 생해주는 오행을 말한다. 인성에는 일간과 음양이 같으며 일간을 생해주는 편인(偏印)과 일간과 음양이 다르며 일간을 생해주는 정인(正印)이 있다. 인성은 비겁(比劫) 다음으로 강한 힘이다. 자기를 생해주고 도와주는, 끝까지 수호천

사가 되어주는 힘이다. 육친으로 보면, '어머니'라고 할 수 있다.

　남자든 여자든 간에 인성(印星)은 전부 어머니다. 오묘하다. 어머니가 힘이라는 것이다. 인성(印星)의 '인' 자는 한자로 도장 인(印) 자를 쓴다. 그래서 인성은 '도장을 찍는다'는 의미로도 해석한다. 다시 말해, 도장을 찍는 분야, 문서로 상징되는 부동산, 학문을 의미한다.

　인성(印星)은 '참을성'이나 '인내심' 등 견디는 힘이라는 특징이 있다. 호기심과 의지박약의 식상(食傷)과는 정반대이다. 시험을 치기 위해 책상에 앉아서 공부하고, 대학 졸업장을 따기 위해 입시 준비를 하는 일이 인성에 해당한다. 인성이 있는 사람은 준비성이 철저하다. 그러나 지나치게 인성이 많으면, 남들이 볼 때

이제 준비는 그만하고 자리에서 일어나도 되는데 준비만 하다가 인생을 다 허비하는 경우도 많다. 대학원에서 가르친 제자 중에 인성이 과다한 아이가 있었다. 그의 특징은 늘 준비만 한다는 것이었다. 외모가 출중했는데 연예인이 되기 위한 준비만 10년을 했다. 좀 뜨려고 하면, 아이러니하게도 소속사가 망해버려서 다시 준비하는 상태가 되고 말았다. 그러면 다른 회사로 옮겨 처음부터 다시 시작해야 했다. 그렇게 그는 늘 준비 상태였다.

인성(印星)은 편인(偏印)과 정인(正印)으로 나뉜다고 했다. 우선 편인부터 살펴보자. 편인은 옛날에는 편관(偏官), 상관(傷官), 겁재(劫財)와 더불어 기피했던 십신 중 하나다. 편인 역시 바를 정(正) 자가 들어간 삶과 다른 길을 걷는다. 따라서 안정성을 중시하는 농경 위주의 전통 사회에서는 정(正) 자가 들어간 십신은 밝은 것으로 보고 숭상했고, 편(偏) 자가 들어간 십신은 어두운 것으로 보고 떳떳하지 못하다고 생각했다.

　그러나 이 역시 지금은 다르다. 편인(偏印)을 가진 이들은 안정적인 직업보다는 어디에 소속되지 않고 프로젝트 단위의 일을 더 선호하는 경향이 있으며, 행동과 사고방식이 남과 다른 독창적인 면이 많다. 반복적인 일을 싫어하고, 안정을 깨고 변화를 만들어내는 것을 선호한다고도 해석할 수 있다. 21세기에는 창조경제와 창의성을 중요시한다. 편인은 기본적으로 불규칙적이고 예측 불가능한 독특한 재능을 지녔기에 창의적인 시대에 걸맞은 인재로서의 자질을 가졌다.

　또한 편인(偏印)은 비겁(比劫) 다음으로 강한 힘이기에 자신에 대해 자신감이 넘친다. 내 아들은 원국에 편인이 네 개나 있다. 그래서일까? 내가 보기엔 대책이 없어서 매우 불안해 보이는데, 정작 본인은 전혀 불안해하지 않는다. 근거 없는 낙관이 신념화된 인물이다. 그래서 나는 아들의 삶에 절대 간섭하지 않기로 결심했다. 편인이 강한 아이들을 억지로 규제하려고 하면, 아이가 지닌 성질이 쉽게 금이 가기 때문이다.

　편인(偏印)은 실천 의지와 결단력이 정말 강하다. 한번 꽂히면 끝까지 해낸다. 그러나 학교에서나 가정에서는 문제아일 경우가 많다. 연예인을 꿈꾸는 아이돌 그룹의 멤버들은 초등학교와 중학교에서 학교 수업을 충실히 듣지 못해서 문제아일 경우가 많다. 대신 시간만 나면 자기가 좋아하는 음악을 틀고서 정신없이 춤을 춘다. 실제로 아이돌 그룹의 오디션에 합격하면 하루 종일 춤추며 연습만 한다. 말이 좋아서 춤추는 거지, 하루 10시간씩 춤을 추라고 하면 보통 사람은 버티기가 힘들다. 하지만 편인의 힘이 있는 이들은 버티면서 노력한다. 취업이 하늘의 별따기인 요즘에는 백수 중에서도 아주 오랫동안 순결한 백수로 버티는 사람들이 있다. 보통 사람들에게 백수 생활이 힘들다. 비정규직으로라도 일하거나 현실과 타협해 어지간한 곳에 그냥 들어가곤 한다. 주변의 시선도 따갑지만 스스로 그렇게 아무것도 안하는 상태를 매우 견디기 힘들어 한다. 그러나 10년 넘게 백수로 꿋꿋하게 버티는 건 그만큼 인내심이 강한 사람이라는 뜻이다. 편인의 힘이 강하다는 뜻이다. 약한 힘으로는 그 상태를 견딜 수 없다.

그렇지만 편인(偏印) 주변의 특수 관계인들은 피곤할 수 있다. 편인은 마마보이의 기질도 있다. 안정적이지 못하고 끊임없이 변하는 조울증에 가까운 변덕도 있다. 겉으로 보면 확신이 있어 보이지만, 사실 속으로는 마음의 파도의 일렁임이 심하다. 즉, 그 내면에 분열, 스트레스, 노이로제 등이 극심하다. 그것을 옆에서 지켜봐야 하는 사람은 정말 속이 터진다. 그러나 이런 성향을 주변에서 잘 도와주고 방향을 잘 잡아주면, 굉장히 강력한 창조적이고 혁신적인 힘으로 전환된다.

편인(偏印)을 지닌 사람은 소위 회사원 같은 일반적인 직업에는 부적합하다. 대신 그들은 특수한 영역에서 자신만의 비상한 능력을 발휘할 수 있다. 편인의 키워드는 '끼'와 '변덕'이다. 그의 직업이 무엇이든 관계없이 원국에 편인이 있는 그는 끼가 넘치는 사람이다. 관심의 대상도 참 자주 바뀐다. 남자 친구 혹은 여자 친구가 자주 바뀌는 사람들은 어떤 특별한 결격사유가 있어서라기보다는 그 모두를 사랑해서 그렇다. 주된 관심사가 바뀌었을 뿐이다. 그들은 자신이 관심을 가졌던 모두를 다 사랑한다.

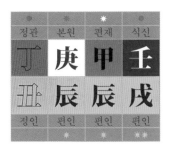

　그렇다면 정인(正印)은 어떨까? 정인은 식신(食神), 정재(正財), 정관(正官)과 더불어 봉건사회가 사랑하는 십신이다. 정인은 안정적인 힘이기에 '덕망'과 '자비로움', '예의'와 '품위'를 뜻한다. 정관(正官)과 정인(正印)이 균형 있게 놓이면, 사회적으로 높은 평가를 받는 학교에 입학을 잘한다. 시험 점수를 잘 받는 것과 공부를 잘하는 것은 다르다. 시험 점수를 잘 받는다는 사실은 사회의 제도적 질서가 요구하는 걸 안다는 것이다. 그게 이어지면 직업이 된다. 그러나 돌발 상황이 생겼을 때, 정인은 잘 대처하는 순발력이 떨어진다.

　이들은 또한 주변 사람들이 자신의 존재를 고결하게 인정해주지 않으면 참지 못한다. 평소 인자하고 훌륭한 교수님이라고 생각했는데, 누군가가 수업 시간에 좀 삐딱하게 자신의 권위를 인정하지 않는 발언을 했을 때, 균형을 잃고 흥분하는 사람들이 있다. 이것이 정인의 본성이다. 정인이 있는 사람들은 인맥이 다양하지 않고, 고독한 경우가 많다. 남녀에 상관없이 정인이 과다한 경우에는 한번 실패했다고 생각하면, 그다음에는 필요 이상으로 너무 준비를 하다가, 즉 재다가 환갑을 넘기는 경우가 많다. 그래서 이혼을 하고 난 뒤에 그들은 쉽게 재혼을 하지 못한다. 그러나 이렇게 어떤 일을 준비하고 판단하는 데 시간이 오래 걸리지만, 일단 시작하면 어떻게든 결론을 낸다. 정인의 삶에 '흐지부지'란 단어는 없다. 정인(正印)의 키워드는 '학문'이지만, 동시에 '의존'을 의미하기도 한다. 비겁(比劫)과는 완전히 다른 성격이다. 정인은 문제가 생겼을 때, 문제 해결을 책과 공부를 통해서 해결한다. 십신 중 치매가 가장 잘 올 수 있는 것이 정인이기도 하다. 따라서 연로한 사람들의 사주를 볼 때 유의해서 볼 필요가 있다.

왕(旺), 상(相), 휴(休), 수(囚), 사(死)와 십신

왕(旺), 상(相), 휴(休), 수(囚), 사(死)는 오행의 힘의 우열을 가리키는 다섯 가지 표현이다. 일간, 즉 나를 도와주는 힘은 왕(旺)이 가장 세고, 상(相)이 그 다음, 휴(休), 수(囚), 사(死) 순으로 힘의 세기가 약하다.

비겁(比劫)·식상(食傷)·재성(財星)·관성(官星)·인성(印星)을 왕(旺), 상(相), 휴(休), 수(囚), 사(死)와 연결하면 다음과 같다.

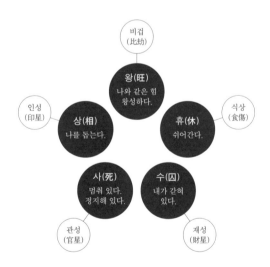

왕(旺)은 '왕성하다'는 뜻으로, 나(일간)와 오행이 같은 오행을 말한다. 십신에서는 비겁(比劫)에 해당한다. 비겁(比劫)은 나(일간)의 오행의 힘을 가장 강하게 해주는 힘이다.

상(相)은 '나를 돕는다'는 뜻으로, 나를 생해주는 오행을 말한다. 십신에서는 인성(印星)을 뜻한다. 인성(印星) 역시 나(일간)의 오행의 힘을 강하게 해주는 힘이다. 왕(旺) 다음으로 힘이 세다.

휴(休)는 '쉬어간다'는 뜻으로, 십신에서는 나(일간)의 기운이 빠지는 식상(食傷)을 뜻한다.

수(囚)는 '내가 갇혀 있다'는 뜻으로, 십신에서는 내(일간)가 극하는 재성(財星)을 뜻한다. 사(死)보다는 강한 힘이지만, 약한 힘에 속한다.

사(死)는 '내가 정지해 있다', '멈춰 있다'는 뜻으로, 십신에서는 나(일간)를 극하는 관성(官星)을 뜻한다. 가장 나(일간)의 힘을 공격하는 힘으로, 나(일간)를 가장 힘들게 하는 힘이다.

왕(旺), 상(相), 휴(休), 수(囚), 사(死)의 관점으로 보자면, 나를 돕는 힘은 왕(旺)과 상(相)뿐이고, 나를 힘들게 하고 나의 힘을 뺏어가는 힘은 휴(休), 수(囚), 사(死)로 무려 세 개나 된다. 다섯 개 중 절반 이상인 세 개나 나의 힘을 뺏어가는 힘이다. 그러기에 대부분의 사람들은 기운이 약하다. 이를 나중에 배울 신강신약의 이론에서는 '신약하다'고 표현한다. 신약한 사람들은 자신의 기운이나 자신을 돕는 기운이 필요하다. 이를 용신(用神)이라고 한다. 신약한 사람들은 인성(印星)이 용신이 되는 경우가 많다. "인성(印星)이 용신이 된다"는 말은 육친으로는 어머니, 사회적 행위로서는 학문 혹은 종교, 이런 개념이 나의 수호천사가 되기 쉬우므로, 어머니와의 사이가 좋든 그렇지 않든 간에 일단 어머니한테 잘해야 한다는 의미이다. 그리고 학문과는 담을 쌓은 삶을 살지라도 책과 공부를 통해서 자신에게 필요한 정보와 지식을 구해야 한다는 뜻이다. 이런 경우 종교나 명상 같은 것이 정신적으로 큰 도움이 된다. 여러 가지 사연 때문에 어머니하고 사이가 안 좋은 사람이 있을 수 있다. 하지만 인성(印星)이 용신이 되는 사람은 실제로 어머니와 사이가 안 좋아도, 직접 마주하거나 대면하는 친분은 쌓지 않더라도 최소한 매달 어머니의 통장으로라도 꼬박꼬박 용돈을 보내는 편이 좋다.

십신을 통해서 음양오행이 어떻게 세상의 룰로 해석되는지 알 수 있었다. 내가 태어난 시간을 천간과 지지의 여덟 글자를 사용해서 표현한 원국에서 제일 중요한 것을 보려면 일간을 살펴봐야 한다. 일간의 음양오행의 성격을 이해하고, 월지·월간·일지·시간·시지·연간·연지 순으로 각각의 음양오행의 성격을 파악한다. 일간과 다른 월지·월간·일지·시간·시지·연간·연지 등 일곱 글자들의 사회적·심리적인 성격과 직업적 요소가 어떻게 구현되는지 알아야 한다.

명리학을 이해하려면 두 가지 관점으로 파악해야 한다. 하나는 원국을 분석함으로써 내가 태어나는 순간 주어진 명(命)을 이해하는 것이다. 운명(運命) 중 명(命)에 해당한다. 또 하나는 시간을 통해서 나와 우주와의 관계를 파악하는 방식이 있다. 나의 원국이 시간의 흐름에 따라 어떤 기운을 만나는지를 의미하는 대운을 이해하는 방식이 있다. 이는 운명(運命)의 운(運)에 해당하고 다름 아닌 나아감과 물러남이라는 타이밍을 파악하기 위해 무엇보다 중요하다. 그렇지만 원국이 가장 중요한 기본임을 간과해서는 안 된다.

어떤 문파는 원국은 중요하지 않고, 대운에서 용신의 흐름만 중요하다고 본다. 그러나 그것은 절대로 받아들여서는 안 되는 위험한 생각이다. 명리학을 이루는 바탕은 원국이고, 원국을 푸는 가장 큰 힘은 음양오행과 십신임을 다시 한 번 강조한다.

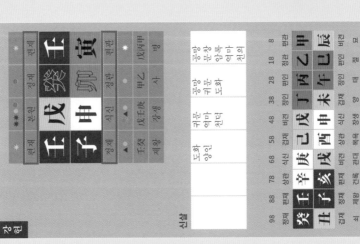

제5강

원국표의 십신

5강에서 십신에 대해 배웠다. 나무(木), 불(火), 땅(土), 쇠(金), 물(水) 등의 우주적인 질료에서 이제 나의 성격과 욕심 등 내 주변 사람들과 관련된 이야기로 변화한다. 십신과 음양오행의 차이는 음양오행은 질료이기 때문에 변화하지 않지만, 십신은 일간(日干)에 따라 같은 화(火)라도 어떤 이에게는 관성(官星, 일간을 극해주는 오행)이

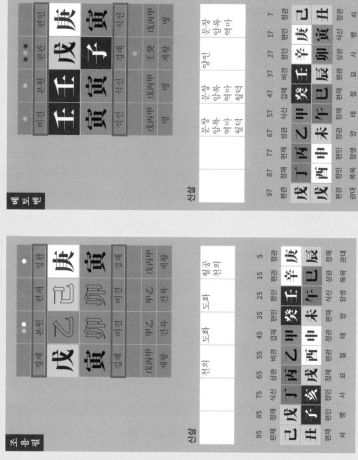

나의 경우 일간이 무토(戊)이기에 나와 같은 오행인 토(土)는 비견(比肩)과 겁재(劫財)이 된다. 내가 생하는 금(金)은 식신(食神)과 상관(傷官), 즉 식상(食傷, 일간이 생하는 오행)이 된다. 내가 극하는 수(水)는 편재(偏財)와 정재(正財), 즉 재성(財星, 일간이 극하는 오행)이 된다. 나를 극하는 목(木)은 편관(偏官)과 정관(正官), 즉 관성(官星, 일간을 극해주는 오행)이 된다. 나를 생하는 화(火)는 편인(偏印)과 정인(正印), 즉 인성(印星, 일간을 생해주는 오행)이 된다. 연주부터 시주까지, 내게 있는 십신을 모

되고, 다른 이에게는 인성(印星, 일간을 생해주는 오행)이 되는 가변성이 있다는 것이다.

두 적어 보면, 연간은 편재, 연지는 편관, 월간은 정재, 월지는 정관, 일간은 본원이라 십신이 없고, 일지는 식신, 시간은 편재, 시지는 정재이다. 따라서 재성은 네 개, 관성은 두 개, 식신은 한 개, 인성과 비겁은 하나도 없다. 이 원국의 십신의 특징은 한마디로 수재성 과다이다. '열가지 재주 가진 사람이 다음날 아침 끼니 걱정한다'는 고사가 떠오르는 원국이다.

이번에는 고 노무현 전 대통령의 십신을 살펴보자. 그는 일간이 무토(戊)이기에 자신의 일간과 같은 오행인 토는 비견과 겁재, 즉 비겁이 된다. 그리고 그의 일간이 생하는 오행인 금은 식신과 상관, 즉 식상이 된다. 또한 그의 일간이 극하는 오행인 수는 편재와 정재, 즉 재성이 되며, 그의 일간을 극하는 오행인 목은 편관과 정관, 즉 관성이 된다. 마지막으로, 그의 일간을 생하는 오행인 화는 편인과 정인, 즉 인성이 된다.

연주부터 시주까지, 그에게 있는 십신을 모두 적어보면, 연간은 편인, 연지는 비견, 월간은 편재, 월지는 편인, 일간은 본원이라 십신이 없고, 일지는 편관, 시간은 편인, 시지는 비견이다. 따라서 재성은 한 개, 관성은 두 개, 비겁은 두 개, 식상은 한 개, 인성은 하나도 없다.

생애의 굴곡과 드라마틱한 변신(변인)의 힘이 나(비견)를 잔인하고 지배하는 원국의 에너지가 느껴지는가?

이번에는 조용필의 십신을 살펴보자. 그는 일간이 을목(乙)이기에 일간과 같은 오행인 목은 비견과 겁재, 즉 비겁이 된다. 그리고 그의 일간이 생하는 오행인 화는 식신과 상관, 즉 식상이 되고, 그의 일간이 극하는 오행인 토는 편재와 정재, 즉 재성이 된다. 또한 그의 일간을 극하는 오행인 금은 편관과 정관, 즉 관성이 되고, 그의 일간을 생하는 오행인 수는 편인과 정인, 즉 인성이 된다.

연주부터 시주까지, 그에게 있는 십신을 모두 적어보면, 연간은 정관, 연지는 겁재, 월간은 편재, 월지는 정재, 일간은 본원이라 십신이 없고, 일지는 정재, 시간은 비견, 시지는 정재이다. 따라서 관성은 두 개, 재성은 네 개, 겁재는 한 개가 있고, 식상과 인...

성은 하나도 없다. 이 원무을 지배하는 것은 누가 보아도 목 비겁의 강력함이다. 평생을 한길로만 직진했던 그의 엄청난 생애의 구심력이 느껴진다.

평생을 독신으로 지냈던 이유를 짐작할 만하다.

마지막으로 베토벤의 심신에 대해 살펴보겠다. 원국표를 보면, 그는 일간이 임수(王)이기에 자신과 같은 오행인 수는 비견과 겁재, 즉 비겁이 된다. 그의 일간이 생하는 오행인 목은 식신과 상관, 즉 식상이 된다. 그리고 그의 일간이 극하는 오행인 토는 편재와 정재, 즉 재성이 된다. 또한 그의 일간을 극하는 오행인 토는 편관과 정관, 즉 관성이 된다. 그의 일간을 생하는 오행인 금은 편인과 정인, 즉 인성이 된다.

연주부터 시주까지, 그에게 있는 십신을 모두 적어보면, 연간은 편인, 연지는 식신, 월간은 편관, 월지는 겁재, 일지와 시지는 식신, 시간은 비견이다. 따라서 베토벤의 원국에는 비견 한 개, 겁재 한 개, 식신 세 개, 편관 한 개, 편인 한 개가 있고 재성이 없다. 식신의 함에 기반한 왕성한 창작력, 그토록 불멸의 연인을 갈구했음에도

동력과 변수

인생의 의미는
활동하는 데 있다.
일이야말로
인생의 필요한
소금이다.

볼테르
Voltaire

십이운성과 신살

십신이 명리학의 뼈대를 이루고 있다면, 추명학의 권위자 아베 다이장이 말했듯이 십이운성(十二運星)은 보조적인 지위를 가진다. 십이운성을 인정하지 않는 문파도 많다. 나는 십이운성은 명리학을 입체적으로 이해하는 데 중요한 기준이라는 입장이기 때문에 십이운성의 활용을 채택한다. 하지만 어디까지나 십신을 좀 더 폭넓게 해석하기 위한 보조적인 해석이라는 사실을 강조한다.

현대사회에 걸맞는 새로운 기준을 정해야 한다는 입장에서 볼 때 십이운성을 적극적으로 받아들일 필요가 있다. 십신이라고 해서 다 같은 십신이 아니라는 것을 그간의 임상을 통해 깨달았기 때문이다. 십신 그 자체의 차별화된 층위가 존재한다는 것을 통감했던 것이다.

십이운성은 해당 주의 십신이 운용되는 에너지, 곧 자동차로 비유해 말한다면 배기량 혹은 마력이다. 십신의 규정과 해석에 생동감을 부여하는 역할을 한다. 즉, 십이운성은 십신과 결부될 때 좀 더 구체적인 의미를 드러낸다. 그러나 다시 한 번 말하지만, 십이운성 그 자체에만 집착하는 것은 어리석은 행동이다.

그렇다면 십이운성이란 무엇인가? 십이운성이란 우주 만물의 생성과 소멸의 원리인 생로병사를 열두 단계로 요약한 것으로 절(絶), 태(胎), 양(養), 장생(長生), 목욕(沐浴), 관대(冠帶), 건록(建祿), 제왕(帝旺), 쇠(衰), 병(病), 사(死), 묘(墓)가 있다.

절(絶)은 정자와 난자가 만들어지는 순간을 말한다. 태(胎)는 정자와 난자가 만나는 순간이다. 양(養)은 여성의 몸 안에서 자라는 기간이다. 장생(長生)은 태어나는 순간, 목욕(沐浴)은 어머니의 보살핌을 받으며 성장하는 시기다. 목욕(沐浴)은 소장생(小長生)이라고도 한다. 그 목욕(沐浴)이 성장해서 18~20세의 육체적인 성장이 완성되는 시기를 "사모관대를 쓴다"는 의미로 관대(冠帶)라고 하고, 이후 자신의 뜻을 구현하는 시기는 건록(建祿), 그 건록(建祿)이 중년의 나이에 접어들어 인간 생의 정점에 이르는 시기를 제왕(帝旺), 정점을 거쳐 은퇴를 준비하는 시기를 쇠(衰)라 한다. 그리고 병에 드는 시기는 병(病), 죽은 상태는 사(死), 죽어서 땅으로 돌아가는 것은 묘(墓)라고 한다.

이렇게 정리해보면 좋고 나쁜 것이 있다고 여기기 쉽지만, 음

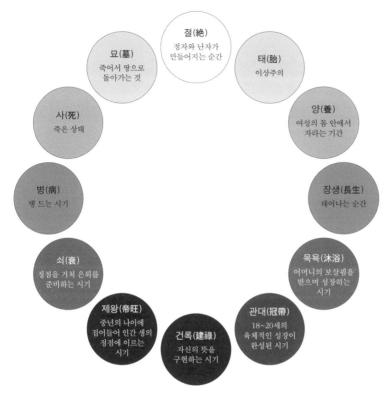

양오행이나 십신과 마찬가지로 십이운성 역시 좋고 나쁜 것은 없다. 단지, 우주의 생성부터 소멸까지의 순간을 표현한 명칭일 뿐이다.

그렇다면 십신과 십이운성의 차이는 뭘까? 십신은 음양오행에 기초해서 우주에 빗댄 인간의 성질을 말한다. 이에 비해, 십이운성은 탄생에서 죽음까지의 에너지의 준위를 나눈 속성을 말한다. 나이가 들다 보면, 어떤 것은 얻게 되고, 또 어떤 것은 잃게 된다. 육체의 힘은 약했다가 세졌다가 다시 약해지고, 정신적인 힘역시 무엇인가를 얻었다가 잃어가는 과정을 반복하면서 성장해간다. 이렇듯 인간이 구사하는 에너지의 단계는 참으로 복잡하고다르다.

십이운성은 어떻게 해석이 되는가? 물론 독자적으로 해석되는 것도 있지만, 가장 가까운 십신, 신살(神殺)과 함께 종합적으로 해석되어야 한다. 정재(正財)라고 다 같은 정재(正財)가 아니다. 물론 십신의 정재(正財)도 위치에 따라 다르지만 여기에 십이운성을 더하면 그 성격은 또 달라진다. 장생(長生)과 동반한 정재(正財)와 쇠(衰)와 동반한 정재(正財)가 같지 않다. 이러한 십이운성을 정교하게 설명한 책은 많지 않다. 아직까지는 미지의 영역이다. 지금 우리가 가는 길이 역사라는 마음으로 시작해보자. 한 사람의 지식으로는 힘들지만 함께 연구하고 다양한 토론을 거쳐 그 미지의 영역을 이해해보자. 이제부터 십이운성의 12단계를 하나씩 살펴보기로 한다. 자신의 원국 안에서도 그렇지만 특수관계인과의 관계에서도 영향을 발휘하기에 잘 살펴봐야 한다. 나의 일지, 월지의 십이운성과 상대의 일지, 월지의 십이운성을 비교해서 확인할 필요가 있다.

절(絶)

절(絶)은 십이운성의 시작이다. '끊어진다', '절단'이란 단어가 떠올라서 죽음을 떠올리기 쉽지만, 철학적인 개념으로 살펴야 한다. 절은 국면으로 보면 '전환의 힘'이고, 인간사로 보면 '결단의 힘'이

절(絶)
정자와 난자가
만들어지는 순간

다. 절은 앞의 모든 기록들을 불태우는 힘이다. 지켜야 할 약속들을 잘 지키는 힘, 불필요한 과거를 다 청산하는 힘이다.

인간이 자기를 파괴하는 요인 중 하나는 생산적이지 않은 과거에 얽매이는 것이다. 절(絶)은 이런 부분에서 확고하게 자기 극복의 능력이 있다. 절은 편재(偏財)의 성격을 가지고 있다. 약자에 대한 돌봄의 힘이 있다. 가톨릭의 수녀를 떠올리면 된다. 수녀가 서언을 하는 순간과 절은 맞닿아 있다. 세속과의 연결을 끊고 세상에 봉사하겠다고 선언하는 순간이 절과 비슷하다. 그러나 결단은 쉽지만, 실천은 어렵다. 그래서 타인에게 배신을 당하는 일이 많다.

절(絶)은 대운에 따라 길흉화복이 크게 바뀔 수 있는 힘이다. 풍부한 감정을 가지고 연애를 하는 경향이 있다. 원 나이트 스탠드(one-night stand)처럼 순간의 본능에 취약한 경향이 있다. 연하에 대한 애착이 큰 것도 절(絶)의 특징 중 하나이다.

절(絶)은 사업적으로 보면 스스로 새롭게 시작하는 힘이기에 자수성가와 고립무원의 극단적 기운을 암시한다. 양친이 불화하거나 가문이 몰락할 때 탄생할 가능성이 높아서 풍부한 양육을 받지 못함을 의미한다.

절(絶)은 다른 십이운성 중 목욕(沐浴)과 쇠(衰)를 만나면 길한 기운이 커지고, 건록(建祿)과는 트러블이 많다. 건록(建祿)은 30대의 기운이기에 다른 기운과 특별히 나쁠 것이 없다. 하지만 절(絶)과는 불편하다. 뻗어나가려는 힘과 새로 전환하려는 힘이 서로 맞지 않기 때문이다. 그렇다고 크게 흉한 것은 아니다.

편인	본원	비견	편재 ✱✱✱
戊	**庚**	**庚**	**甲**
寅	**寅**	**午**	**寅**
편재 △	편재	정관 △	편재 △
戊丙甲	戊丙甲	丙己丁	戊丙甲
절	절	목욕	절

정재	본원 ●	상관	정재
庚	**丁**	**戊**	**庚**
子	**酉**	**子**	**子**
편관 ●	편재	편관 ●	편관
壬癸	庚辛	壬癸	壬癸
절	장생	절	절

태(胎)

태(胎)는 아직 눈에 보이지 않지만 생명이 있는 건 사실이다. 가능성이 응집된 상태가 바로 태이다. 태는 이상주의를 상징한다. 그러나 현실성은 전혀 없는 이상주의자다. 일반적인 조직 생활에

태(胎)
이상주의

적응하기 힘들고, 모든 걸 가능하다고 생각해서 오히려 하나의 직업에 매진하기가 어렵다. 한 가지 일에 집중하고 고수하면 원하는 바를 성취할 수 있는 것 또한 태(胎)이다. 현실감은 부족하지만 부드러운 성격과 타인의 자유를 존중하는 힘이 있어 함께 사는 룸메이트로 좋다.

월주에 태(胎)가 있으면 기본적으로 수재다. 공부를 그리 열심히 하지 않아 보이는데 성적이 좋은 아이들 중에 태(胎)가 많다. 총명하고 문재(文才)가 뛰어나다. 반면에 색욕(色慾)이 많기에 주의해야 한다.

태(胎)는 약한 힘이라서 유년기에 허약한 경우가 많지만, 이 시기를 잘 극복하면 청년기 이후에는 건강함을 유지한다. 태(胎)는 관대(冠帶)와 병(病)을 만났을 때가 가장 좋지만, 제왕(帝旺)하고만 만나지 않으면 대부분 모두와 좋은 관계를 이룬다. 어느 한쪽의 일지에 태(胎)가 있고 다른 한쪽의 일지에 제왕(帝旺)이 있는 부부는 결코 사이좋기가 어렵다.

상관	본원	비견	정재
甲	癸	癸	丙
子	巳	巳	子
비견	정재	정재	비견
壬癸	戊庚丙	戊庚丙	壬癸
건록	태	태	건록

※※ ●	★★★●	※※●	★★★●
편재	본원	편재	비견
辛	丁	辛	丁
亥	亥	亥	未
정관	정관	정관	식신
●			
戊甲壬	戊甲壬	戊甲壬	丁乙己
태	태	태	관대

양(養)

양(養)은 온유한 성향이다. 자궁 안에서 열 달 동
안 있을 때보다 좋은 상황은 없다. 옛날에는 양자
로 가는 일이 많았다. 큰집에 남자아이가 없을 때,
작은집에서 큰집의 장남으로 가는 경우가 많았다.
이런 경우 어릴 때 유복하게 자랄 확률이 높았다. 지금은 그런 일
이 별로 없기 때문에 양이 있는 사람은 선대의 덕을 입는다 정도
로 해석해야 할 것이다. 재물이나 학업의 능력이나 성품이나 등
등 부모보다 윗대인 선대와 인연이 깊은 사람이다.

양(養)
여성의 몸 안에서
자라는 기간

　양(養)은 돋보이는 건 없어도 통상적으로 안온하고, 안정
된 삶을 산다. 빠른 속도로 무엇을 이룬다기보다는 순조롭게 진
전하는 힘이 있다. 그렇지만 양의 기운이 너무 강하면 마마보이
가 되거나 끈기가 없고 자기 뜻대로 안 되면 짜증을 내는 성향도
있다.

　월주에 양(養)이 있는 사람은 좋은 가정을 이루고 살다가 40
대 후반쯤 애정사에 휘말려 손재수 및 고초를 겪는 일이 생길

편인	본원	정재	정재
庚	壬	丁	丁
戌	午	未	未
편관	정재	정관	정관
辛丁戊	丙己丁	丁乙己	丁乙己
관대	태	양	양

비견	본원	편인	편재
庚	庚	戊	甲
辰	辰	辰	寅
편인	편인	편인	편재
乙癸戊	乙癸戊	乙癸戊	戊丙甲
양	양	양	절

수 있다. 망신살과 큰돈을 잃는 경우가 있을 수 있으니 주의해야
한다.

그렇다면 양(養)은 무엇과 만나야 할까? 십신 중에서는 정관
(正官)을 만날 때 가장 안정적이다. 반면에 자기 힘으로 돌파해
야 하는 비겁(比劫)을 만나면 가족과의 빈번한 이별 수, 사별 수
가 많다. 십이운성 가운데는 사(死)와 건록(建祿)을 만나면 좋아
서 사업이나 가정이 모두 조화롭다. 반면에 양(養)이 쇠(衰)를 만
나면, 양(養)의 특징이 없어지고 파란이 많다.

장생(長生)

장생(長生)은 탄생의 성이다. 장생(長生)의 키워
드는 '성장'과 '발전'이다. 담백한 성격 때문에 속이
훤히 들여다보일 정도로 투명하다. 태(胎)와는 다
른 총명함과 순수한 감수성이 있다.

장생(長生)은 또한 주변 사람을 즐겁게 만드는 힘이 있다. 반

> 장생(長生)
> 태어나는 순간

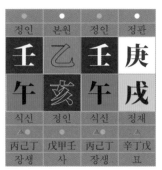

면에 큰일을 할 힘은 없다. 대담함과 통솔력이 부족해서 큰일을 감당하지 못하고 힘들어 한다. 따라서 남을 끌고 가기보다는 사심 없는 보좌역이 어울린다. 문과라면 예술, 이과라면 기술 방면이 좋다. 좋은 부모님을 만나는 것이 장생(長生)의 특징이다. 장생(長生)을 가진 이들은 부모로부터 좋은 기운을 받은 경우가 많다. 장남과 장녀가 많고, 차남과 차녀라도 장남과 장녀의 역할을 하는 경우가 많다. 부부 관계는 안정된 편이다.

장생(長生)은 좋아하는 관계가 많은 만큼 호불호가 크다. 장생(長生)은 십이운성 중 가장 좋은 건 묘(墓)와의 관계이고, 그 다음은 제왕(帝旺)과의 관계이다. 또한 장생(長生)은 양(養)이나 건록(建祿)과도 사이가 좋긴 하지만, 이는 정신적인 부분에만 해당하고, 물질적인 부분에서는 그리 썩 좋지 않다. 그리고 목욕(沐浴)과는 궁합이 가장 좋다. 장생(長生)이 꺼려하는 십이운성은 병(病), 태(胎), 쇠(衰), 관대(冠帶)로 이들과 만나면, 노고가 많고 심한 경우에는 트러블로 인해 인연 자체가 무너진다.

목욕(沐浴)

목욕(沐浴)은 가장 오해를 많이 받은 십이운성이다. 목욕을 하려면 옷을 벗어야 하기 때문에 음란한 것으로 인식하고 '도화'라고 부르기도 했다. 그러나 이것은 오해다. 목욕(沐浴) 대신 소장생(小長生)이라고도 부르므로, 장생(長生) 다음의 단계라고 인식하는 것이 맞다.

목욕(沐浴)
어머니의 보살핌을 받으며 성장하는 시기

아이의 시기를 지나 미운 일곱 살의 시기가 바로 목욕(沐浴)이다. 누군가를 흉내 내고, 커뮤니케이션을 시작하는 단계가 바로 목욕이다.

장생(長生)이 탄생의 기운이라면, 목욕(沐浴)은 급속한 성장의 기운이다. 십이운성 중 가장 섬세하다. 예술적 감수성과 재능, 직관성이 뛰어난 목욕은 사교성과 외교력 역시 뛰어나 국가와 기업 간의 교섭 능력이 매우 훌륭하다. 파티 플래너처럼 사교의 장을 만들어내는 일을 잘한다. 특히, 목욕(沐浴)은 왕성한 호기심이 있다. 이것은 양날의 검이어서 창조력을 극대화시키기도 하지만, 불필요한 호기심은 자칫 자신을 파괴시킨다. 넘어서는 안 될 영역, 즉 금기에 대한 호기심은 스스로를 망치므로 잘 다스려야 한다.

목욕(沐浴)은 일곱 살 아이가 사리 분별을 못하듯 일반적인 사회규범을 쉽게 무시하는 경향이 있는데, 미워할 수는 없지만 너무 어이없는 일을 저지르기도 한다. 또한 자신을 돋보이게 만들려는 사치스러움과 음욕, 호색의 성향이 있다. 무언가에 관심을 갖기 시작하면 집요할 정도로 집착하는 컬렉터(collector) 기질이 있는데, 그 수집욕이 사람으로 옮아오면 종종 곤란한 경우가 생긴다.

외부와 교섭하는 일, 예술적 감수성을 잘 발휘할 수 있는 방면의 일이 잘 맞는다. 취미로 시작한 일을 직업으로 선택하는 편도 나쁘지 않다. 다만, 배우자와의 인연은 제왕(帝旺) 다음으로 박하다.

상관	본원	정인	편인
甲	癸	庚	辛
寅	酉	寅	亥
상관	편인	상관	겁재
戊丙甲	庚辛	戊丙甲	戊甲壬
목욕	병	목욕	제왕

식신	본원	정관	비견
壬	庚	丁	庚
午	午	亥	辰
정관	정관	식신	편인
丙己丁	丙己丁	戊甲壬	乙癸戊
목욕	목욕	병	양

목욕(沐浴)은 모두와 잘 지낼 수 있지만, 쇠(衰)와 절(絶)의 기운을 좋아한다. 온화한 성격의 목욕(沐浴)이라면 쇠(衰)와 절(絶)이 발복(發福)의 기운이 될 수 있다. 목욕(沐浴)이야말로 21세기에 걸맞는 십이운성으로 재해석되어야 한다고 생각한다.

관대(冠帶)

관대(冠帶)는 청년의 성(星)으로, 대학교 1학년생처럼 자존심이 상징이다. 우리는 시기마다 자주 쓰는 말이 있다. 유치원에 다닐 때는 "우리 엄마가 그러는데……"라는 말을 자주 쓰고, 초등학교 때

> 관대(冠帶)
> 18~20세의
> 육체적인 성장이
> 완성된 시기

는 "우리 선생님이 그러는데……"를, 중·고등학교 때는 "내 친구가 그러는데……"를 자주 사용한다. 그런데 대학생이 되면, "내 생각에는……"으로 첫마디를 시작한다. 스무 살 청년의 기운으로 십이운성 중 가장 직진성이 강한 에너지를 품고 있다. 좌충우돌의 업 앤드 다운(up and down)을 피할 수는 없지만, 가난한 가문에 태어나도 스스로 입신양명할 수 있는 힘이 있다.

관대(冠帶)는 자기를 중심으로 생각하기에 적을 만들기 쉽다. 타인에 대한 비판도 잘하고, 자신을 정당화하는 데에도 강하다. 따라서 주의해야 한다.

관대(冠帶)는 힘이 좋고, 정면 돌파로 원하는 것을 잘 얻는다. 따라서 타인의 질투를 받기도 한다. 예체능계에서 두각을 나타내고, 남녀에 관계없이 용모가 좋으며 재능이 뛰어나다. 하지만 부부 생활에서는 애로가 있다. 강하고 급한 성격 때문에 필요 없는 재앙을 초래하고, 부부 사이에서도 사소한 일로 파란을 만드는 일이 많다. 좌충우돌의 힘이 크기에 민형사상의 문제가 크다. 요약하자면, 힘은 있는데 성숙하지 않은 힘인 셈이다. 관대(冠帶)가 두 개 이상이라면 운동을 해서 자신의 힘을 빼기를 권한다. 힘을 뺄수록 자신의 성격도 좋아지고, 타인과의 관계도 원활해진다.

관대(冠帶)는 십이운성 중 병(病)과 태(胎)를 만나서 부부의 연을 이루는 것이 가장 좋다. 서로 협력적이기 때문이다. 그러나

관대(冠帶)가 만나서는 안 되는 십이운성은 묘(墓)이다. 이 둘은 어떤 경우에도 서로 충한다. 자신의 원국 안에 관대(冠帶)가 있고, 특수 관계인의 원국 안에 묘(墓)가 있을 때, 자신의 원국 안에 묘(墓)가 있고, 특수 관계인의 원국 안에 관대(冠帶)가 있는 경우, 트러블이 생길 수 있으니 조심하는 게 좋다.

건록(建祿)

건록(建祿)은 건강할 건(建) 자와 녹봉의 록(祿) 자를 쓴다. 자신의 가치에 맞는 돈을 버는 40대 장년의 힘이다. 청년의 직진의 힘을 넘어서 인생의 희비를 모두 맛본 후 그 힘으로 자신의 기운을 펼

> **건록(建祿)**
> 자신의 뜻을
> 구현하는 시기

치는 힘을 말한다. 키워드는 '자수성가'. 사업가의 가문에서 태어날 가능성이 크지만, 아버지의 사업을 물려받기보다는 스스로 일을 일으키는 힘이 강하다. 자신감이 강하고 자신의 능력과 지식이 있다고 생각하기 때문에 다른 사람의 말을 잘 듣지 않는다. "따

지지 말고 내 말만 들어!"라는 말을 자주 사용한다. 사교성이 부족하고 편굴(偏屈)한 성격으로 내가 만난 사람들의 십이운성 중 이혼율이 두 번째로 높다. 제왕(帝旺)만큼 배우자 부재의 수가 많고, 배우자가 있더라도 서로 소 닭 보듯 하는 관계일 확률이 높다.

건록(建祿)이 강한 사람은 집 밖으로 나가야 한다. 특히, 월주에 건록이 강한 데도 집 안에 있으면 우환거리가 된다.

일주에 건록(建祿)이 있으면 정록(正祿)이라고 하는데, 학문과 예술 방면에 큰 힘을 발휘한다. 건록(建祿)은 자신의 힘이 세기에 일찍 결혼하기보다는 세상을 많이 경험한 후에 늦게 결혼을 하면 더욱 안정적으로 품위 있게 살 수 있다. 다만, 거처를 자주 바꿔서 삶의 안정성은 다소 결여되어 있다. 건록(建祿)을 가졌는데 20대 이전에 유복한 환경에서 자랐다면 조심하는 것이 좋다. 중년 이후에 파란과 곡절이 생길 수 있기 때문이다. 반면에 20대에 힘들었다면 40대에 발복의 기운이 오기도 한다. 건록(建祿)은 사방으로 펼치는 힘이기에 대부분의 십이운성과 큰 문제는 없다. 건록(建祿)의 최고의 파트너는 사(死)와 양(養)인데, 특히 양(養)은 어떤 경우에도 합을 이루기에 가장 좋다.

정재	본원	편재	정관
戊	乙	己	庚
寅	卯	卯	寅
겁재	비견	비견	겁재
戊丙甲	甲乙	甲乙	戊丙甲
제왕	건록	건록	제왕

정관	본원	정재	정인
癸	丙	辛	乙
巳	戌	巳	巳
비견	식신	비견	비견
戊庚丙	辛丁戊	戊庚丙	戊庚丙
건록	묘	건록	건록

제왕(帝旺)

제왕(帝旺)은 십이운성 중 가장 센 힘이다. 왕성함이 제왕(帝旺)과 같다는 뜻이다. 이름은 좋아 보이지만, 심사숙고가 필요하다. 일지와 월지에 제왕(帝旺)과 건록(建祿)이 있는 원국은 봉건사회

제왕(帝旺) 중년의 나이에 접어들어 인간 생의 정점에 이르는 시기

에서는 명예와 재물을 다 취할 수 있다고 해서 최고로 쳤다. 그러나 일지와 월지에 제왕(帝旺)이 있다면 따돌림을 당하거나 고립되기 쉽다는 점을 꼭 기억해둬야 한다. 제왕(帝旺)은 자신이 속한 조직의 우두머리가 되고 싶은 욕망이 강해서 허세와 의리를 강조하고 낭비가 심하다. 자신의 야망과 공명심을 지키기 위한 지출이 많아서 가족들에게 좋은 평가를 받기 어렵다.

　개인주의적 성향은 크지만 힘이 약한 사람들은 보통 타인과 어울리며 조화를 이루려고 애를 쓰기 마련이다. 하지만 제왕(帝旺)이 있는 사람은 자신밖에 모르는 개인주의적 성향이 큰 데다 자신의 힘도 너무 강해서 비타협적인 길을 걷기 쉽고, 이로 인해 사회적으로 고립되기도 쉽다. 일주나 월주에 겁재(劫財)와 제왕(帝旺)이 있다면, 십신과 십이운성 중 강한 힘이 모두 있는 셈이니, 특히 사회적 관계에 주의해야 한다.

　제왕(帝旺)이 연주와 월주에 있으면 자수성가의 기운이 강하지만, 일주에 있으면 오히려 부부의 인연도 박하고, 직장도 한자리를 지키기가 어렵다.

　제왕(帝旺)은 반드시 자리를 지켜야 하는 직업을 택하는 것이 좋다. 국가고시를 통해 공무원이 되거나 의사, 공인중개사 등 자격증을 가지고 있는 것이 좋다. 실제로 뛰어난 의사들 중에 제왕(帝旺)의 기운이 큰 사람들이 많다.

　제왕(帝旺)이 시주에 있는 경우, 일주와 월주에 있는 경우에 비해 상대적으로 그 힘이 약하다. 그렇다고 그 힘을 무시할 수는 없다. 결국은 문제를 일으키는데 이들의 가장 큰 문제는 안하무인이라는 것이다. 특히, 무능력한 사람에 대해서는 폭력적일 만큼 증오심을 보인다. 이것은 자칫 약자에 대한 무자비함으로 드러나기도 한다. 가장 유순한 경우는 정재(正財)와 제왕(帝旺)이 만난

식신	본원	비견	상관
己	丁	丁	戊
酉	巳	巳	寅
편재	겁재	겁재	정인
▲	▲	▲	
庚辛	戊庚丙	戊庚丙	戊丙甲
장생	제왕	제왕	사

편인	본원	정관	비견
庚	壬	己	壬
子	申	酉	子
겁재	편인	정인	겁재
▲	▲		
壬癸	戊壬庚	庚辛	壬癸
제왕	장생	목욕	제왕

경우다. 이런 경우 의외로 처가살이를 하거나 부인에게 의지하는 성향도 보인다. 십이운성 중 태(胎)하고는 좋지 않다. 일지와 월지에 제왕(帝旺)이 있는데 옆에 태(胎)가 있으면 살면서 큰 애로와 풍파를 겪는 일이 잦다. 자신만이 아니라 특수 관계인의 일주와 월주와 비교해서 제왕(帝旺)과 태(胎)가 각각 있다면 그 관계역시도 어려움이 많다.

쇠(衰)

제왕(帝旺)이 기운의 정점이라면 쇠(衰)는 50대 초로의 쇠락하는 기운이다. 십이운성 중 '쇠(衰)·병(病)·사(死)·묘(墓)·절(絶)'은 그 이름 자체에서 거부감을 느끼는 경우가 많은데, 그건 오해다.

쇠(衰)
정점을 거쳐 은퇴를
준비하는 시기

쇠(衰)는 해가 서산으로 질 때 느껴지는 분위기를 떠올리면된다. 그 분위기는 고독함이다. 제왕(帝旺)의 고독과는 달리, 쇠(衰)의 고독은 홀로 자신에 대한 성숙한 인식에 이르는 고독함이

209

다. 지혜로운 성찰을 통해 얻어지는 것이다. 온후함과 담백함, 그리고 견실함이 성격상 특징이다. 아직 뭔가를 잘 모르는 장생(長生)의 담백함과 달리 쇠(衰)의 담백함은 모든 것을 알고 난 후의 것이다. 자급자족의 운명이며, 목욕(沐浴)과는 달리, 사교성이 떨어져 매일매일 사람을 상대로 하는 일보다는 기술과 연구 등 홀로 하는 분야가 직업적으로 적합하다.

정점에서 기울어가고 있으나 그 이전 제왕(帝旺)이 갖는 기운이 조금은 남아 있어 일생에 한번 크게 사고를 치기도 한다. 예를 들면, 평생 합리적으로 소비생활을 하던 사람이 어느 날 딱 한번 크게 '지른' 뒤 엄청나게 후회하는 경우처럼 그렇다. 그러니 욱하는 마음으로 어떤 일을 벌이지 않도록 조심해야 한다.

쇠(衰)는 남 앞에 나서는 일은 싫어하는데, 간혹 분수에 넘치게 남을 도우려는 경향이 있다. 타인에게 도움을 주고 오히려 고초를 겪는 일이 많으니, 도움을 베풀 때는 주의해야 한다.

쇠(衰)는 절(絶), 목욕(沐浴), 건록(建祿)과 만나면 가장 좋다. 건록(建祿)이나 제왕(帝旺)을 끼고 있으면 중년 이후 재난을 피하고, 자신이 원하는 것을 빨리 얻는 에너지가 있다. 대운과 특수 관계인에게 건록(建祿)과 제왕(帝旺)이 있으면 가장 큰 시너지 효과를 낸다.

반면에 쇠(衰)가 병(病), 사(死), 절(絶) 등 자신보다 약한 힘을 만나면 단명하거나 큰 지병으로 평생을 고통스럽게 살 수 있다. 또한 양(養)과 만나면 어려움이 많다.

연지와 월지에 쇠(衰)가 있으면 유년기 때 정서적으로나 경제적으로 부족했던 상황이었을 수 있다. 그러다 중년기 이후에는 비교적 안정적으로 발전하는데, 자기 삶과 리듬이 다른 엉뚱한 곤란으로 고초를 겪는 경우도 있다. 따라서 쇠(衰)를 가진 사람은 살아오던 방식에서 벗어나 큰 타격을 입을 가능성이 있다는 걸 염두에 둘 필요가 있다. 원래 자기 세계에 갇혀 살던 사람들이 사고를 치면 큰 사고가 되는 법이다.

병(病)

쇠(衰)하고 나면 병(病)이 찾아온다. 연주에 병(病)이 있는 사람은, 특히 주의해야 한다. 살면서 병으로 인해 큰 고초를 겪는 일이 단 한번은 있기 때문이다. 잔병치레도 많고 결단력도 떨어지기는

병(病)
병 드는 시기

하지만 그 외에 기본적으로 병(病)은 도화의 기운을 가지고 있어 타인에게 많은 관심과 사랑을 받는다. 연예인들 중에서도 병(病)이 있는 이들이 많다. 공동체가 잘되기 위해서는 병(病)을 가진 사람들이 많아야 한다.

병(病)은 타인에 대한 동정심과 배려심이 크고, 역지사지와 이심전심이 잘되는 성향이 많다. 다만, 일지와 월지에 병(病)이 있으면 의지박약인 경우가 있다.

흥미로운 것은 병(病)이 식신(食神)과 만나면 완벽한 게으름과 의지박약이 만나는 셈인데, 이런 경우 아이러니하게도 화목한 가정을 이룬다.

힘이 아무래도 떨어져 육체적인 에너지를 필요로 하는 일들에는 경쟁력이 떨어지고, 25세 전후를 잘 넘기는 것이 중요하다.

211

잔병치레도 잦고 큰 병에 걸릴 가능성도 크기 때문에 자녀의 원국에 병(病)이 있으면 신경을 좀 쓸 필요가 있다.

병(病)은 배우자의 운이 좋긴 한데 조금 독특하다. 초혼보다는 재혼의 성공률이 높기 때문이다.

병(病)은 십이운성 중 태(胎)나 관대(冠帶)와 만났을 때가 가장 좋은데, 원국 안에 태(胎)나 관대(冠帶)가 있으면 좋은 파트너십을 이룬다. 병(病)에게 큰 트러블이 생기는 것은 장생(長生)과 만났을 때이다.

사(死)

병이 들고 나면 죽는다. 죽는다는 건 움직임을 멈춘다는 것이다. 그러니 사(死)는 정지(stop)의 운성이다. 사(死)는 성격이 야무지고 준비성이 철저하며, 타고난 재능이나 기질이 아닌, 후천적인 노력에 의해 뭔가를 성취하는 전형적인 외유내강형이다. 그러니 사

사(死)
죽은 상태

(死)를 가진 사람들을 쉽게 보면, 큰코다친다. 이런 사람들은 자신들이 보기에 어설픈 사람에게는 까다롭고 고약하게 대하는 경우가 많기 때문이다. 알고 보면 마음이 여리지만 자기 기준은 명확한 것 또한 사(死)의 특징이다.

제한된 공간에서 집중적으로 하는 일에 강한 힘을 보이는데, 쇠(衰)가 연구 분야에 적합하다면, 사(死)는 테크니컬한 부분에 적합하다. 사교적인 일보다는 전문적인 분야에 유리해서, 문과로 보면 예술, 이과로 보면 기술 분야에 잘 맞는다. 특히, 상관(傷官)과 사(死)가 만나면 글을 쓰는 작가나 뭔가를 세공하는 장인, 수술을 주로 하는 집도의 등과 같이 정밀한 분야의 직업을 갖는 것이 좋다.

일주에 사(死)가 있으면 청년기에서 장년기 사이에 어려움이 크다. 똑같은 조건에서 똑같은 일을 당해도 더 큰 고통과 부당함을 느끼기 때문이다. 하지만 이것을 잘 이겨내면 큰 지혜로 바뀌어 전화위복이 될 수 있다.

사(死)는 십이운성 중 건록(建祿)이나 묘(墓)와 잘 맞는다. 그리고 사(死)와 건록(建祿)이 만났을 때 건록(建祿)이 사(死)의

식신	본원	식신	식신
壬	庚	壬	壬
午	子	子	子
정관	상관	상관	상관
●●●	✳	✳	✳
丙己丁	壬癸	壬癸	壬癸
목욕	사	사	사

식신	본원	식신	식신
壬	庚	壬	壬
午	子	子	寅
정관	상관	상관	편재
●●	✳	✳	△
丙己丁	壬癸	壬癸	戊丙甲
목욕	사	사	절

말만 듣는다면 가족이든 회사든 좋은 기운을 얻을 수 있다. 반면에 사(死)가 목욕(沐浴)을 만나면 생이별 수가 많다. 또한 사(死)가 병(病), 절(絶)과 나란히 있으면 만년이 외롭거나 의식주가 풍부하지 못할 수가 있다.

묘(墓)

우리는 모두 죽으면 자연으로 돌아간다. 저축의 힘인 묘(墓)가 있는 사람에게는 한번 재물이 들어가면 다시 밖으로 나오지 않는다. 가계부를 열심히 쓰는 성향이라 연간 저축 대상을 받는 사람들 중에는 묘(墓)가 있는 이들이 많다.

묘(墓)
죽어서 땅으로
돌아가는 것

예를 들어보자. 800만 원이라는 돈이 거저 생겼다고 하자. 그 돈을 어떻게 사용하는가에 따라 그 사람의 성향이 드러난다. 묘(墓)가 있는 사람은 어떤 수단을 써서라도 200만 원을 더 구해 1,000만 원을 채운다. 장생(長生)이 있는 사람은 800만 원을 그대로 저축한다. 사(死)가 있는 사람은 800만 원 중 300만 원은 쓰고, 500만 원만 저축한다. 목욕(沐浴)이 있는 사람은 800만 원을 모두 다 써버린다. 제왕(帝旺)이 있는 사람은 800만 원에 200만 원을 더 빌려서 파티를 연다.

묘(墓)는 모든 것을 계획하는 철두철미함이 있다. 대기만성형의 표본이다. 시작은 미약하지만 끝까지 살아 남아 대기만성을 이룬다. 묘(墓)가 있는 사람이 살림을 하면 살림을 알뜰히 꾸리는 경향이 강해 안심이 된다. 묘(墓)가 강한 여성들은 자신의 의지와 관계없이 장남과 결혼하는 경우가 많다.

묘(墓)가 연주에 있다면 남녀를 불문하고 가업을 일으킬 정도의 잠재력이 있다. 일주에 묘(墓)가 있다면 그 사람이 하는 말과 그 뒤가 다르고, 복잡한 내면이 있다. 즉, 의도와 취향을 알 수 없는 미스터리한 면을 가지고 있다. 이런 성향은 어릴 때는 매력적일 수 있으나, 중년 이후에는 애매모호한 견제와 견책을 받을 경향이 크다.

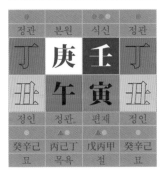

　묘(墓)는 자연으로 돌아가는, 즉 인간계와 결별하는 힘이기에, 묘(墓)가 두 개 이상 있으면 만년의 고독을 피하기 어렵다. 따라서 중년부터 대비가 필요하다. 주변에 사람을 잘 모으고 조직해서 노년이 외롭지 않도록 관리하는 것이 좋다.

　월주 묘(墓)는 묘(墓) 중에서 유일하게 모든 일을 지휘하는 리더십이 있다. 묘(墓)가 가장 꺼리는 파트너는 관대(冠帶)이다. 묘(墓)와 관대(冠帶)는 어떤 경우에도 좋지 않다. 부부 관계에서도 인연이 박하다. 그러나 나이 들어서 만나면 서로에게 좋은 인연이 될 수도 있다. 묘(墓)는 묘(墓)끼리도 싫어하는 경우가 많다. 묘(墓)가 가장 사랑하는 파트너는 장생(長生)과 제왕(帝旺)으로, 이성 간의 애정을 포함해서 비즈니스까지 좋은 호흡을 이룬다.

　지금까지 십이운성을 하나씩 살펴보았다. 정리하자면, 기운이 강한 것은 길흉이 크고, 기운이 약한 것은 별 볼 일 없어 보이긴 하지만 실속은 강하다. 그렇다면 좋고 나쁜 것이 따로 있을까? 앞에서도 말했지만, 그런 건 없다. 십이운성끼리 조화를 이루는 것이 중요할 뿐이다. 그러니 각각의 특성과 힘이 서로 다른 십이운성이 어떻게 조화를 만들어내는지를 잘 이해하는 것이 무엇보

215

다 필요하다.

그렇다면 십이운성이 십신과 만나면 어떤 의미를 만들어낼까? 이 부분에 대한 연구는 아직까지 심하게 빈약하다. 지금부터 이야기하는 내용은 기존의 빈약한 연구를 토대로 역시 빈약한 나의 임상 경험을 더한 것이다. 앞으로 훨씬 더 많은 연구가 이루어져야 할 것이다. 자, 그럼 하나씩 살펴보기로 하자.

절(絶)과 십신의 만남

절(絶)+비견(比肩)	형제 및 일가친척과 인연이 매우 약하고 사별 수도 있다.
절(絶)+겁재(劫財)	진로를 바꾸면 큰 성취를 이룬다. 이 경우 독선에 빠지기 쉬운데, 고집을 부리면 좋지 않은 결과를 보기 쉬우니 주의해야 한다.
절(絶)+식신(食神)	환경은 좋지만 살면서 한번쯤은 어려움을 겪는다. 이 어려움만 잘 대비해서 넘기면 신장(伸張)의 기운을 얻는다.
절(絶)+상관(傷官)	국면 전환의 능력이 뛰어나다. 친족이나 지인을 도우려다 곤경을 치를 수 있으니 주의해야 한다.
절(絶)+편재(偏財)	부친과의 인연은 극히 박하고 일찍 성공을 거두는 힘이 강하나 중년기 들어서 성패의 극단을 오갈 가능성이 농후하다. 우울증을 조심해야 한다.
절(絶)+정재(正財)	중년 이후 큰 고난을 겪는다. 남녀 모두 배우자 혹은 부친과 일찍 사별할 기운이 강하다.
절(絶)+편관(偏官)	미모와 정력이 뛰어나다. 주거가 불안하고, 배우자 혹은 자녀와의 이별 수가 있다.
절(絶)+정관(正官)	자신과 가문의 명예를 잃을 수 있다.
절(絶)+편인(偏印)	부모 형제로부터 고립될 가능성이 있다.
절(絶)+정인(正印)	소소한 파란은 있지만 부모의 도움 없이 안정된 삶을 구축할 힘이 있다.

태(胎)와 십신의 만남

태(胎)+비견(比肩)	장남으로 태어나도 부모와 타향 별거의 운이 강하다.
태(胎)+겁재(劫財)	가정 내 불안 요소가 많다. 이복형제의 수가 높다.
태(胎)+식신(食神)	부모덕이 크고 친구나 직장 인덕이 밝으나, 사소한 말실수로

	깨지는 경우가 많다.
태(胎)+상관(傷官)	기복과 파란이 많으나 처가나 시가에 의탁한다면 큰 도움이 있을 수 있다.
태(胎)+편재(偏財)	자수성가형이다. 돈의 입출금이 빈번하여 산만하긴 하지만 큰 애로는 없다.
태(胎)+정재(正財)	안정된 가문에서 성장할 가능성이 높고 인생 전반에 걸쳐 순조롭다. 남녀 모두 배우자의 도움을 크게 받는다.
태(胎)+편관(偏官)	부유한 가문에서 태어날 가능성이 크고 평생 기쁨이 많다. 성격도 밝고 싹싹하며 누구와도 잘 어울려 지낸다.
태(胎)+정관(正官)	명문가 출신일 가능성이 높고, 뛰어난 재능과 타인의 도움으로 일취월장한다. 가족과 친구들로부터 두터운 사랑과 신망을 얻는다.
태(胎)+편인(偏印)	생모와의 인연이 박하지만 한 분야에서 번뜩이는 재능을 지닌 경우가 많다. 변덕만 잘 통제된다면 그 분야의 일가를 이룰 힘이 있다.
태(胎)+정인(正印)	가장 안정적이며 평화로운 가정을 유지할 기운이 강하다.

양(養)과 십신의 만남

양(養)+비견(比肩)	형제와 헤어지거나 혹은 이복형제가 있음을 암시한다.
양(養)+겁재(劫財)	한 분야에서 특출한 재능을 발휘할 잠재력이 크다.
양(養)+식신(食神)	부유한 가정에서 태어나 크게 더 일으키지 않아도 주어진 것을 잘 지키며 산다. 귀인이 임하면 일생 평탄한 기운이 크고, 예술이나 요리, 패션 등에서 탁월한 감각을 발휘한다.
양(養)+상관(傷官)	조모나 숙모 밑에서 자라면 평생 안락하게 지낸다. 전문직이 잘 맞는다.
양(養)+편재(偏財)	부친이나 본인이 양자일 가능성이 높다. 또한 부성애 혹은 모성애가 강하다. 재능을 품고 있으나 드러내지 않는 경향이 있다.
양(養)+정재(正財)	부유한 집안에서 태어나고, 배우자 역시 좋은 집에서 자란 이를 만난다.
양(養)+편관(偏官)	넉넉한 가정에서 귀한 자식으로 태어난다. 집안의 극진한 사랑을 받고 성장한다.
양(養)+정관(正官)	온건하고 착실한 성품으로 단계를 제대로 밟아나가면 지도자의 자리에 오르는 힘이 있다.
양(養)+편인(偏印)	파란이 많으나 편업(偏業, 비생산 업무에 종사하여 생활의 자원인 금전·재화의 보수를 받는 일)에 종사하면 크게 성공할 힘을 가지고 있다. 특히, 여성을 상대로 하거나 여성과 같이

	일하는 경우가 그러하다.
양(養)+정인(正印)	농공업 가문에서 태어날 가능성이 높은데 그 가업을 계승하면 발전시킬 힘이 강하다.

장생(長生)과 십신의 만남

장생(長生)+비견(比肩)	유년기에는 평안하나 중년에 접어들면 한두 차례 파문을 겪는다.
장생(長生)+겁재(劫財)	형제 사이의 단결력이 매우 강하다.
장생(長生)+식신(食神)	평생 풍요롭게 살면서 타인의 호감과 사랑을 받는다. 단, 너무 자기주장이 강하거나 자기 본위로 행동해서 구설수에 오르거나 일을 그르치는 경우가 있다. 다방면에 뛰어난 재능을 갖고 있으나 조직에 적응하는 힘은 떨어지고 더군다나 앞장서서 지휘할 그릇은 못 되지만 납득할 만한 파트너 혹은 상사를 만난다면 훌륭한 성과를 낼 것이다.
장생(長生)+상관(傷官)	파란이 많다. 하지만 파란이 많을수록, 특히 예술 방면에서 큰 성공을 거둔다.
장생(長生)+편재(偏財)	부모의 은덕으로 자신의 분야에서 재능을 발휘할 힘이 강하다.
장생(長生)+정재(正財)	부잣집에서 태어날 가능성이 높다.
장생(長生)+편관(偏官)	훌륭한 상사를 만나면 영광을 누릴 운이지만, 고립되거나 우울해지면 만사가 피곤하다. 초혼보다는 재혼이 좋고, 집 안에 머물지 말고 밖에서 활동하면서 도전을 즐겨야 한다.
장생(長生)+정관(正官)	가업을 계승하면 사회적 신망을 두텁게 쌓을 기운이다.
장생(長生)+편인(偏印)	계모 밑에서 자랄 수 있다. 엔터테인먼트 방면의 재능이 뛰어나다.
장생(長生)+정인(正印)	좋은 친구와 자상한 상사를 만난다.

목욕(沐浴)과 십신의 만남

목욕(沐浴)+비견(比肩)	형제들의 성쇠와 파란이 빈번하다.
목욕(沐浴)+겁재(劫財)	거주할 곳이 어렵고, 형제자매 모두 가난하게 사는 기운이 있다.
목욕(沐浴)+식신(食神)	음란, 호색의 힘이 강하나 예술적 감수성은 십이운성 중

	가장 탁월하다.
목욕(沐浴)+상관(傷官)	태어날 무렵 집안이 불안정하면 경박한 경향이 높지만 예술적, 기술적 감각은 매우 뛰어나다.
목욕(沐浴)+편재(偏財)	뛰어난 연애감각을 지니고 있으며 사람을 대하는 직업에선 발군의 기량을 발휘한다.
목욕(沐浴)+정재(正財)	풍류남인 부친으로 인해서 소년기에는 불운하고 병약한 기운도 있다. 일주가 아닌 다른 곳에 정재(正財)와 목욕(沐浴)이 합을 하면 결혼 후 배우자의 바람기로 인해 고생할 수도 있다. 하지만 식상(食傷)이 주변에서 도우면 알뜰한 부자의 명운이 강하다.
목욕(沐浴)+편관(偏官)	총명함과 현명함이 있다. 재성(財星)이 동반하면 중년 후에는 대길(大吉)의 운이 열린다.
목욕(沐浴)+정관(正官)	상속 문제로 트러블이 있고, 주변으로부터 소외당하는 불운이 있다.
목욕(沐浴)+편인(偏印)	중년 이후 신상의 성패가 굴곡이 강하다.
목욕(沐浴)+정인(正印)	천간에 편관(偏官)이 있으면, 공무원인 경우에는 높은 지위까지 오를 가능성이 높다. 정인(正印) 주변에 편관(偏官)이나 정관(正官)이 없고, 원국에 정인(正印)이 두 개 이상이 있으면, 집중력이 부족해서 목표한 바를 이루기 힘들다.

관대(冠帶)와 십신의 만남

관대(冠帶)+비견(比肩)	형제간에 우애가 깊다. 어릴 때부터 천재 소년이라는 평판이 따라다니는 경우가 많고 결혼해서도 양가의 가운을 끌어올리는 능력을 발휘하는 경우가 많다.
관대(冠帶)+겁재(劫財)	비범한 재능을 가지지만 그 재능의 성패는 극단적이다.
관대(冠帶)+식신(食神)	자신의 힘으로 평생 안락하게 살 수 있지만, 자식 운은 별로 없다.
관대(冠帶)+상관(傷官)	재성(財星)이 있으면 사업 운이 매우 좋다. 재혼 혹은 재취의 운도 강하다.
관대(冠帶)+편재(偏財)	사업가 집안에서 성장한다. 가업을 계승하면 성공할 수 있고, 남녀 모두 좋은 배우자를 만나는 운이 있다.
관대(冠帶)+정재(正財)	명문가에서 성장하는 호강의 팔자다.
관대(冠帶)+편관(偏官)	자아가 강하고 부모의 권세가 없으면 여자라도 능히 가족을 일으키는 힘이 있으나, 가문이 위세가 있으면 그 배경을 악용하여 패가할 힘도 강하다.
관대(冠帶)+정관(正官)	계획 수립의 능력이 탁월하다. 남녀 모두 어진 배우자를 만나는 힘이 있다.

관대(冠帶)+편인(偏印)	예술 혹은 전문직 프리랜서, 자영업으로 특출하다. 단, 독자적으로 사업을 꾸리면 실패할 가능성이 커진다.
관대(冠帶)+정인(正印)	학풍이 강한 가문에서 태어나고, 지위와 명예를 얻을 운이 강하지만 자존심으로 많은 기회를 놓치기도 한다.

건록(建祿)과 십신의 만남

건록(建祿)+비견(比肩)	일지에 비견(比肩)과 건록(建祿)이 있으면 장자로 태어나거나 뭔가를 세운다. 연주·월주·일주에 비견(比肩)과 건록(建祿)이 있으면 기본적으로 사업가 혹은 경제계 집안에서 태어나는데 가업을 계승하기보다는 독자적으로 꾸려나가는 힘이 강하다. 시주에 건록(建祿)이 있으면 형제 혹은 자녀의 힘을 얻을 기운이다.
건록(建祿)+겁재(劫財)	속박을 거부하고 극적으로 자유로움 추구한다. 발상이 비범하다.
건록(建祿)+식신(食神)	의식주의 구애가 없고, 여자인 경우에는 좋은 사위를 만날 확률이 높다. 남자인 경우에는 풍류객의 면모가 크나 행동에 절도가 있다.
건록(建祿)+상관(傷官)	자수성가의 운이 크다. 부모의 도움은 없다.
건록(建祿)+편재(偏財)	부모의 덕 아래 사업이 발전한다.
건록(建祿)+정재(正財)	어려서부터 행운이 크고 가업을 번창시킬 운과 내조의 힘이 크다.
건록(建祿)+편관(偏官)	남을 지배하는 자리에 오를 운이다.
건록(建祿)+정관(正官)	'대인배'의 성품을 지녔으나, 평생 파란이 따라다니고, 말년이 매우 힘들다.
건록(建祿)+편인(偏印)	자유업에 강하다.
건록(建祿)+정인(正印)	부모의 덕을 누리지만 정작 자신은 부모에게 걱정과 누를 끼친다.

제왕(帝旺)과 십신의 만남

제왕(帝旺)+비견(比肩)	건록(建祿)과 마찬가지로 일주에 있으면 장자로 태어나거나 뭔가를 세우지만 태어난 곳을 떠나 타향에서 사업을 이루는 특징이 있다.
제왕(帝旺)+겁재(劫財)	배우자가 바뀔 가능성이 있다.

제왕(帝旺)+식신(食神)	주변에서 베푸는 후원과 은혜가 커서 부귀까지는 아니어도 평생 안락하게 지낸다.
제왕(帝旺)+상관(傷官)	살면서 한번 큰 어려움을 당하나 말년에는 영예를 누린다.
제왕(帝旺)+편재(偏財)	유년기에 부모의 사랑은 받지만, 부모의 덕은 없다.
제왕(帝旺)+정재(正財)	제왕(帝旺) 중 유일하게 안정된 힘이다.
제왕(帝旺)+편관(偏官)	실력에 비해 기회를 잘 잡지 못하지만 대운이 임하면 불타게 타오른다. 남녀 모두 독신 수가 강하나 정작 본인은 개의치 않는다.
제왕(帝旺)+정관(正官)	공무원이나 대기업에서 근무한다면 최고의 지위에 오를 가능성이 크다. 제왕(帝旺) 중 유일하게 자식 덕이 있다.
제왕(帝旺)+편인(偏印)	의붓아버지 밑에서 성장할 가능성이 크고, 전공을 바꾸거나 전공이 아닌 분야에서 뭔가를 할 때 자신만의 성취의 힘이 더욱 커진다.
제왕(帝旺)+정인(正印)	사회적으로 지도자의 자리에 오를 기운이 크지만 자리에 오른 후 인정에 끌려 한두 번의 곤경을 당하게 되니 조심해야 한다. 일주에 정인(正印)과 제왕(帝旺)이 있을 때, 특히 그렇고, 이것이 연주와 일주에 있으면 넉넉한 가문에서 태어날 것이다. 다만, 모친의 주장과 치맛바람이 강할 수 있다.

쇠(衰)와 십신의 만남

쇠(衰)+비견(比肩)	형제자매와의 인연이 박하다. 일간과 (같거나 일간을 생해주는) 오행이 많으면, 본인은 성취를 이루지만 형제자매의 삶이 힘들어서, 자신이 형제자매들에게 경제적·심리적 지원을 해줘야 하는 가능성이 높다.
쇠(衰)+겁재(劫財)	유년기 집안이 몰락할 가능성이 있으나, 중년 이후에는 본인을 포함한 동기간 모두 안정을 이룰 기운이 높다.
쇠(衰)+식신(食神)	부잣집에서 태어나 큰 어려움 없이 순탄하게 사는 것이 특징이다. 단, 부모로부터의 우환이 생길 수 있다.
쇠(衰)+상관(傷官)	외조부 밑에서 성장할 가능성이 있다. 하나의 분야를 깊이 파면 큰 성취를 이룰 힘이 있지만 관심 분야가 다양하면 성취의 질이 낮아진다.
쇠(衰)+편재(偏財)	초년의 운이 좋으면 중년 이후에는 기울게 된다. 청년기에 안정된 직장이나 국가 자격증이 필요한 직업을 잘 정해 안착하는 것이 중요하다. 초년과 청년기에 파란이 많으면 반대가 된다.
쇠(衰)+정재(正財)	기우는 가세를 장년 이후 뒤집을 힘이 있다. 재혼녀와 결혼할 가능성이 높고, 그런 경우 매우 길한 기운이 오래 이어진다.
쇠(衰)+편관(偏官)	일생 투쟁의 시간이 이어지나 자수성가의 운이 크다.

	단, 금전의 출납 관리를 맡아줄 인물이 필요하다.
쇠(衰)+정관(正官)	큰 성취를 이룰 힘은 없으나 평온무사(平穩無事)한 삶을 꾸리는 능력이 출중하다.
쇠(衰)+편인(偏印)	쇠(衰)와 만나는 십신 중 고독과 가장 친근하고 예술성이 높다.
쇠(衰)+정인(正印)	온순하고 다정다감한 성격에 예술적 종교적 심성을 갖췄다.

병(病)과 십신의 만남

병(病)+비견(比肩)	일간과 (같거나 일간을 생해주는) 오행이 많으면, 가업과는 다른 길을 간다. 자신이 힘들 때, 형제자매의 도움을 받기 힘들다.
병(病)+겁재(劫財)	역부족의 대상에게도 굴하지 않는 무모함이 강하나 인간적인 매력 또한 강하다.
병(病)+식신(食神)	가정 내의 트러블이 많지만 자식 복이 좋다. 의지가 박약하나 의외로 많은 이들의 호감을 얻는 기운이 강하다.
병(病)+상관(傷官)	질투심이 강하고 가족과의 인연이 별로 좋지 않지만 소수의 지인에게서는 절대적인 지지를 받는다.
병(病)+편재(偏財)	일의 처음과 끝이 다르고 유산을 얻지 못한다.
병(病)+정재(正財)	일간이 갑목, 병화, 무토, 기토, 경금, 신금, 임수, 계수인 경우, 일생 동안 사회적 지위는 높낮이의 변화가, 재산의 정도는 많고 적음의 달라짐이 시기에 따라 매우 심하다.
병(病)+편관(偏官)	파란과 부침이 많다. 여성의 경우, 초혼보다 재혼에서 더 좋은 인연을 만날 가능성이 높다. 남성의 경우, 다른 무엇보다 자신의 짝의 외모를 중요시한다.
병(病)+정관(正官)	가세가 약하지만 대운에 따라 변동이 크다. 재성이나 정인의 동반을 필요로 한다.
병(病)+편인(偏印)	편모나 편부 밑에서 자랄 운이 강하다. 살면서 한번은 큰 실패를 겪을 수도 있으나 일반적이지 않은 분야의 일을 하면 승승장구할 운이다.
병(病)+정인(正印)	전업이 빈번하고, 그 과정에서 주변의 신용을 크게 잃을 가능성이 높다.

사(死)와 십신의 만남

사(死)+비견(比肩)	일간과 (같거나 일간을 생해주는) 오행이 많고(신강하고), 거기에 비견(比肩)에 해당하는 오행을 돕거나, 비견(比肩)과

	같은 오행이 비견(比肩)이 있는 자리 주변에 많다면, 부모 형제와 유년 시기에 이별할 수가 강하다. 하지만 중년 이후 독립적으로 자신의 삶을 영위할 힘이 강해진다.
사(死)+겁재(劫財)	유년기에 형제자매와 사별할 가능성이 있다. 삶이 평탄치 않다.
사(死)+식신(食神)	부모로부터의 은덕은 없으나 자수성가하는 노력형이다. 한번에 큰돈을 벌 가능성은 없다.
사(死)+상관(傷官)	예술이나 기술 분야에 특별한 재능이 있다. 약자에 대한 연민과 동정심이 강하지만, 공치사는 유의해야 한다. 연주가 상관(傷官)과 사(死)라면, 노력한 것보다 시험 성적이 박하게 나올 가능성이 높고 인생에 한두 번쯤 좌절을 맛본다.
사(死)+편재(偏財)	일주와 월주에 있으면 수전노인 부친 때문에 고생할 수도 있다. 편재(偏財)에 해당하는 오행을 돕거나, 편재(偏財)와 같은 오행이 편재(偏財)가 있는 자리 주변에 많다면, 수전노인 부친의 말을 듣는 것이 자신과 주변 모두에게 이롭다.
사(死)+정재(正財)	부유한 집안에서 태어났다면 본인의 대에서 파산할 가능성이 크다.
사(死)+편관(偏官)	타 지역으로 돌아다니며 일의 부침이 심하다. 일정한 곳에서 지낼 수 있는 환경을 마련하는 지혜가 필요하다.
사(死)+정관(正官)	명예에 관한 송사에 휘말릴 가능성이 있다. 비약적인 발전은 없으나 안정성은 높다.
사(死)+편인(偏印)	건강상 어려움이 많다. 예술이나 기술 쪽 일을 하면 성공할 확률이 매우 높다.
사(死)+정인(正印)	자주 변경이 일어나긴 하지만, 결국에는 안정을 얻게 된다. 인색한 경향이 강하다.

묘(墓)와 십신의 만남

묘(墓)+비견(比肩)	부잣집에서 태어날 가능성이 높다. 그렇지만 본인은 평생 동안 성패가 엇갈리는 부침이 있다. 가난한 집에서 태어났다면 악착같이 재물을 모으는 힘이 있다.
묘(墓)+겁재(劫財)	가정의 불화로 인한 성격 파탄의 운이 강하나, 역설적으로 재혼의 운이 매우 좋다.
묘(墓)+식신(食神)	청소년 이후 운세가 급락할 위험이 있다.
묘(墓)+상관(傷官)	평범하고 안정된 삶과는 인연이 없고 모험적이고 도전적인 상황에서 능력을 발휘할 운이 있다.
묘(墓)+편재(偏財)	중년에는 복이 있으나 노년에는 그 복이 쇠퇴할 가능성이 높다. 따라서 후일을 대비하는 마음가짐이 필요하다.
묘(墓)+정재(正財)	유복한 집안에서 태어나 호강의 힘이 강하다.

묘(墓)+편관(偏官)	대운에 따라 부침과 성패가 많다.
묘(墓)+정관(正官)	가족 안에서 근심이 있을 가능성이 크다.
묘(墓)+편인(偏印)	의지박약의 기운이 매우 강하다. 예술이나 종교, 의료 분야에 종사하면 큰 성과를 이룰 수 있다.
묘(墓)+정인(正印)	모친의 우환으로 고생하나 근검절약의 힘이 강해 경제적으로는 안정적이다. 종교 혹은 명상, 상담이 큰 도움이 된다.

　일간이 무토와 기토인 사람들은 십이운성이 적용되는 방식이 두 가지가 있다.『명리정종』(命理正宗)식과『연해자평』식이 그것이다. 보통 많은 명리학 서적에서는『연해자평』식으로 보기를 권하지만, 나는『명리정종』식이 옳나고 본다. 내가 그동안 임상해온 무토와 기토 일간의 원국들을 검토한 결과,『명리정종』이 근소하게나마 적용과 해석이 타당하다. 하지만 6:4 정도로『명리정종』이 우위를 차지할 뿐이다. 그러니 꼭『명리정종』이 옳다고 말할 수도 없다. 이 부분에 관해서는 좀 더 많은 임상의 사례가 필요하다. 이 책에 소개된 일간이 무토와 기토인 사람들의 십이운성은 모두『명리정종』방식으로 풀이했다.

신살(神殺)과 귀인(貴人)

신살(神殺)의 '신'(神)은 자기를 보호해주는 귀인(貴人)을 말하고, '살'(殺)은 자기를 해치는 기운을 말한다. 사실 신살은 조심스럽게 접근해야 한다. 명리학의 이름으로 사람들을 협박할 때 가장 많이 사용한 무기가 바로 신살이었다. 지금껏 약 500개가 넘는 신살이 만들어졌다. 귀인이라는 말이 붙은 귀인만 해도 100개가 넘는다. 그러나 대부분 의미가 없고 불필요하다. 귀인 중에 우리가 알아야 할 것은 천을귀인(天乙貴人), 천덕귀인(天德貴人), 월덕귀인(月德貴人), 문창귀인(文昌貴人), 월공(月空), 암록(暗綠), 천의성(天醫星) 등 몇 개 정도이다. 그 가운데 천을귀인, 천덕귀인, 월덕귀인이 중요한 의미가 있고, 그중에서도 천을귀인을 가장 최고로 꼽았다. 그리고 천덕귀인과 월덕귀인이 모두 있는 경우를 '천월이덕'(天月二德)이라고 특별히 취급했다. 귀인은 이 정도만 알아도 충분하다.

앞에서 십이운성을 원국을 이해하는 보조 개념이라고 했는데, 신살은 십이운성보다 더 보조적인 역할을 한다. 그러므로 신살 때문에 울고 웃는 일이 절대 일어나서는 안 된다.

그럼 다시 돌아가 명리학에서 제일 중요한 것은 무엇일까? 가장 중요한 건 역시 원국에서 음양오행으로 판별하는 십신이다. 그 다음이 십이운성이다. 이는 십신의 힘과 관계를 정교하게 이해하기 위해 필요한 요소일 뿐이다. 그리고 십이운성 다음이 바로 신살이다. 이는 글자 그대로 원국의 세부 사항을 이해하는 데 도움을 줄 뿐이다. 원국의 내용을 모두 이해하는 것을 100으로 놓고 볼 때, 신살의 역할은 5~10퍼센트 내외의 비중에 그친다. 다소 추상적이라 이해하기 어려운 십신 대신 비교적 쉬운 신살로 원국을 해석하려 하는데, 이는 바람직하지 않은 태도이다. 그렇다고 신살의 개념 자체를 아예 무시하는 것도 바람직하지 않다. 신살은 원국과 대운에 있어서 우리 삶의 과정에서 일어나는 변수를 대변한다. 그러므로 지금의 시대 상황에 맞는 신살에 대한 이해는 꼭 필요하다.

그런데 신살에 대한 상세한 설명에 들어가기 전에 이것만은 꼭 기억해두자. 원국에 신살이 전혀 없는 사람도 있고, 신살이 너무 많은 사람도 있다는 것이다. 대체 이것은 무슨 차이일까? 이 차이를 꼭 이해해야만 한다. 원국에 귀인이 전혀 없는 사람은, 오로지 원국의 십신과 십이운성의 힘만 적용된다. 즉, 자신이 의도하지 않는 소득이나 결과는 기대하기 힘들다. 그저 노력한 만큼만 얻는다. 예측 불가능한 뜻하지 않은 반가운 행운이란 없다. 이런 경우 삶이 좀 팍팍하긴 하다. 그러나 나는 오히려 이런 삶이 바람직하다고 생각한다. 그러니 귀인이 전혀 없더라도 슬퍼하거나 노여워할 필요는 없다.

그럼 이번엔 귀인은 하나도 없고 살만 가득한 경우는 또 어떨까? 불행으로 점철될 것 같지만, 오히려 굉장히 길한 힘이라고 생각한다. 물론 봉건사회에서는 이렇게 살성이 많은 것을 극도로 꺼렸다. 특히, 평민이 그러한 강력한 에너지가 있는 것은 규제의 대상이었다. 그렇지만 지금은 다르다. 굉장한 에너지와 적극적인 능동성을 의미한다. 현대사회에서는 살이 많은 사람들이 큰일을 이루고 달성하는 경우가 많다. 큰일을 하려다 보니 힘든 일을 겪을 가능성도 커지긴 하지만, 살이 많다는 것을 흉살(凶殺)이 많다고 생각하지 말고 변화의 에너지, 운동성이 강한 것으로 해석하는 것이 바람직하다.

그렇다면 이번엔 귀인과 살이 어지럽게 섞여 있는 경우라면 또 어떨까? 그 경우 어느 것도 적극적으로 작용되지 않을 가능성이 높다.

마지막으로, 살은 하나도 없고 귀인만 가득하면, 좋은 일이 많을 것 같지만 의외로 아무런 변화 없이 고요하게 사는 경우가 많다. 좋은 일이 많겠다고 기대하는 것은 귀인에 대한 해석이 잘못되어서 그런 것이다. 귀인은 나를 돕거나 좋은 것을 가져다주는 존재가 아니다. 모든 흉화로부터 지켜주는 보호막이 바로 귀인의 가장 중요한 역할이다. "나는 대운에 귀인이 있는데, 왜 좋은 일이 안 생겨요?"라고 묻는 사람들이 많다. 그런데 바로 그게 귀인이 하는 일이다. 아무 일도 일어나지 않게 하는 것. 어떤 사건이나 사고에 휘말리지 않고, 병치레도 하지 않는 안정되고 조화로운 상태를 유지시키는 것이 바로 귀인의 역할이다. 이런 점에 주의하면서 대표적인 신살 몇 가지를 살펴보기로 하자. 여기에서는 살가운데 역마(驛馬), 도화(桃花), 괴강(魁罡), 양인(羊刃), 백호(白虎), 화개(華蓋), 귀문관(鬼門關), 공망(空亡), 삼재(三災) 등을, 귀인 가운데는 천을귀인, 천덕귀인, 월덕귀인, 문창귀인, 월공, 암록, 천의성에 대해 살펴보겠다.

역마	申子辰 - 寅	寅午戌 - 申	巳酉丑 - 亥	亥卯未 - 巳
도화	申子辰 - 酉	寅午戌 - 卯	巳酉丑 - 午	亥卯未 - 子
화개	申子辰 - 辰	寅午戌 - 戌	巳酉丑 - 丑	亥卯未 - 未

〈신살표 1〉

역마(驛馬)

예전에는 '역마살'이라고 했는데, 현재는 살이란 말을 빼고 그냥 '역마'(驛馬)라고 부른다. 많은 신살 중에 역마를 제일 먼저 언급하는 것은 현대사회에서 그만큼 중요하기 때문이다. 봉건사회에서 통신용 파발마를 역마라고 했다. 당시에는 그리 중요하지 않았다. 자신이 태어난 공간에서 100리 밖을 떠나 사는 경우는 거의 없었기 때문이다. 태어난 곳에서 평생 살다가 그곳에서 죽는 것이 대부분이었고, 멀리 떠나는 것은 뿌리를 잃은 사람들이라고 오히려 천시하기도 했다. 비옥한 땅에서 농사를 지으며 편안하고 안정되게 사는 삶을 가장 풍요로운 것으로 여겼던 시대이니, 역마는 그야말로 '살'이었다. 나아가 객사(客死)라는 표현처럼 집 밖에서 죽는다는 것은 사람이 당하는 가장 큰 악살(惡殺)이었다.

그러나 지금은 그렇지 않다. 오늘날은 오히려 태어나서 자란 곳을 벗어나 다양한 경험을 하고, 새로운 시장을 개척하는 삶이 선망의 대상이다. 그럴수록 더 많은 기회를 얻을 수 있다고 생각하기 때문이다.

역마는 기본적으로 운동성을 가졌다. 몇 가지 종류가 있는데, 우선 연주, 월주, 일주, 시주 등 그 위치에 따라 의미가 다르다. 문파마다 연주에 있는 역마를 인정하느냐 마느냐로 의견이 분분하다. 나는 연주의 역마를 인정은 하되, 보조적인 요소로 봐야 한다는 입장이다. 명리학에서는 일주의 역마가 가장 강력하다고 보는데, 일주 → 월주 → 시주 → 연주 순으로 그 힘의 세기가 떨어진다고 보는 입장이다. 연주에 역마가 있는데 만일 연월일시 중에 역마가 없다면 그저 스쳐 지나가는 정도로 본다. 또한 월지에 역마가 있는데, 연주에도 역마가 있다면 역마의 그 운동성이 더 배가되는 걸로 해석한다.

다만, 대운에서 20세 이전과 60세 이후에 역마가 있으면, 아무리 좋은 역마라도 썩 반갑지 않다. 초년과 노년은 안정적인 삶을 보내는 것이 좋기 때문이다. 그러므로 이 시기에 역마가 있으면 그리 좋지 않다고 생각한다. 아울러 원국 안에 두 개 이상의 역마가 있으면 평생 삶이 분주하고, 노력에 비해서 받는 평가가 박할 가능성이 있다. 역마는 천을귀인을 만났을 때가 가장 좋고, 외교 분야의 일을 하는 경우가 가장 길하다.

역마는 신(申) 자 돌림의 역마(임신壬申·갑신甲申·병신丙申·무신戊申·경신庚申), 해(亥) 자 돌림 역마(계해癸亥·을해乙亥·정해丁亥·기해己亥·신해辛亥), 사(巳) 자 돌림 역마(을사乙巳·정사丁巳·기사己巳·신사辛巳·계사癸巳), 인(寅) 자 돌림 역마(무인戊寅·경인庚寅·임인壬寅·갑인甲寅·병인丙寅) 등으로 나눌 수 있다. 역마의 길흉을 군이 구분하자면, 신 자 돌림 역마와 인 자 돌림 역마는 흉한 쪽이고, 해 자와 사 자 돌림 역마는 길한 쪽이다. 그러나 같은 돌림 자를 가진 역마라고 하더라도, 각각의 입체적인 성격이 따로 있다.

나에게 신 자 돌림의 역마(임신, 갑신, 병신, 무신, 경신)가 있다면, 건강에 위협받을 가능성이 높다. 신 자 돌림의 역마는 일단 크게 경신(庚申) 역마와 나머지 네 개의 역마로 나뉜다.

먼저, 경신 역마부터 살펴보자. 경신 역마는 천록마(天祿馬)라고 해서, 고시 공부 등 스스로의 능력으로 경쟁을 통해 관직을 얻는 역마를 말한다. 국가의 관직에 종사하는 사람이 스스로 자신이 일하는 곳을 선택할 수 없다는 것을 생각하면 이해가 쉽다. 예를 들어, 군인이 자신의 고향에서 근무하고 싶다고 해도 그렇게 될 수는 없다. 그저 상부의 명령과 지시에 따라 움직일 뿐이다. 공립 학교 선생님도 5년마다 자신이 일하는 학교를 옮겨야 한다. 경신 역마는 이렇게 자신의 의지와 상관없는 이동성의 역마를 말한다.

경신 역마를 제외한 네 개의 역마(임신, 갑신, 병신, 무신)는 작은 병(病)들을 조심해야 한다. 일주가 임신, 갑신, 병신, 무신 등 신자 돌림 역마에 해당한다면, 이동할 때 일어나는 사고를 주의해야 한다. 예를 들면, 자동차 사고나 철도, 비행기 등의 교통사고 등을 주의해야 한다. 특히, 네 개의 역마 중에서 '병신(丙申)' 역마에 주목해야 한다. 병신 역마는 정신적으로 문제가 있는 경우가 많다. 일주가 병신(丙申)이면 지지 신금(申)은 십신이 편재이다. 이런 사람은 일반적인 사람과 다른 생각, 통찰력을 가지고 있다. 풍수나 지관, 역술가 중에 병신(丙申) 일주가 많았다. 무당처럼 사람의 내적 갈등을 고쳐주는 사람들은 남의 아픔을 고쳐주고 해결해주는 일을 할 때 자신의 건강의 취약점을 극복하는 힘이 생긴다는 것을 알아야 한다. 병신 일주인 사람들은 남녀 모두 독특한 매력이 있다.

다음은 해 자 돌림 역마(계해癸亥·을해乙亥·정해丁亥·기해己亥·신해辛亥)가 있다. 해 자 돌림 역마는 사 자 돌림 역마와 함께 긍정적인 힘을 발휘하는 역마이다. 해 자 돌림 역마들은 재미있는 역마가 많다. 특정한 분야에서 힘을 발휘하는 역마이다. 해 자 돌림 역마 중 유일한 예외가 을해(乙亥) 역마이다. 난리통에 모두가 다 힘들 때 유일하게 살아남는, 타이타닉 호에서 구조된, 모두가 위험한 상황에서도 보호받는 역마이다.

계해(癸亥)는 오행이 다 수(水)이다. 계해(癸亥) 역마는 예술·엔터테인먼트 역마이다. 해외로 연주하러 다니는 역마이다. 정해(丁亥) 역마는 임관마라고 해서, 나라의 법과 제도를 수호하는 군인, 경찰과 같은 분야에 힘을 발휘하는 역마이다. 신해(辛亥) 역마는 상업 역마이다. 여기서 물건 떼다가 다른 곳에서 물건을 팔아 이익을 보는 역마이다.

사 자 돌림 역마(을사乙巳·정사丁巳·기사己巳·신사辛巳·계사癸巳)를 '복력역마'(福力驛馬)라고 한다. 스케일은 작지만, 활동성이 좋고, 자신의 노력보다 결과가 좋은 경우가 많다. 그중에서도 일주가 계사(癸巳)인 역마를 가장 길하다고 본다. 일주가 계사면, 일지에 해당하는 사화(巳火)는 천을귀인에 해당하기 때문이다. 역마가 천을귀인을 업고 있기에, 계사 일주를 길하게 본 것이다. 계 일간인데 지지에 사가 있는 것도 마찬가지다. 똑같이 공부를 한다고 해서 모두 같은 점수를 받는 건 아니다. 임상을 해보면, 계사 일주들은 다른 사람들과 같은 시간을 공부해도, 다른 이들보다 성적이 더 좋았다. 을사(乙巳) 역마는 월지에 놓였을 때, 관직에서 높은 자리까지 오르는 힘을 가진다고 높은 평가를 받았지만, 현대에 적용하기에는 무리가 있다.

인 자 돌림 역마는 두 가지로 나뉜다. 무인·경인·임인 역마와 갑인·병인·역마로 나눈다. 무인·경인·임인 역마들은 길흉이 극단적이다. 무인 역마의 대표적인 인물은 고 노무현 전 대통령이다. 살아온 삶을 살펴보면, 격변의 인생을 거쳐왔다.

갑인 역마와 병인 역마는 또 다르다. 갑인 역마는 정록마(正祿馬)라고 해서, 꼬박꼬박 녹봉을 받는 역마를 의미한다. 갑인 역마는 모두 오행상으로 목(木)이라서, 갑인 역마들은 성격적으로 좋게 말하면 곧고, 나쁘게 말하면 유연함이 없다. 절대 지지 않으려고 한다. 시기와 질투심도 많다. 나무가 위로 상승하는 힘처럼, 기본적으로 학문과 저술 활동에 큰 힘을 발휘한다. 한 분야의 일가를 이룰 수 있는 힘이 있다.

병인 역마는 복생마(福生馬)라고 하며, 사업하는 사람들에게 많다. 해외 상사원들, 비즈니스 역마, 상인 역마이다. 화려하게 돌아다니면서 일을 이루어내는 역마이다.

申

신(申)자 돌림 역마

임신(壬申), 갑신(甲申)
병신(丙申), 무신(戊申)
경신(庚申)

건강과 관련됨.
흉한 쪽에 가까움

亥

해(亥)자 돌림 역마

계해(癸亥), 을해(乙亥)
정해(丁亥), 기해(己亥)
신해(辛亥)

길한 쪽에 가까움

巳

사(巳)자 돌림 역마

을사(乙巳), 정사(丁巳)
기사(己巳), 신사(辛巳)
계사(癸巳))

길한 쪽에 가까움

寅

인(寅)자 돌림 역마

무인(戊寅), 경인(庚寅)
임인(壬寅), 갑인(甲寅)
병인(丙寅)

흉한 쪽에 가까움

도화(桃花)

'복숭아꽃'이라는 뜻인데, 그저 예쁜 것만을 의미하지 않는다. 도화는 다른 사람의 마음을 훔치는 매력이다. 살 가운데 도화는 가장 크게 오해를 받고 있는 살이다. 이것은 외모와도 관련이 없고,

성욕이나 방중술과도 아무런 관련이 없다. 그럼에도 도화는 봉건시대에는 금기시한 신살이었다. 그러나 지금은 완전히 다르다. 과학기술을 빌려서라도 가지고 싶어 한다.

예쁘다는 것은 굉장히 주관적인 개념이다. 그다지 예뻐 보이지 않아도 그 사람만의 독특한 매력이 있어 끌리는, 말로는 설명할 수 없게 매혹적이라 그 사람에게 빨려 들어가는 힘이다. 도화역시 위치에 따라 많은 이론적 다툼이 있다. 연지에 있는 도화는 힘이 약하고, 월지와 일지에 있는 도화는 강한 힘을 발휘한다. 시지에 있는 도화의 힘은 일지와 월지에 있는 것보다는 약하지만 색욕의 발휘라는 점에서는 가장 강하다. 월지에 있는 도화는 '일도화'라고 해서 직무를 수행하는 데 빛이 난다. 다른 사람의 협력과 지지를 이끌어내는, 직장 생활에 잘 맞는 도화이다. 일지에 있는 도화는 부부 혹은 연인 사이의 애정을 뜻한다. 연애의 패턴을 보면 애인을 수시로 바꾸는 사람이 있는가 하면, 한번 빠지면 그 사람에게서 헤어나지 못하는 사람이 있다. 일지에 있는 도화는 후자에 속한다. 이렇게 월지에 있는 도화가 사회적인 활동에 개입한다면, 일지에 있는 도화는 개인적인 연애사에 개입한다. 반면에 연지에 도화가 있다면 본인보다는 아버지가 풍류객일 가능성이 크다. 이런 아버지의 영향을 받아 엔터테인먼트 방면이나 먹고 마시고 노는 것을 좋아하는 기운을 의미하는 경우가 많다. 시지에 있는 도화는 사회적 관계 혹은 부부 관계를 위태롭게 만들 수 있는 강력한 힘이다. 만일 시지에 도화가 있는데 일지나 월지에도 도화가 동시에 놓여 있다면 그 힘은 파란을 일으킬 만큼 더욱 강력해진다. 그리고 대운에서 도화가 들어오는 경우에도 역시 마찬가지다.

도화는 십신과 십이운성, 그리고 그 위치와의 연관성이 매우 크다. 예를 들어, 일지에 있는 도화가 정인(正印)을 만나면 얼굴도 예쁘고 다른 이성에게 치명적인 매력을 발산할 가능성이 크다. 도화가 목욕(沐浴)을 만나면 색욕이나 성욕 쪽으로 더 발현되기도 한다.

화개(華蓋)

'꽃가마'라는 뜻인 화개(華蓋)는 홀로 높은 자리에 올라 만인의 칭송을 받는 명예로운 힘이다. 종교와 수도의 힘이고 문장과 창의성의 힘이기도 하다. 기본적으로 큰 명예를 얻지만, 고독한 삶을 살 가능성도 크다. 즉, 고독한 명예가 화개의 특징이다. 연주, 월주, 일주, 시주 네 개에 모두 화개가 있다면 지나치게 강력하고 극한적으로 고독한 힘을 받게 된다. 이 때문에 극한적 고독, 극대한의 창조력으로 큰 존경을 받거나 고립된 삶을 살게 된다. 봉건시대에는 출가(出家)의 명으로 인식되는 바람에 많이 꺼렸지만 직업이 다양해진 현대사회에서는 특수한 영역에서 엄청난 잠재력을 발휘하는 힘이 되기도 한다. 통상적으로 앞에 나서는 자보다는 참모나 2인자일 때 실질적인 힘을 발휘한다. 그리고 화개가 정인과 동주하면 대학자의 풍모가 있고, 충을 당하면 문화예술계에 종사할 가능성이 높다.

역마, 도화, 화개는 삼합(三合)에 근거해 적용된다. 226쪽 〈신살표 1〉에서 알 수 있듯이 가령 지지에 신(申), 자(子), 진(辰) 중 한 자라도 있고, 왕지인 자수(子)가 생해주는 인목(寅)이 역마가 되며, 자수(子)를 생해주는 유금(酉)이 도화(桃花)가 되고, 신자진 삼합에서 고지(庫地)가 되는 진(辰)이 화개(華蓋)가 된다.

괴강	일주	戊戌 庚辰 庚戌 壬辰 (일주에 있어야 일주를 제외한 나머지도 적용)
백호	일주	甲辰 乙未 丙戌 丁丑 戊辰 壬戌 癸丑 (일주에 있어야 일주를 제외한 나머지도 적용)
귀문관	辰亥 子酉 未寅 巳戌 午丑 卯申 (붙어 있어야 하고 연지 제외)	
삼형	寅巳申　　　丑戌未	

〈신살표 2〉

괴강(魁罡)

괴강(魁罡)은 극도로 총명한 힘이다. 일반적이지 않은 발상을 가진다. 이들은 다른 사람들이 이해하기 힘들 정도로 자기만의 강력한 기운과 가치관이 있다. 기존의 질서를 뒤엎을 수 있는 힘도 있다. 따라서 괴강을 가진 사람들은 연쇄살인과 같은 극단적인 결과를 초래하기도 한다.

이런 이들은 비록 현재 자신의 삶이 마음에 들지 않더라도 자신의 힘을 믿어야 한다. 언제나 자기가 가진 총량보다 더 많은 과제를 스스로 설정하면 그 힘을 다 쓸 수 있다.

일주를 기준으로 적용한다. 일주에 무술, 경진, 경술, 임진이 있을 경우, 괴강이라고 한다.(〈신살표 2〉 참고) 일주에 무술, 경진, 경술, 임진 등이 있어 괴강이 성립되는 것에 한해 월주에도 같은 것이 있으면, 그 역시도 괴강으로 인정한다. 괴강을 자세히 보면 매력적인 외모를 가진 남녀가 많고, 결벽증이 있다. 일지를 포함해서 괴강이 세 개 이상이면 매우 큰 부를 취할 힘을 지니기도 한다.

양인(羊刃)

지지의 제왕(帝旺)이 임하는 자리가 양인(羊刃)이다. 가령 갑목(甲) 일간이면 묘목(卯)이 양인이 된다. 단 양인은 양간일에만 적용된다. 각 일간별로 갑목(甲) 일간에 묘목(卯), 병화(丙) 일간에 오화(午), 무토(戊) 일간에 오화(午), 경금(庚) 일간에 유금(酉), 임수(壬) 일간에 자수(子)일 때 양인이다.(237쪽 〈신살표3〉 참고) 성급하지만 강직하다. 열사나 혁명가에게서 많이 나타난다. 봉건사회에서 재상의 자리에 앉으면 어느 정도 시간이 흐르면 스스로 물러나야 한다. 그런데 그것을 무시하고 끝까지 버티는 이들이 있다. 그렇게 버티는 힘이 양인이다. 양인에게는 무도하고 폭력적인 힘이 있다. 그렇다면 양인은 안 좋은 것인가? 그렇지는 않다. 봉건사회에서는 양인을 공동의 질서를 깨는 힘으로 보고 불길하게 보았지만, 현대사회에서는 양인과 같은 강력한 힘이 있어야 자신을 지킬 수 있다. 물러날 때를 잘 알고 잘 물러나는, 공동체의 질서에 순응적이기만 한 사람들은 현대 자본주의 사회에서 자신과 자신의 가족은 물론이고 자신의 가치관과 신념 역시 지키기 어렵다. 이에 비해 양인은 불굴의 의지의 표상이 될 수 있다. 따라서 양인을 살로 규정해서는 안 된다. 양인은 식신(食神)이나 편관(偏官)과 만날 때 좋다. 양인이 식신(食神)과 만나면 언론계·비평가·변호인과 인연이 깊고, 편관(偏官)을 만나면 검찰·경찰·의료계와 연관이 깊다.

백호(白虎)

항생제가 세계에 보급된 것은 제2차 세계대전 당시부터였다. 지금이야 종기 때문에 사람이 죽는다는 건 말도 안 된다고 생각하겠지만, 제2차 세계대전 이전까지만 해도 사람들은 그렇게 쉽게 생을 마감했다. 우리나라 역대 임금들 역시 종기로 많이 죽었다. 이런 질병으로 인한 죽음이야말로 옛날 사람들에게는 가장 큰 공포였다. 그로 인해 총칭되는 공포를 백호(白虎)라고 했다. 그래서 백호 앞에만 '대살'(大殺)이라는 이름이 붙었다. 그러나 오늘날에는 크게 신경을 쓰지 않는다.

　다만, 백호 자체는 큰 힘을 발휘하지 않지만, 이것이 다른 것과 만나면 이야기가 달라진다. 예측 불허의 힘이 강해지기 때문이다. 예측이 가능한 위험은 적어도 공포스럽지는 않다. 마음의 준비라도 할 수 있기 때문이다. 그러나 돌멩이가 어디에서 날아올지 모른다면 위험하다. 잘못 맞았다가는 비명횡사를 할 수도 있기 때문이다. 백호가 그렇다. 대운과 세운에 백호가 있으면 주의 깊게 살펴야 한다. 크게는 생사이별 수가 생길 수도 있다. 일주를 기준으로 적용한다. 일주에 갑진(甲辰), 을미(乙未), 병술(丙戌), 정축(丁丑), 무진(戊辰), 임술(壬戌), 계축(癸丑)이 있을 경우 '백호'라고 하며 일주에 백호가 있어야만 일주를 제외한 나머지도 백호로 인정한다. (232쪽 〈신살표 2〉 참고)

귀문관(鬼門關)

괴강과 비슷한 요소가 있지만 괴강처럼 파괴력은 없다. 영특하고 특수한 분야에 재능이 많고, 예술적 감수성이 탁월하다. 귀문관의 특징은 삶의 외형적인 모습보다는 그 삶을 구성하는 인간 내면의 원리에 관심이 많다는 점이다. 그래서 신내림을 받거나 역술, 명상, 수도 같은 분야에 귀문관이 많이 작용하는 편이다. 정신적인 에너지를 많이 쓰는 편이어서 상대적으로 건강에 유의해야 한다.

진해(辰亥), 자유(子酉), 인미(寅未), 사술(巳戌), 오축(午丑), 묘신(卯申)이 귀문관이며 연지를 제외하고 붙어 있어야만 귀문관으로 인정된다. 일월지의 경우가 일지와 시지보다 강하며 그중에서도 가장 강한 것은 인미(寅未) 귀문관과 묘신(卯申) 귀문관이다.

공망(空亡)

육십갑자의 원리에서 설명된다. 천간은 열 글자이고, 지지는 열두 글자이다. 갑자, 을축……으로 시작되는 순환에서 계유까지 돌아가고 나면, 술토와 해수가 남는다. 모든 천간이 아무리 돌아도 만나지 못하는 두 가지 지지의 글자가 있는데, 그 글자를 '공망'이라고 한다. 일주에 따라 각각 두 개의 공망을 만난다. 일지를 제외한 빌 공(空) 자에 망할 망(亡) 자를 써서 '효력의 상실', '무력화'를 의미한다. 내가 월간에 식상, 월지에 십신이 재성에 해당하고 신살이 역마가 있다면, 월주에 작용하는 식상, 재성에 해당하는 효력이 상실되고, 역마도 역할이 잘 발현되지 않는다. 공망은 원국에서 합과 충에 의해 쉽게 해공(解空)이 된다. 대운과 세운에서의 합과 충의 작용도 같이 발현된다.

삼재(三災)

삼재(三災)는 신살은 아니지만, 많이 쓰는 단어이니 간단히 설명하고 넘어가겠다. 삼재가 처음 들어오는 해를 들삼재, 두 번째 들어오는 해를 묵삼재, 세 번째 들어오는 해를 나가는 해라고 날삼재라고 한다.

　　명리학적으로는 삼재를 인정하지 않지만, 경조사를 치르거나 택일을 정할 경우에는 삼재를 체크해보기를 권한다. 날삼재는 모든 사람에게 가장 크게 적용되므로 다른 건 빼더라도 집안의 경조사나 이사처럼 가족 전체에게 중요한 일을 치르게 된다면 날삼재에 해당하는 해는 피하기를 권힌다.

　　삼재는 태어난 해를 기준으로 적용되는데 신자진(申子辰)생은 인묘진(寅卯辰)년이 삼재가 되고, 인오술(寅午戌)생은 신유술(申酉戌)년이 삼재가 되고, 사유축(巳酉丑)생은 해자축(亥子丑)년이 삼재가 되고, 해묘미(亥卯未)생은 사오미(巳午未)년이 삼재가 된다. 참고로 인년(寅年), 신년(申年), 사년(巳年), 해년(亥年)에 태어난 사람은 들삼재, 묵삼재, 날삼재의 3년이 모두 힘들고, 자년(子年), 오년(午年), 묘년(卯年), 유년(酉年)에 태어난 사람은 묵삼재와 날삼재의 2년이, 진년(辰年), 술년(戌年), 축년(丑年), 미년(未年)에 태어난 사람은 날삼재가 든 세 번째 해를 특히 주의하라는 설이 있다.

귀인(貴人)

살(殺)을 살펴보았으니 귀인(貴人)을 살펴보자. 천을귀인(天乙貴人)은 모든 흉액(凶厄)으로부터 나를 보호해주는 수호천사 역할을 한다고 생각하면 된다. 특히, 일지에 천을귀인이 있는 경우 성품이 맑고 고결하게 태어난다고 해서, '일귀'(日貴)라고 부르며 가장 중요하게 여겼다. 일귀에 해당하는 일주는 정유(丁酉)일, 정해(丁亥)일, 계사(癸巳)일, 계묘(癸卯)일 네 개뿐이다.(〈신살표 3〉 참고) 요즘이야 꼭 그렇지 않지만 봉건사회에서는 최고로 생각했다.

일간/연해	甲	乙	丙	丁	戊	己	庚	辛	壬	癸
천을귀인	丑未	申子	亥酉	酉亥	未丑	子申	未丑	午寅	卯巳	巳卯
문창귀인	巳	午	申	酉	申	酉	亥	子	寅	卯
양인	卯		午		午		酉		子	
암록	亥	戌	申	未	申	未	巳	辰	寅	丑
일간/정종	일간 무토와 기토의 경우, 戊 → 壬, 己 → 癸의 문창, 양인, 암록을 따름									

월지	寅	卯	辰	巳	午	未	申	酉	戌	亥	子	丑
천덕귀인	丁	申	壬	辛	亥	甲	癸	寅	丙	乙	巳	庚
월덕귀인	丙	甲	壬	庚	丙	甲	壬	庚	丙	甲	壬	庚
월공	壬	庚	丙	甲	壬	庚	丙	甲	壬	庚	丙	甲
천의성	丑	寅	卯	辰	巳	午	未	申	酉	戌	亥	子

〈신살표 3〉

일지에 천을귀인이 있으면 다른 사람을 함부로 대하는 무례함이 없으면서도 자신만만하다. 또한 설령 어떤 일의 결과가 나쁘더라도 별로 좌절하지 않는다. 실제로 이들은 남보다 노력을 덜해도 남만큼의 성과는 어렵지 않게 거두기도 한다.

천을귀인은 어디에 자리하는 것이 좋을까? 일주, 월주, 시주, 연주의 순서대로 위력을 발휘한다. 일주, 월주, 시주에 천을귀인이 있으면서 식신(食神)을 만나면 금상첨화다. 의식주 모두에 복이 있어 절대 굶어죽지 않는다고 한다. 만일 천을귀인이 역마 중 어떤 것이라도 만나면 수세적이고 방어적이 아닌, 공세적인 위엄과 지모의 성품을 띤다고 한다. 또한 겁재(劫財)는 천을귀인을 좋아하고, 천을귀인이 건록(建祿)과 만나면 인문학적인 통찰력을 갖는다. 천을귀인은 합이 되면 길한 기운이 증폭하지만 충과 공망을 극히 꺼리며 이럴 경우 도리어 화를 초래하는 힘이 된다.

천덕귀인과 월덕귀인은 비슷한 힘인데, 월덕귀인의 경우 여성에게 더 좋은 영향을 미친다. 현대사회에서 더 주목해야 할 힘이라고 여겨지는 천덕귀인과 월덕귀인은 비겁처럼 무색무취하다. 자신이 어떤 역할을 하기보다는 십신과 만나서 십신의 힘을 더욱 활성화시켜준다.

천덕귀인과 월덕귀인이 관성과 만났을 때는 관직의 승진이 남들보다 빠르다. 그리고 천덕귀인과 월덕귀인이 재성과 만나면 문무겸전하여 글솜씨와 무예 모두 뛰어나고, 천덕귀인과 월덕귀인이 인성을 만나면 심성이 훌륭하고 부모의 인덕을 받으며, 학문이나 저술 작업으로 큰 힘을 발휘할 가능성이 높다. 또한 천덕귀인과 월덕귀인이 식상을 만나면 풍류와 만년의 영화를 누린다고 전한다. 이렇듯 천덕귀인과 월덕귀인은 각 십신이 획득할 수 있는 가능성을 최고로 높여준다.

원국에 월덕귀인과 천덕귀인이 모두 있는 경우를 천월이덕(天月二德)이라고 한다. 옛날에는 천월이덕을 관운무병(官運無病), 흉화위길(凶禍爲吉)이라고 했다. 관운이 따르고 무병장수하며 흉한 기운도 길하게 바꾼다는 뜻이다. 따라서 천월이덕이 있으면 많은 사람들이 그를 총애했다. 특히, 일주에 있는 천월이덕을 가장 귀하게 본다.

문창귀인(文昌貴人)은 인문학적인 귀인으로 종이를 가지고 하는 모든 행위에 재능이 있다. 좀 더 자세히 말하면, 문창귀인은 지식욕을 뜻한다. 광범위한 영역의 모든 지식에 대한 호기심과 열망이 있고, 글 쓰는 것과 말하는 것에 재능이 있다. 또한 추리력과 창의력이 있으며, 결코 호기심 단계에서 멈추지 않는다.

　　문창귀인 역시 일지에 있을 때 그 힘이 가장 강하고, 시지 → 월지 → 연지의 순으로 영향력이 줄어든다. 문창귀인이 가장 사랑하는 십이운성은 장생(長生)이며, 사(死), 절(絶), 묘(墓)는 꺼린다. 가장 사랑하는 십신은 상관(傷官)이다. 상관(傷官)이 문창귀인을 만나면 하나를 배우면 천 개를 깨우치는 총명함을 갖게 된다.

　　다른 귀인들에 관해서는 정리가 잘되어 있으나, 유난히 월공(月空)에 대해서는 정리된 것을 찾아보기가 어렵다. 월공은 '하늘에 뜬 달'이다. 무대 위에 서는 기운으로 기존의 신살에서 채택하지 않는 경우도 많았다. 그러나 현대는 엔터테인먼트의 시대이다. 따라서 월공도 유심히 살펴야 한다. 세상이 바뀌었기 때문이다. 지금은 외모를 비롯해 남들 앞에 보이는 모습이 중요한 세상이다. 남 앞에 서는 직업이 각광을 받는다. 아울러 모든 가치의 시장화가 이미 이루어졌다. 이런 세상이 도래하기 전, 즉 기존의 명리학에서는 월공이라는 개념을 거의 다루지도 않았으나, 이제는 그 중요성이 커졌다.

그렇다면 오늘날 월공은 좋기만 한 걸까? 그 개념을 잘 생각해보면, 답이 나온다. 무대를 서는 것, 즉 남들 앞에 나서는 것이 무조건 좋기만 한 것은 아니다. 자신이 노출됨으로써 환호를 받을 수도 있지만, 동시에 재액을 당할 수도 있다. 남 앞에 나서려면 먼저 자신을 공개해야 한다. 나서지 않았으면 남들이 몰랐을 사생활의 치부가 함께 공개되어 곤란을 겪을 수가 있다. 따라서 명예와 인기를 얻을 수도 있으나 프라이버시 또는 건강, 금전상의 손실 가능성도 동시에 존재한다. 모든 월공은 월덕귀인과 충이 되는 자리에 놓여 있다는 것은 의미심장하다 할 것이다.

암록(暗綠)

암록(暗綠)은 글자 그대로 감춰진 녹봉이다. 어떤 위기에 처했을 때 보이지 않는 누군가가 자신을 도와준다.

경제적 삶이 불안정한 현대사회에서는 암록이 강하다는 건 굉장히 유의미하다. 암록이 십신 중 비겁을 만나면 형제 및 동료로부터 도움을 받고, 식상을 만나면 처가와 후배 및 부하로부터 도움을 받는다. 십신 중에서 가장 좋은 만남은 암록이 재성을 만날 때이다. 이때 암록은 가장 강력한 힘을 갖는다. 또한 암록이 관성을 만나면 조직 안에서 발전하며, 여성의 경우 남편의 덕을 입는다. 어머니 또는 외가의 도움을 받는 것은 암록이 인성과 만났을 때이다. 국회의원에 나가려는 사람이 암록을 가졌다면, 이왕이면 재성과 관성을 만나는 것이 좋고, 예술가라면 식상이나 인성과 만나는 것이 좋다.

천의성(天醫星)

천문성(天文星)이라고도 한다. 하늘의 의사를 만나는 신살이다. 활인업(活人業)을 의미한다. 의사, 변호사, 역학자, 상담사 모든 사람들의 정신적, 육체적 삶을 개선하는 데 기여하는 신살이다. 목회자도 여기에 해당한다. 천의성은 당사자의 일뿐만 아니라, 좋은 활인자(活人者)를 만나는 운도 해당한다. 평균수명은 길어지고, 살아 있지만 병의 고통을 겪는 사람들이 많아진다. 현대사회는 의료사고의 예처럼 자신이 필요할 때 중요한 도움을 받는 기회를 갖는 일이 중요하다. 자신에게 적합한 상담사를 만나는 일이 중요하다. 단순히 활인업에 종사하는 기운만이 아니라, 자기 자신에게 유용한 활인자를 만날 수 있는 기운이라는 점에서 현대사회에서 중요해졌다.

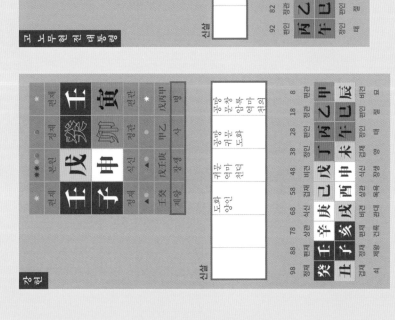

원국표의 십이운성과 신살

6강에서 십이운성과 신살에 대해 배웠다.

사실 명리학에서 십이운성과 신살이 사람들에게 가장 많이 회자되지만, 그것은 어디까지나 보조적인 수단일 뿐이라는 점을 다시 한 번 강조한다.

나의 원국표에서 연주의 십이운성은 병(病)이고, 연주의 신살은 공망(空亡), 문창(文昌, 원래는 '문창귀인'이지만, '문창'으로

241

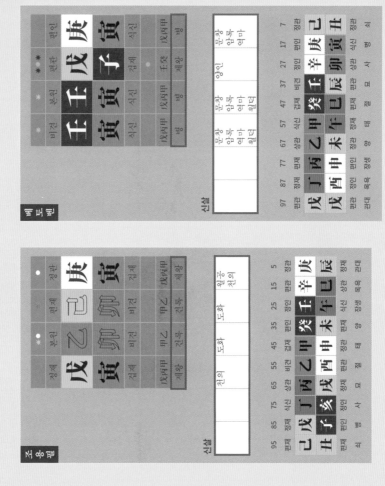

표기함), 암록(暗綠), 역마(驛馬), 천의(天
醫, 원래는 '천의성'이지만, '천의'로 표기함)
이다.

연주에 병(病)이 있는 사람은 살면서 병
으로 인해 큰 고충을 겪는 일이 한 번은 있
지만, 기본적으로 도화(桃花)의 기운이 있
어서 다른 사람의 관심과 사랑을 받는다.
이런 병이 연지의 편관(偏官)을 만나서, 무
엇보다도 이성의 외모를 중요시한다. 연지
의 편관은 모험을 포함한 삶에 과란과 부침이 많다는
점을 암시하고 일의 시종(始終)의 결과가
다르다는 것을 의미한다. 십이운성과 신살
은 지지에 가장 강력하게 영향을 미치지만,
천간에도 지지의 3분의 1 정도의 영향을 미
친다. 월주와 시주의 도화는 모두 천간의
제성과 만나고 있어서 겹혼과 인연의 관계이

여기 터움이 드러난다. 또 다른 한편으로 일월주 묘신(昴申)은 인미(黃未)에 이은 강력한 귀문(鬼門, 원래는 '귀문관'이지만, '귀문'으로 표기함)을 형성하고 있어서 같은 여슬에 강렬한 관심을 가지게 됨을 강렬하게 암시하고 있다.

이번엔 그 노무현 대통령의 심이운성과 신살을 살펴보자. 그의 원국에서 나타난 심이운성과 신살의 가장 톤보이는 특징은 무려 세 개의 주에 죽 혹은 연단에서 환호를 받는 월공(月空)이 강력하다는 점일 것이다. 하지만 이 월공은 고독한 기운의 화개와 동개와 동반한다. 연주의 심이운성인 관대(冠帶)는 청년의 성(星)으로 자존심이 해심이다. 또한 자기를 중심으로 생각하기 때문에 적을 만들기 쉽다. 그리고 이 관대는 연지의 비견과 만나서, 형제간의 우애를 갚게 만드는 데에 영향을 미친다. 이런 식으로, 월주에는 장생(長生)이 식신과 편관과 만나고 일주는 병(病)이 편관과 만나는 한편으로 신살로는 문창과 암록 암마를 만난다.

다음으로 조용월의 심이운성과 신살에 대해 살펴보자. 이 사람의 심이운성의 특징은 오로지 건록(建祿)과 제왕(帝旺)이라는 지배자의 강력한 기운스마로만 구성되었다는 것이며 신살로는 월주와 일주에 나란히 깨끗한 도화가 자리잡고 있다는 점일 것이다. 그리고 연주의 정금(庚) 정관은 무매 위에서 서는 자의 기운인 월공(月空)을 안고 있으므로 도화와 월공이 만나 슈퍼 스타의 요소를 강화시켰다.

그는 함부로 자신을 과시하지 않는 음의 기운이 강하지만 음악의 완성도와 관련한 부분에서는 한치의 티혭과 양보를 허락하지 않는다. 제왕의 힘이 일상 속의 그름 고독하게 만들 수밖에 없었을 것이다.

마지막으로, 베토벤의 심이운성과 신살을 살펴보겠다. 원국에서 연주, 일주, 시주의 심이운성은 병(病)이고, 신살은 문창, 암록, 역마이다. (일주 시주에 열디귀인이 추가된다.) 가장 중요한 월주는 제왕으로 강력한 투쟁성의 기운인 양인이 자리잡았다. 네 개의 주 모두에 문창과 양인이 빠지지 않고 자리하고 있으니 엄청

는 제왕에 신살로 강력한 투쟁성의 기운인 양인이 자리잡았다. 네는 문창과 암록 암마를 만난다.

난 창조력을 지녔다고 할 수 있겠다. 매우 상으로도 정인 매운, 더

구체적으로는 20대 초반부터 이 기운은 폭발적으로 일어난다.

반에서의 35년간 무려 아홉 번이 넘는 이사를 했던 것은 한 자리

에 정착 못하는 강한 역마의 기운이며, 성격이 괴팍한 데다 귀족을

혐오했음에도 불구하고 루돌프 대공을 위시한 많은 귀족들이 그를

추인했던 것은 그래도 기어이 사랑을 받는 심야운성의 볘과 신살

암록이 작용이다. 그리고 연주의 병이 암시하듯이 그 또한 청년기의

청각장애와 말년의 매독 같은 질병으로부터 자유로울 수 없었다.

모든 사람은
다이아몬드 원석과
같다. 갈고닦으면
누구나 찬란히
빛난다.

토마스 에디슨
Thomas Alva Edison

우주엔 좋은 것과 나쁜 것은 없다

신강신약, 원국의 완성

일간을 기준으로 한 사람의 기운이 강한지 약한지 가늠하는 것을 '신강(身强)하다', '신약(身弱)하다'라고 이야기한다. 그러나 강하다고 좋고, 약하다고 나쁜 것은 아니다. 단지, 자기중심성이 강한 사람을 '신강하다'라고 말하고, 자기중심성이 약한 사람을 '신약하다'라고 말할 뿐이다.

자기중심성이 강한, 즉 신강한 사람은 자기중심성을 최대한 약화시켜야 한다. 그래야 우주의 기운과 조화를 이룰 수 있다. 반대로 자기중심성이 약한, 즉 신약한 사람은 구심력보다는 자기의 원심력이 강하다. 즉, 내 힘보다는 나와 관계를 맺는 바깥쪽의 힘에 대한 의존도가 높다는 뜻이다. 그래서 신약한 사람은 자기중심성을 응축시키는 노력을 해야 한다. 그래야 우주의 기운과 균형을 맞춰 조화를 이룰 수 있다. 이러한 신강과 신약은 월지와 일지, 그리고 나머지에 자기편(비견·겁재·편인·정인)이 있는가 없는가 이 세 가지로 결정한다. 하나씩 살펴보면 이렇다. 먼저 월지의 경우다.

월지는 다른 말로 월령(月令)이라고 한다. 월지에 일간과 같은 오행이나 상극상생의 원리에 의해 일간을 생해주는 자기편(비견·겁재·편인·정인)이 있는 경우를 득령(得令, 월지에 내 편이 있다.)이라고 하고, 다른 편(식신·상관·편재·정재·편관·정관)이 있는 경우를 실령(失令, 월지에 내 편이 없다.)이라고 한다.

다음으로는 일지에 일간과 같은 오행이나, 상극상생의 원리표에 의해 일간을 생해주는 자기편(비견·겁재·편인·정인)이 있는 경우를 득지(得地, 일지에 내 편이 있다.)라고 하고, 다른 편(식신·상관·편재·정재·편관·정관)이 있는 경우를 실지(失地, 일지에 내 편이 없다.)라고 한다.

월지와 일지를 제외한 연간, 연지, 월간, 시간, 시지 등에 일간과 같거나 일간을 생해주는 오행이 있는지 살피는 것을 원국의 세력을 살핀다고 한다. 원국의 여덟 자 중 절반 이상을 차지하는 다섯 개의 천간과 지지의 세력이 일간을 돕는 쪽에 속하는지, 일간의 기운을 빼는 쪽에 속하는지 가늠해서 일간의 오행과 같거나 일간의 오행을 돕는 편이 세 개이면 득세(得勢, 일간이 세력을 얻었다.)라고 하고, 두 개 이하면 실세(失勢, 일간이 세력을 잃었다.)

라고 한다. 단, 시지는 두 개로 간주해서 시지 한 개와 연간, 연지, 월간, 시간 중 하나가 일간을 생하거나 일간과 같은 오행이면 득세로 본다.

원국을 푸는 과정에서 가장 중요한 것은 득령(得令)의 여부지만, 원국을 복잡하게 만드는 요인은 득세(得勢)이고, 득지(得地)는 득령(得令)과 득세(得勢) 사이에서, 일간이 얼마나 안정적으로 놓여 있는지를 결정한다.

원국에서 가장 중요한 기준점이 일간이라는 말은 이미 여러 차례 했다. 그런데 이 일간에 가장 큰 영향을 주는 것은 월지다. 명리학은 우주의 변화, 시간의 변화를 가장 강조하기에 시간과 계절이 중심이 된다. 월지가 무엇이냐에 따라 계절이 결정되므로 일간이 기준점이라면 월지가 가장 큰 영향력을 발휘한다. 그 다음으로는 일지, 시지, 월간, 시간, 연간, 연지의 순으로 영향력의 크기가 점점 줄어든다.

득령(得令), 득지(得地), 득세(得勢)의 기준에 따라 인간의 기운을 신강과 신약으로 나누면 크게 다섯 가지로 분류된다.

극신강(極身强, 일간을 도와주는 힘이 매우 강하다.), 신강(身强, 일간을 도와주는 힘이 강하다.), 중화(中和, 신강하지도 않고, 신약하지도 않다.), 신약(身弱, 일간을 도와주는 힘이 약하다.), 극신약(極身弱, 일간을 도와주는 힘이 매우 약하다.)으로 나뉜다. 강함의 정도를 강함, 매우 강함으로, 약함의 정도도 약함, 매우 약함으로 극(極) 자를 사용해서 정도를 나눴고, 신강이라 하기에는 약하고, 신약이라 하기에는 강할 때 이를 '중화'라고 한다.

중화는 신강처럼 강하다고도 볼 수 없지만, 신약처럼 약하지도 않다. 중화는 오행의 토를 떠올리면 된다. 토는 목, 화, 토, 금,

수 가운데 유일하게 계절의 색채가 없는 오행이다. 봄, 여름, 가을, 겨울은 각 사계절을 상징하지만, 토는 환절기로 모든 계절 사이에 들어가는 융통성이 있다. 즉, 중화는 강한 것은 강한 것대로 대처할 수 있고, 약한 것은 약한 것대로 대응할 수 있는 안정성이 있다. 통상적으로, 어제와 그제가 같고, 어제와 오늘이 같고, 오늘과 내일이 다르지 않아 보이는 삶을 사는 사람이 있는데, 그들이 바로 중화적인 모습이라 할 수 있다. 실제로 누가 봐도 안정적으로 보이는 삶을 사는 사람들 중에 중화가 많다.

그렇다면 득령(得令), 득지(得地), 득세(得勢) 그리고 실령(失令), 실지(失地), 실세(失勢) 등과 신강과 신약의 상관관계는 어떻게 되는 걸까?

간단히 말하자면 득령(得令)·득지(得地)·득세(得勢)를 하면 극신강이 되고, 실령(失令)·실지(失地)·실세(失勢)를 하면 극신약이 된다. 득령(得令)이나 득지(得地) 또는 득세(得勢) 중 하나만 하면 신약이 되고, 득령(得令)·득세(得勢)를 하면 신강 이상, 득령(得令)·득지(得地)를 하면 중화 이상, 득지(得地)·득세(得勢)를 해도 중화 이상이 된다.

시간	일간	월간	연간
시지	일지	월지	연지
득령: 월지			
득지: 일지			
득세: 연간, 연지, 월간, 시간, 시지			

다음에 나오는 다양한 원국을 보며, 직접 연습해보기 바란다.

월지가 일간과 같은 오행인 토이다. 득령했다. 일지는 일간과 같은 오행인 토이다. 득지했다. 득세인지 실세인지 살펴보면, 시지와 연간, 연지가 일간과 같은 오행인 토이다. 득세했다. 득령, 득지, 득세한 극신강한 원국이다.

편인	본원	비견	비견
辛	癸	癸	癸
酉	亥	亥	卯
편인	겁재	겁재	식신
☆	▲	▲	☀
庚 辛	戊甲壬	戊甲壬	甲乙
병	제왕	제왕	장생

신살

			역마	역마	문창 천을

93	83	73	63	53	43	33	23	13	3
비견	상관	식신	정재	편재	정관	편관	정인	편인	겁재
癸	甲	乙	丙	丁	戊	己	庚	辛	壬
丑	寅	卯	辰	巳	午	未	申	酉	戌
편관	상관	식신	정관	정재	편재	편관	정인	편인	정관
관대	목욕	장생	양	태	절	묘	사	병	쇠

월지가 일간과 같은 오행인 수이다. 득령했다. 일지도 일간과 같은 오행인 수이다. 득지했다. 득세인지 실세인지 살펴보면, 시지와 시간은 일간을 생해주는 오행인 금이다. 연간과 월간은 일간과 같은 오행인 수이다. 득세했다. 득령, 득지, 득세한 극신강한 원국이다.

월지가 일간과 같은 오행인 화이다. 득령했다. 일지는 일간을 극하는 오행인 수이다. 실지했다. 득세인지 실세인지 살펴보면, 시지와 월간이 일간과 같은 오행인 화이다. 시간은 일간을 생하는 오행인 목이다. 득세했다. 득령, 실지, 득세한 신강한 원국이다.

득령 득지

식신	본원	비견	상관
己	丁	丁	戊
酉	巳	巳	寅
편재	겁재	겁재	정인
▲	▲	▲	
庚 辛	戊庚丙	戊庚丙	戊丙甲
장생	재왕	재왕	사

신살

	문창 천을		

94	84	74	64	54	44	34	24	14	4
비견	겁재	편인	정인	편관	정관	편재	정재	식신	상관
丁	丙	乙	甲	癸	壬	辛	庚	己	戊
卯	寅	丑	子	亥	戌	酉	申	未	午
편인	정인	식신	편관	정관	상관	편재	정재	식신	비견
병	사	묘	절	태	양	장생	목욕	관대	건록

월지가 일간과 같은 오행인 화이다. 득령했다. 일지도 일간과 같은 오행인 화이다. 득지했다. 득세인지 실세인지 살펴보면, 월간과 연지만 일간을 생하는 오행인 목이다. 실세했다. 득령, 득지, 실세한 신강한 원국이다.

득지 득세

비견	본원	겁재	비견
辛	辛	庚	辛
卯	丑	子	巳
편재	편인	식신	정관
甲乙	癸辛己	壬癸	戊庚丙
절	양	장생	사

신살

			화개	도화 문창	공망 역마 천덕

94	84	74	64	54	44	34	24	14	4
겁재	비견	상관	식신	정재	편재	정관	편관	정인	편인
庚	辛	壬	癸	甲	乙	丙	丁	戊	己
寅	卯	辰	巳	午	未	申	酉	戌	亥
정재	편재	정관	정관	편관	편인	겁재	비견	정인	상관
태	절	묘	사	병	쇠	제왕	건록	관대	목욕

월지가 일간이 생하는 오행인 수로 실령했다. 일지는 일간을 생하는 오행인 토이다. 득지했다. 득세인지 실세인지 살펴보면, 연간, 월간, 시간이 일간과 같은 오행인 금이다. 득세했다. 실령, 득지, 득세한 중화인 원국이다.

월지가 일간이 생하는 오행인 목으로 실령했다. 일지는 일간을 생하는 오행인 금이다. 득지했다. 득세인지 실세인지 살펴보면, 연간과 월간은 일간을 생하는 오행인 금이고, 연지는 일간과 같은 오행인 수이다. 득세했다. 실령, 득지, 득세한 중화인 원국이다.

득세

월지가 일간이 생하는 오행인 금이다. 실령했다. 일지는 일간을 극하는 오행인 목이다. 실지했다. 득세인지 실세인지 살펴보면, 시지와 연지가 일간과 같은 오행인 토이다. 연간과 월간, 시간은 일간을 생하는 오행인 화이다. 득세했다. 실령, 실지하고, 득세만 한 명식은 대부분 신약하지만 이 경우는 예외적이다. 일간과 월지 및 일지를 제외한 나머지 다섯 개가 전부 일간 무토(戊)를 지원하는 오행이다. 실령, 실지했으나 완벽한 득세의 형국으로 신강에 가까운 중화로 보아야 한다. 더 들여다 보면 일간 무토(戊)가 지지 네 개 모두의 지장간 속에 뿌리를 내리고 있음을 알 수 있다. 천간이 지지에 뿌리를 내리고 있는 것을 통근(通根)이라 하는데 이 원국의 일간 무토(戊)는 사주 모두에 통근했으므로 강력한 신강이라고 보아야 할 것이다. 특별한 원국이라 소개한다.

상관	본원	비견	정재
甲	癸	癸	丙
子	巳	巳	子
비견	정재	정재	비견
壬癸	戊庚丙	戊庚丙	壬癸
건록	태	태	건록

신살

		월공	천을	천을	

99	89	79	69	59	49	39	29	19	9
비견	겁재	편인	정인	편관	정관	편재	정재	식신	상관
癸	壬	辛	庚	己	戊	丁	丙	乙	甲
卯	寅	丑	子	亥	戌	酉	申	未	午
식신	상관	편관	비견	겁재	정관	편인	정인	편관	편재
장생	목욕	관대	건록	제왕	쇠	병	사	묘	절

월지가 일간이 극하는 오행인 화이다. 실령했다. 일지도 일간이 극하는 오행인 화이다. 실지했다. 득세인지 실세인지 살펴보면, 시지와 연지, 월간, 시간이 일간과 같은 오행인 수이다. 득세했다. 실령, 실지, 득세한 중화인 원국이다.

신약 득지

월지가 일간을 극하는 오행인 화이다. 실령했다. 일지는 일간을 생하는 오행인 토이다. 득지했다. 득세인지 실세인지 살펴보면, 시지만 일간을 생하는 오행인 토이다. 실세했다. 실령, 득지, 실세한 신약한 원국이다.

월지가 일간이 생하는 오행인 수로 실령했다. 일지는 일간을 생
하는 오행인 토이다. 득지했다. 득세인지 실세인지 살펴보면, 시
간만 일간과 같은 오행인 금이다. 실세했다. 실령, 득지, 실세한
신약한 원국이다.

득령

월지가 일간과 같은 오행인 토이다. 득령했다. 일지는 일간이 생
하는 오행인 금이다. 실지했다. 득세인지 실세인지 살펴보면, 월
지와 일지, 일간을 제외한 다섯 자리가 모두 기토의 힘을 빼앗는
목과 수이다. 실세했다. 득령, 실지, 실세한 신약한 원국이다.

실령 실지 실세

월지가 일간을 극하는 오행인 목이다. 실령했다. 일지는 일간이
생하는 오행인 금이다. 실지했다. 득세인지 실세인지 살펴보면,
일간을 생하는 오행이 하나도 없다. 실세했다. 실령, 실지, 실세한
극신약한 원국이다.

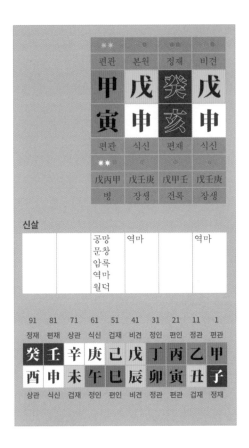

**	⊗	⊗⊞	⊗
편관	본원	정재	비견
甲	戊	癸	戊
寅	申	亥	申
편관	식신	편재	식신
**			
戊丙甲	戊壬庚	戊甲壬	戊壬庚
병	장생	건록	장생

신살

		공망 문창 암록 역마 월덕	역마		역마

91	81	71	61	51	41	31	21	11	1
정재	편재	상관	식신	겁재	비견	정인	편인	정관	편관
癸	壬	辛	庚	己	戊	丁	丙	乙	甲
酉	申	未	午	巳	辰	卯	寅	丑	子
상관	식신	겁재	정인	편인	비견	정관	편관	겁재	정재

월지가 일간이 극하는 오행인 수이다. 실령했다. 일지는 일간이 생하는 오행인 금이다. 실지했다. 득세인지 실세인지 살펴보면, 연간만 일간과 같은 오행인 토이다. 실세했다. 실령, 실지, 실세한 극신약한 원국이다.

이것을 점수로 환산하면 좀 더 쉽게 알 수 있다. 명리학자 김동완 선생이 '김동완의 사주명리학 시리즈'에서 제시한 점수별 판별법에 각 간지의 점수 배분을 내 생각에 맞게 수정했다.

원국을 총점 100점으로 보고 각 천간과 지지에 점수를 부여하여 그것의 합이 55점이 넘으면 신강으로 보고, 40점 미만이면 신약으로 본다. 40~55점 사이는 중화로 판별하되 같은 55점인 경우, 득령(得令)이 되면 신강으로 보고, 실령(失令)이 되면 중화로 보자는 방식이다. 마찬가지로 40점인 경우, 득령(得令)이 되면 중화로 보고, 실령(失令)이 되면, 신약으로 보는 방식이다. 각 천간과 지지에 부여된 점수는 연간 8점, 월간 12점, 일간은 기준점이니 제외하고, 시간은 12점, 연지는 8점, 월지는 25점, 일지는 20점, 시지는 15점이다.

시간	일간	월간	연간
12점		12점	8점
시지	**일지**	**월지**	**연지**
15점	20점	25점	8점

오행의 점수로 신강신약을 판별하는 것은 어디까지나 초보자들의 이해를 돕기 위해서다. 위 표에서 각 위치마다 점수의 배분이 다른 것을 이해하겠는가? 물론 위의 표는 나의 자의적인 기준이다. 김동완은 월지에 30점, 일지와 시지를 15점, 그리고 나머지를 10점으로 배분했다. 오행의 조후(調候)가 핵심인 명리학에서 월지의 중요함은 말할 필요조차 없다. 실제로 대부분의 명리학자들은 월지에 30퍼센트를 부여한다. 하지만 내 생각은 조금 다르다. 농경 사회에서 산업사회로의 진화는 그 만큼 자연의 시간이 인간을 지배하는 힘이 점점 줄어드는 것을 의미한다. 다시 말해 백 년 전의 우리가 여름과 겨울의 기운을 느낀 것과 오늘날 느끼는 것은 본질적으로 다르다. 그래서 나는 월지의 작용력을 덜어 일지에 5점을 배분했다. 일지는 일간을 받치는 주춧돌이자 부부궁(夫婦宮)에 해당한다. 대가족 사회 시절과는 달리 개인주의적이고 부부 중심의 가족 문화를 이루는 현대 사회에서 일지의 중요성은 이전보다 훨씬 커졌다.

『용신비법』을 쓴 운정 추일호는 간지의 점수 배분에서 월지에 30점, 일지에 20점, 시지에 15점, 연지에 13점 등 네 지지에 무려 78점을 배분하고 월간과 시간에 9점, 연간에는 4점만을 배분하는 기준을 제시하기도 했다. 그는 인간의 삶 전체에 있어 천간의 추상성보다는 지지의 현실성이 훨씬 강하게 적용한다고 보았기 때문이리라. 세속적 가치에 우선적으로 집착하는 인간의 본성을 감안할 때 일견 타당해 보이는 기준일 수도 있다. 하지만 일천

한 나의 경험으로 미루어 볼 때 인간은 구체적인 동기로만 움직이지 않는다. 자신은 인지하지 못한다 하더라도 무의식적이며 관념적이고 감각적인 자신의 가치 판단에 따라 삶의 국면을 판단하고 결정하기도 한다. 이와 같은 고민의 결과가 바로 위의 표이며 다시 한 번 말하지만 이것은 어디까지나 참고만 할 뿐이지 절대적인 판단 기준으로 생각해서는 안 된다. 가령 다음과 같은 예외들이 있다.

점수로는 중화에 속하지만 신강으로 적용할 수는 없을까? 즉, 점수로는 신강이 아니지만, 십이운성과의 관계 속에서 신강으로 적용할 수 있는 방법이 있다. 즉, 십이운성 중 장생, 관대, 건록, 제왕이 네 개 중에 세 개 이상 있으면 신강하다고 본다. 즉, 내 일간의 기운을 돕는 오행의 기운은 강한 편이 아니지만 내가 살아가는 원동력, 에너지의 크기가 크면 그 균형을 맞추기 위해, 신강하다고 본다.

	극신약 0~10점	신약 11~39점	40점	중화 41~54점	55점	신강 56~83점	극신강 84~100점
득령 (得令)의 경우	극신약	신약	중화	중화	신강	신강	극신강
실령 (失令)의 경우	극신약	신약	신약	중화	중화	신강	극신강

또 중화에 해당하는 점수지만 앞의 득세의 원국에서 설명했듯이 일간의 주변(월간과 시간) 및 일간의 뿌리(일지, 월지, 시지)가 일간을 강력하게 형성한 경우이다. 이런 경우에 일간은 언뜻 보기엔 힘이 약할 것 같아 보이지만 내면적으로는 어지간한 신강보다도 추진력과 집중력이 뛰어난 경우가 많다.

만일 월지와 시지에 토(土)가 들어온 경우에는 점수에 변화를 준다. 월지가 축토(丑)인데 월지의 십신이 비겁(比劫)이나 인성(印星)일 경우, 그리고 월지가 미토(未土)인데 십신이 인성(印星)일 경우 13점을 준다. 일간이 수(水)나 목(木)인데 월지가 축토(丑)인 경우, 일간이 수인데 월지가 관성(官星)인 경우, 일간이 목인데 월지가 재성(財星)인 경우 축토(丑)는 사실상 수의 성분이 거대하므로 역시 13점을 부여한다. 이 경우, 미월(未月)은 해당 사항이 없다. 시지의 경우도 마찬가지다. 월지에 해수(亥), 자수(子), 축토(丑)가 있는 경우에 한해, 시지가 축토(丑)인 경우 십신이 비겁과 인성에 해당한다면 8점만 부여했다.

득령(得令), 득세(得勢), 득지(得地)의 세 가지 요소로 신강 이상인지 신약 이하인지, 중화인지 판별한다. 극신강과 극신약은 신강과 신약의 범주에 포함된다. 신강은 기본적으로 자신감, 자기중심적인 추진력, 리더십, 자신이 결정해서 움직이려는 의지가 강한 사람으로, 주목을 받지 못하면 마음이 편치 않다. 그에 반해 신약은 기본적으로 나서고 싶어 하지 않고, 또한 주목받는 것도 부담스러워 한다. 하지만 마음속으로는 인정받고자 하는 열망이 가득하다. 인정 욕구가 있는 사람은 신약한 사람일 가능성이 크다. 인정 욕구가 컸던 오스트리아의 작곡가 모차르트(Wolfgang Amadeus Mozart, 1756~1791)는 짐작컨대 신약한 인물이었을 것이다. 실제로 그의 원국을 점수로 계산하면 음(陰) 재성(財星)이 지배하는 16점의 신약이다. 신약한 사람은 기본적으로 인정 투쟁을 벌인다. 자신의 약함을 알기에 타자와의 관계를 잘 설정하려고 노력한다.

그에 비해 신강한 사람은 타인에게 인정을 구하지 않는다. '극신강'은 신강이 매우 강한 경우로, 신강의 연장선상에 있다. 끝과 끝은 통하는 것처럼 극신약은 신약의 연장선이라기보다는 극신강과 같은 자리이므로 좀 주의해서 봐야 한다. 극신강과 극신약 모두 극단적인 힘이다. 활동성과 독립성, 과시성이 강해서 일의 결과가 극단적이다. 극신약은 모험적이고, 대책이 없고, 일단 저지르고 생각한다. 타자와의 관계를 중요하게 생각하는 신약과 다른 양상을 보인다. 다시 말해, 극신강과 극신약은 완전히 다른 질서에 속해 내용은 다르지만, 드러나는 양상은 비슷한 경우가 많다. 그에 비해, 중화는 안정성과 실천성이 뛰어나다. 재벌들 중에는 신약한 사람들이 많고, 예술가들이나 혼자서 작업을 하는 사람들은 신강한 사람들이 많다. 특히, 재벌처럼 큰 회사를 경영하는 사람들 중에는 신약한 사람들이 많은데, 좀 더 자세히 살펴보면 득령(得令)과 득지(得地)는 못하고, 득세(得勢)만 한 신약한 사람들이 많다.

이렇게 신강과 신약을 판별해야 하는 이유는 나의 강약의 경우에 맞는 키 카드(key card)를 찾기 위해서이다. 키 카드를 용신(用神)이라고 한다. 태어나는 순간 결정된 원국의 강함과 약함에 따라 필요한 기운이 무엇인지 찾는 키 카드를 용신이라고 한다. 내가 강한지 약한지를 알아야 나에게 맞는 처방(용신)이 보인다. 넘치면 덜어내고, 부족하면 채워서 균형을 맞추기 위해 신강과 신약을 판별하는 것이다. 즉, '내가 조화로운 생활을 하는 데 필요한 오행(나의 아군)은 무엇인가?', '지금 이 순간, 나아갈 때인가 물러설 때인가?', '내게 부족한 것을 채우기 위한 오행은 무엇인가?', '내가 조심해야 할 관계는 무엇인가?' 등등을 판별하기 위해서는 신강과 신약을 파악해야 한다.

이렇게 신강과 신약까지 판별하면, 우리가 볼 원국은 완성된다. 다시 요약하자면, 원국을 보는 순서는 다음과 같다.

1단계. 음양오행의 세력과 고립의 유무를 살펴본다.
2단계. 천간과 지지의 충과 합을 살핀다.
3단계. 십신과 십이운성을 판별한다.
4단계. 신살의 유무를 살핀다.
5단계. 신강과 신약을 가늠하고, 전체 원국의 특성을 정리한다.
6단계. 10년마다 바뀌는 대운과 해마다 찾아오는 세운을 해석한다.
7단계. 특수 관계인의 사주와 자신과의 관계를 검토한다.

이렇게 일곱 단계를 밟으면 한 인간을 이해하는 첫걸음이 드디어 완성된다. 그렇다면 기본적으로 원국표를 보는 방법을 간단히 설명하겠다. 아래의 그림은 만세력 프로그램을 통해 한 사람의 생년월일과 태어난 시간을 입력하면 볼 수 있다.

이것이 바로 '원국표'(命式表)다. 원국(原局)은 '태어날 때 주어진 명'이란 뜻이다. 원국표는 내가 태어난 시간을 음양오행으로 알기 쉽게 바꾼 표라고 이해하면 된다. 위의 그림에서 왼쪽은 나의 원국표이다. 오른쪽에 독자의 이해를 위해 원국표를 항목별로 설명했다. 지금까지 배운 것들이 어떻게 적용되는지 살펴보자.

나는 양력 1962년 3월 11일 오전 1시에 태어났다. 이 숫자를 '좌파명리학' 프로그램에 넣으니, 위와 같이 나의 원국이 나왔다.

오른쪽부터 연주, 월주, 일주, 시주라는 네 개의 기둥(사주四柱)이 있고, 윗줄의 천간 네 글자, 아랫줄의 지지 네 글자를 합해 도합 여덟 글자(팔자八字)가 있다. 이 여덟 글자는 태어난 순간 정해진 바꿀 수 없는 나의 질료이다. 운명(運命)이라는 말의 명(命)에 해당한다. 이를 다른 말로 '원국'(原局)이라고 부른다. 이렇게 보면, 나는 임인년(壬寅年), 계묘월(癸卯月), 무신일(戊申日), 임자시(壬子時)에 태어났다.

사주팔자(四柱八字)의 위아래에 쓰여 있는 편재, 정재, 본원, 편재, 편관, 정관, 식신, 정재 이런 글자들은 '십신'이다. 이 십신을 '육친'으로 부른다는 것도 앞에서 이미 말했다. 이 십신은 음양오행, 천간과 지지의 원리를 통해 이해한 '우주의 원리를 인간 사회의 조건으로 바꾼 것'이다. 형제, 동료, 자식, 취미, 돈, 봉사, 관직,

취업, 명예, 공부, 의존 등의 사회적 관계에 대한 정보를 바로 이 십신을 통해 알 수 있다.

각 지지의 십신 아래 있는 병, 사, 장생, 제왕이라는 글자는 '십이운성'을 가리킨다. 십이운성은 해당 주(柱)의 십신이 운용되는 에너지의 강약을 표현한 것으로, 십신과 결부될 때 좀 더 구체적인 의미를 드러낸다.

십신과 십이운성 사이에 있는 무병갑(戊丙甲), 갑을(甲乙), 무임경(戊壬庚), 임계(壬癸), 무임경(戊壬庚)…… 등의 글자는 '지장간'이다. 지장간은 '지지 속에 숨어 있는 천간'이란 뜻이다. 예를 들어, 인목(寅)의 지장간 무병갑(戊丙甲)의 초기는 무(戊), 중기는 병(丙), 정기는 갑(甲)의 천간이 지지 안에 있다는 것을 알려준다. 이 지장간은 지지의 합과 충의 원리를 이해하는 데 도움이 된다.

천간 충합, 지지 충합이라고 표시된 부분의 기호는 각각 충, 반합, 합을 뜻한다.

원국표의 가운데에 보이는 양인, 역마, 천덕, 공망, 귀문, 도화, 문창, 암록 등의 글자는 '신살'(神殺)을 말한다.

신살 아래 있는 8, 18, 28, 38, 48, 58, 68, 78, 88, 98이라는 숫자와 숫자 아래 있는 간지 부분은 '대운'을 가리킨다. 대운은 나에게 적용되는 우주의 기운을 간지로 표현한 것인데, 우주의 기운은 10년을 단위로 바뀐다. 대운의 변화에 따라 원국도 드라마틱하게 변화한다. 여기에 표시하지 않았지만 프로그램의 대운을 클릭하면 대운에 해당하는 10년의 연운(年運)이 나타난다. 연운은 1년 동안 그 사람에게 영향을 미치는 간지(干支)를 말한다.

이제 나의 사주를 예로 들어 원국을 보는 방법을 설명하겠다.

첫 번째, 음양과 오행, 조후를 살핀다.

음양은 연주, 월주, 일주, 시주의 사주(四柱)의 음양의 기운을 본다. 연주는 양, 월주는 음, 일주는 양, 시주는 양의 기운으로 각 간지에 맞는 음양을 적용하여 그 수를 보면 된다. 이것은 기본적으로 외워두어야 한다. 나는 양이 여섯 개, 음이 두 개로 양의 기운이 강한 사주이다.

오행은 목이 두 개, 화는 없고, 토가 한 개, 금이 한 개, 수가 네

개로, 월지에 목이 있어서 수의 기운과 목의 기운이 강한 사주임을 알 수 있다.

무토 일간이 묘월 자시에 태어났으니 수가 과다함에도 불구하고 이제 막 깨어나는 봄기운이 강한 조후임을 알 수 있다.

두 번째, 천간과 지지의 충과 합을 보면, 천간에서는 일간 무토가 연간과 시간의 임수와 쟁충을 한다. 일간 무토와 월간 계수는 합을 한다. 무토는 나머지 모든 천간들과 쟁충합을 하는 관계에 있다. 지지에서는 일지 신금이 시지와는 신자진(申子辰) 삼합 중 두 개가 합을 하는 반합(半合)을 하고, 연지 인목(寅)과는 지지의 충인 인신충(寅申沖)이 발생한다. 월지 묘목(卯)과는 암합(暗合)을 한다.

세 번째, 십신을 살펴보면, 재성이 네 개로 가장 힘이 세고, 월지와 연지에 있는 관성은 천간에 재성들이 생해주고 있어서 두 번째로 힘이 세다. 특징적인 점은 혼잡이 많다는 점이다. 연지와 월지는 편관과 정관이 나란히 있는 관살혼잡이 연간과 월간은 편재와 정재가 나란히 있는 재성혼잡이다. 시주의 시간과 시지의 편재와 정재의 재성혼잡까지, 세 개의 혼잡이 원국을 뒤덮고 있다. 일간과 같거나 일간을 돕는 인성과 비겁이 하나도 없다. 자신을 돕는 힘이 없어 극신약한 사주임을 알 수 있다.

네 번째, 신살을 살펴보면, 월지와 시지에 타인의 매력을 끄는 도화가 있고, 연지와 일지에는 역마가 있다. 사람들과 함께 있을 때 관심을 받는 힘과 여기저기 이동할 수 있는 운동성이 강한 사주이다. 암록, 천덕, 양인 등 프리랜서일 때 자신에게 도움을 주고, 강하게 세상을 끌어갈 수 있는 신살의 에너지가 강력한 점이 이 사주의 특징이다.

다섯 번째, 토가 다른 오행들에게 모두 힘을 빼앗기거나 공격받고 있는 극신약한 사주이다. 극신약한 사주는 비겁이나 인성이 필요한데, 이 사주에서는 목의 기운이 매우 강해서, 토를 극하는 목의 위협도 지키면서 자신을 보호할 토와 화가 가장 필요하다. 일간인 무토가 용신이 된다. 지금까지 배운 것으로는 여기까지가 이해할 수 있는 전부일 것이다. 좀 더 진도를 나가면 점점 더 눈에 보이는 것이 많아질 것이다.

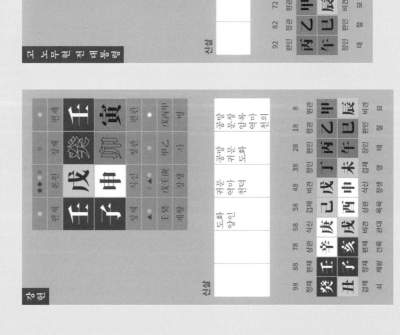

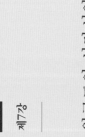

원국표의 신강신약

7강에서 신강신약에 대해 배웠다. 이제 비로소 원국을 다 이해하게 되었다. 신강신약을 판별하는 큰 기준은 '득령(得令)했는가?', '득지(得地)했는가?', '득세(得勢)했는가?'이다. 득령은 일간과 월지의 오행 사이의 관계로 판단하고, 득지는 일간과 일지의 오행 사이의 관계로 판단한다. 득세는 일간과 연간, 연지, 월간, 시간, 시지 사이의 오행의 관

271

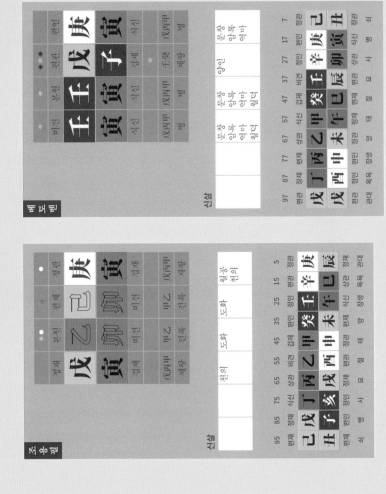

제로 판단한다. 일간의 오행과 같거나 일간의 오행을 생하는 오행이 있을 경우에는 득(得) 자를 붙이고, 아닌 경우에는 실(失) 자를 붙인다. 이에 따라 득신강, 신강, 중화, 신약, 득신약으로 나뉜다는 것을 알았다.

나의 원국은 실령(失令), 실지(失地), 실세(失勢)해서 극신약한 원국이다. 나를 도와주는 인성(印星)과 비겁(比劫)은 하나도 없고, 나의 기운을 빼앗아가는 재성(財星) 네 개, 나의 기운을 빼앗아가는 재성(食傷) 관성(官星) 두 개, 식상(食傷) 한 개로 가득하다.

이번에는 고 노무현 대통령의 신강신약에 대해 살펴보자. 고 노무현 대통령의 원국표를 보면, 고는 실령·실지 했지만, 득세의 힘이 강하고 일간 무토가 강력하게 지지에 뿌

272

리를 내면 중화지만 신강한 원구으로 파악함이 옳겠다. 그를 도와주는 인성과 비겁이 많고, 그의 기운을 빼앗아가는 식성과 관성은 적다.

이번에 조용필의 신강신약에 대해 살펴보자. 그의 원구은 득령, 득지, 득세(시지와 연지에 일간과 같은 오행)해서 완벽하게 신강한 원구이다. 그를 도와주는 비겁이 많고, 그의 기운을 빼앗아가는 재성과 관성은 적다.

마지막으로 베토벤의 신강신약에 대해 알아보자. 그의 원구은 득령은 설기했지만, 득세했다고 볼 수는 없어 약간의 원구이다. 그를 도와주는 인성과 비겁이 연간과 월지 그리고 시간에 하나씩 있지만, 일간의 기운을 하무는 식신과 편관의 기운 역시 만만찮게 대립하고 있는 형구이다.

육체야말로
인간의 질,
영혼이나 정신은
그것의 일부.

프리드리히 니체
Fridrich Wilhelm
Nietzsche

넘치는 것과 모자라는 것

건강용신과 행운용신

용신(用神)의 용은 쓸 용(用) 자다. 즉, 용신이란 자신의 원국에서 신강(극신강) 또는 신약(극신약)한 일간을 조화롭게 만들기 위해 가장 필요한 천간의 음양오행을 찾는 것이다. 간단히 말해서, '나를 잘 쓰이게 하는 기운'이라는 의미다. 그런데 여기서 궁금한 게 하나 있다. 중화는 왜 언급하지 않는 것일까? 중화는 그 자체로 일간의 신강과 신약의 차이가 크지 않은 상태이기에, 용신이 큰 의미가 없기 때문이다. 이 경우에는 용신을 굳이 찾기보다는 대운과 세운을 살펴서 그해 들어오는 기운을 잘 사용하는 것이 좋다.

다시 말해서, 용신은 내가 가지고 있는 잠재력을 가장 원활하게, 조화롭게, 무리하지 않되 가장 영향력 있게 사용하도록 하는 힘을 말한다. 그렇다고 모든 걸 해결해주는 만병통치약은 절대 아니다.

용신은 필연적으로 불완전할 수밖에 없는 원국을 최대한 조화롭고 균형 있게 만들어주는 오행을 의미한다. 넘치는 오행의 힘은 덜어주고, 모자라거나 부족한 오행의 힘은 더해줌으로써 궁극적으로 일간의 기운을 가장 효율적으로 극대화시켜준다. 희신(喜神)은 그 용신을 생해주는 기운이다. 쉽게 말해, 용신과 희신은 같은 편이다. 때로는 용신보다 희신이 더 큰 역할을 할 때도 있다.

그 반대편에는 기신(忌神)과 구신(仇神)이 있다. 기신은 용신을 극하는 오행으로 용신과는 달리 원국의 조화와 균형을 깨트린다. 구신은 이런 기신을 생해주는 기운이다.

이 용신과 희신, 기신과 구신 사이에 한신(閑神)이 있다. 한신은 용신을 공격하는 기신을 극하는 오행이므로 한신 역시 희신처럼 용신보다 큰 역할을 할 때가 있다.

곧 다시 나오겠지만 나의 경우 용신은 무토이다. 오행상으로 보면 토가 용신이므로 희신은 그 토를 생해주는 화가 된다. 그렇다면 기신은 무엇일까? 용신인 무토를 공격하는 목이 기신이 될 것이고, 그 기신을 생해주는 수가 구신이 될 것이다. 여기 어디에도 속하지 않은 금은 한신이 된다. 이 한신은 용신 세력인 토와 화의 기운을 빼앗기도 하지만 기신인 목을 또한 극하는 오행이므로 상황에 따라서는 간접적으로 용신을 보호하는 중요한 역할을 수

행하기도 한다.

　　그럼 용신은 꼭 하나인가? 꼭 그렇지는 않다. 학파마다 용신에 대한 입장이 여럿이다. 세상이 복잡해지면서 용신이 두 개 이상인 경우도 있다. 그리고 한번 용신은 영원히 용신인가? 그것도 아니다. 용신이 대운과 세운에서 합과 충을 해서, 용신의 역할이 무력해지기도 한다. 때에 따라 용신이었던 것이 기신이나 구신처럼 더 원국의 부조화를 가중시키기도 한다.

　　그렇다면 용신은 어떻게 확인할 수 있을까? 이 단계에서 공부를 그만둔 사람이 참 많다. 하지만 우리는 포기하지 말고 끝까지 가보자!

　　우선 태어난 생년월일시를 넣어 원국표를 만들어보면, 연주·월주·일주·시주, 즉 여덟 개의 글자를 보게 된다. 이 글자 가운데 어떤 오행이 고립되어 있는지 확인해야 한다.

　　예를 들어, 어떤 사람의 시간이 '토'인데 그 옆에 있는 일간, 일지, 시지가 전부 '목'이라면, 시간에 있는 토는 자기를 공격하는 목에 둘러싸여 있는 셈이다. 이때 이 토는 이미 토가 아니다. 즉, 목에 의해 산산히 갈라진 땅인 것이다. 이런 경우의 토를 고립되었다고 한다. 이렇게 살펴보면, 원국의 오행상 고립이 두세 개인 사람도 있다. 이럴 때 고립된 오행을 살리는 것, 그것이 바로 '건강용신'이다.

　　건강용신의 개념을 우리에게 쉽게 제시해준 사람은 명리학자 김동완이다. 나는 몇몇 부분에 있어서는 그의 의견에 동의하지 않지만, 건강용신을 일깨워준 그의 공헌은 존중 받아 마땅하다고 생각한다.

　　사실 용신은 건강을 살피는 '건강용신'과 그 외의 전반적인 상황을 살피는 '행운용신' 두 가지가 있다. 나는 건강용신이 제일 중요하다고 생각한다. 생사의 고비를 넘겨보지 않은 사람은 건강의 소중함을 모른다. 건강하지 않으면 행운용신도 아무런 의미가 없다. 그만큼 건강용신은 중요하다.

건강용신을 이해하기 위한 키워드, 발달·과다·고립

일단 건강용신을 이해하려면 오행의 발달(發達), 과다(夥多), 고립(孤立)에 대한 이해가 필요하다.

우선, 무엇을 '발달'(發達)이라고 하는가? 하나의 오행이 세 개가 있거나, 하나의 오행이 월지를 포함해서 두 개가 있는 경우 발달이라고 한다. 발달인 오행이 모두 양이거나 모두 음이라서 하나의 기운만 있어 순일(純一)하다면 음양이 섞여 있는 발달보다 그 오행의 성격이 강하다. 양과 음 사이의 강도는 크게 다르지 않으나 양이 두 개고 음이 하나라면, 양의 성격이 조금 더 강하다고 해석한다. 오행이 목인 월지 하나와 다른 간지의 목 오행이 하나 있는 경우, 월지가 낀 쪽의 영향력을 더 크다고 본다.

'과다'(夥多)는 하나의 오행이 네 개가 있거나 하나의 오행이 월지를 포함해서 세 개가 있는 것을 말한다. 하나의 오행이 다섯 개 이상인 경우는 그리 많지 않다. 그리고 그 경우는 전왕(專旺)이 될 가능성이 높으므로 다음 장에서 따로 이야기하겠다.

세 번째 '고립'(孤立)은 자신을 극하고, 자신이 극하며, 자신이 생해주는 오행으로 둘러싸여 있는 경우이다. 고립은 건강과 관련해서 가장 관심을 가지고 봐야 한다. 가령 시간이 '수'인데 일간, 일지, 시지가 모두 '토'로 둘러싸여 있다면 이 시간의 '수'는 자신을 극하는 오행으로 둘러싸여 있으므로 살벌한 '고립'으로 꽝장히 위험하다. 이 시간의 수가 화로만 둘러싸여 있어도 위험하다. 큰 불이 났는데 주전자 하나를 가지고 불을 끄는 형국이다. 아마 이 수는 이 강력한 불길 속에서 불을 끄기는커녕 수증기로 화할 가능성이 높다.

자기가 생하는 것으로 둘러싸인 것도 마찬가지다. 마당에 나무가 열 그루가 있는데, 간장 종지 하나에 담긴 물밖에 없다면 자신이 먼저 마를 것이다. 이처럼 자기를 극하는 게 제일 치명적이고, 자기가 극하는 건 자신도 어느 정도 타격을 입는 것이고, 자기가 생해주는 것도 문제가 된다. 이 강도의 순으로 고립되었을 때 그 오행에 해당하는 건강을 잘 지켜야 한다. 고립은 해당 오행의 성질 및 해당 장기와 십신의 문제를 야기하기 때문에 입체적으로 생각해야 한다.

　고립이 한 개만 되어도 그걸 구원하는 데 온 우주가 도와야 한다. 그런데 고립이 두 개가 있다면 어떻게 될까? 예를 들어, 시간의 수가 고립인데 연지에 화도 고립이 되었다. 수를 돕자니 화의 고립은 더 심해질 것이며 화를 돕자니 수가 더 힘을 잃게 된다. 이럴 경우 유심히 살펴서 행운용신을 정하기보다는 먼저 고립된 것을 구하는 것이 더 중요하다.

　그럼 발달, 과다, 고립은 어떻게 해석할까? 우선, 발달은 그 해당 오행의 안정 속에서의 성장을 의미한다. 그에 비해 과다는 굉장히 극단적이다. 이것 아니면 저것이다. 대박 아니면 쪽박이다. 아주 모험적인 극단성을 갖는다. 따라서 발달보다는 섬세하고 조심스럽게 접근해서 판단해야 한다. 남들이 이루지 못한 것을 이룰 수 있는 힘이지만, 일반적으로는 처참한 좌절과 실패를 동반하는 것으로 보기 때문이다. 가장 큰 문제는 고립이다. 발달, 과다, 고립 중에서는 고립을 제일 먼저 보고 과다, 발달의 순으로 살펴야 한다. 그렇다고 발달을 대충 보면 안 된다. 아무것도 없을지라도 문제가 생기려면 생길 수 있기 때문이다. 그렇다면 오행의 순서대로 발달, 과다 고립을 상세히 한번 들여다보자.

목(木)

첫 번째는 목(木)의 발달, 과다, 고립이다. 목은 성장의 기운이고, 봄의 기운이다. 자신감과 미래를 향한 진취적인 의지가 있다. 명예욕이 있으며 기본적으로 긍정적이다. 최악의 상황에서도 희망을 잃지 않는다. 치명적인 병에 걸렸을 때는 의사의 처방과 수술

木
봄, 아침, 동(東), 청(靑),
3과 8, 인(仁), 간담
(肝膽: 간과 쓸개), 뼈(骨),
성장, 의지, 명예, 오만

도 중요하지만 환자의 의지가 중요하다. 같은 병에 걸렸다면 목의 성분이 강한 사람이 회복이 빠르다. 목은 섬세하지만 복잡하다.

　목의 성분이 강한 사람은 처음에는 친해지기 쉬워도 깊이 친

해지는 건 무척 어렵다. 음흉해서 그런 게 아니라 복잡해서 그렇다. 겉으로 보기에는 대인 관계가 유연해 보이지만, 섣불리 내 편이라 생각하면 큰일 난다. 하루아침에 모른 척할 수 있는 유형이기 때문이다. 목이 발달한 경우는 목의 긍정적인 특성이 잘 드러난다. 즉, 중용의 특성이 기본적으로 활성화된다.

그러나 목이 과다하면 그 성격이 극단적으로 드러난다. 자신감이 지나치고 과시욕을 보인다. 특히, 여자가 목이 과다하면 외모에 대한 관심이 지나쳐서 성형 중독에 걸릴지 모르니 조심해야 한다. 또한 시작하는 건 많아도 끝을 내는 게 없다. 그리고 목이 발달하면 자신의 명예도 중요하지만, 전체 조직과의 조화를 고려한다. 그러나 목이 과다하면 그 조화로움이 깨진다. 규제와 구속, 지시를 거부하고, 자신이 모든 것을 결정하려는 의지가 강해진다.

그렇다면 목이 고립되면 어떻게 될까? 고립은 건강과 관련해서 잘 살펴야 한다고 이미 이야기했다. 목과 관련된 장기는 간과 담과 뼈이다. 오늘날에는 목이 고립되는 것을 조심해야 한다. 바로 뼈 때문이다. 요즘 사고의 대부분은 교통사고다. 전통 사회에서는 낙상 말고는 뼈를 다칠 일이 없었다. 그러나 지금은 너무나 많다.

간과 담 역시 문제다. 토는 비장과 위장이라 문제가 생겨 잘 라내도 살 수 있는 가능성이 높다. 그러나 간은 자각하는 순간 끝인 경우가 많다. 그만큼 치명적이니 늘 잘 살펴야 한다. 이제부터는 실제 사례를 놓고 살펴보자.

281쪽의 원국을 보면, 천간에 수가 세 개이고, 지지에도 수의 경향이 강해 보이지만, 월지가 목이고, 인목까지 딱 세 개를 채워서 전형적인 목 발달형이다. 이 사람에게 인목과 묘목의 십신은 정관과 편관이다. 나란히 있어 관성의 긍정적인 작용을 기대하기 어렵게 됐다. 약간 엉키긴 했지만, 목이 발달했다고 판단하는 이유는 월지, 연지의 목 위에 계수와 임수가 있어 목의 기운이 엄청나게 활성화되었기 때문이다. 목 발달의 전형적인 사례이다. 이 사람은 얼굴이 깎이는 것을 도저히 참을 수 없다. 대인 관계는 굉장히 유연하고 원만한 것 같으나, 알고 보면 성격이 좋지만은 않다. 시작은 많이 하지만 끝까지 가는 경우는 별로 없다. 목이 세

편재	본원	정재	편재
壬	戊	癸	壬
子	申	卯	寅
정재	식신	정관	편관
壬癸	戊壬庚	甲乙	戊丙甲
제왕	장생	사	병

신살

		도화 양인	귀문 역마 천덕	공망 귀문 도화	공망 문창 암록 역마 천의

98	88	78	68	58	48	38	28	18	8
정재	편재	상관	식신	겁재	비견	정인	편인	정관	편관
癸	壬	辛	庚	己	戊	丁	丙	乙	甲
丑	子	亥	戌	酉	申	未	午	巳	辰
겁재	정재	편재	비견	상관	식신	겁재	정인	편인	비견
쇠	제왕	건록	관대	목욕	장생	양	태	절	묘

개밖에 안 되지만, 수의 기운을 받아 더욱 활성화됐기 때문이다. 발달과 과다의 중간쯤이다. 만약에 편관이나 정관 어느 쪽으로든 두 개였다면 훨씬 더 좋았을 텐데 정관과 편관이 각각 하나씩, 즉 혼잡이 되어 있어서 편관과 정관이 갖는 긍정적인 특성보다는 부정적인 특성이 잘 드러나게 된 셈이다. 바로 내가 그렇다. 이해를 돕기 위해 하나를 덧붙이자면, 나는 사경을 헤맬 만큼 술을 많이 마셨는데 정작 나의 간은 깨끗했다는 것, 그리고 치명적인 교통사고가 세 번이나 일어났는데 타박상 한 번 없었다는 것.

282쪽의 원국은 목이 과다하다. 갑목 세 개, 인목 한 개로 음양으로 보면 네 개가 다 양목이다. 기토 일간인 사람에게 갑과 인은 정관에 해당한다. 여성의 사주인데, 정관이 네 개나 된다. 즉, 남편이 너무 많다. 정관이 두 개 이상이면 거의 편관의 살(殺)과 같은 역할을 한다. 과다가 지나쳐서 편관의 센 힘을 가지게 된 것

281

		정관	본원	정관	정관
		甲	己	甲	甲
		子	酉	戌	寅
		편재	식신	겁재	정관
		壬癸	庚辛	辛丁戊	戊丙甲
		건록	병	쇠	목욕

신살

		귀문 천을	귀문 도화 천외	화개	공망 역마

99	86	79	69	59	49	39	29	19	9
정관	편관	정인	편인	겁재	비견	상관	식신	정재	편재
甲	乙	丙	丁	戊	己	庚	辛	壬	癸
子	丑	寅	卯	辰	巳	午	未	申	酉
편재	비견	정관	편관	겁재	정인	편인	비견	상관	식신
건록	관대	목욕	장생	양	태	절	묘	사	병

이다. 이 사람은 실제로 미모의 글래머러스한 여성이다. 음악을 전공했다. 노래도 굉장히 잘한다. 기분 좋을 때는 연기자 뺨치는 재능을 보인다. 그러나 고립된 삶을 스스로 선택했다. 사소한 것에 상처를 입고 잠수를 타는 타입으로, 지금은 혼자 살면서 동네에서 아이들에게 기초 과목을 가르치며 먹고산다. 그녀는 학창 시절에 공부도 잘했고, 음악적 재능도 뛰어났다. 보통 예체능 대학은 재수를 하는 경우가 많다. 음대에 가려면 재수, 삼수는 기본이다. 부모님은 높은 대학에 지원해서 떨어진 뒤 재수를 하기보다는 좀 낮은 대학이라도 무사히 합격을 하길 바랐다. 그래서 안정적으로 원서를 넣었는데 덜컥 수석으로 합격했다. 처음에는 '노래만 잘하면 된다. 정 안 되면 유학을 가자!'라는 생각으로 입학을 했다. 하지만 어디 가서 자신의 출신 학교를 당당하게 말할 수 없었다. 재능을 펼칠 수 있는 기회가 왔지만, 스스로 자신의 가능성을 닫아버렸다. 학원 강사로 전전하다가 뒤늦게 대학원에 들어왔는

데, 그때 그녀를 제자로 만났다. 재능을 살릴 기회가 이후에도 몇 차례 있었지만, 결정적인 순간마다 바닥부터 다시 시작해야 한다는 사실에 스스로 상처를 받았다. 그래서 아무것도 시작하지 못하고, 기회조차 활용해보지 못한 채 재능을 허비해버리고 말았다.

목의 과다로 잘못된 결과를 초래한 사례이다. 시지를 보면, 인목이 고립되었다. 극을 당하고, 극하고, 생해주는 세 가지로 고립되었다. 인목의 고립은 극단적이지 않고, 하나가 없어져도 다른 양목들이 강하기 때문에 위험하지는 않으나 조심은 해야 한다.

화(火)

두 번째는 화(火)다. 목이 중용이라는 특성을 가졌다면, 화는 적극적인 힘을 가지고 있고, 예의가 있어서 인사성이 매우 좋다. 연예인을 연상하면 이해하기 쉽다. 적극적이고, 다혈질이고, 인사를 잘한다. 기획사에서는 제일 먼저 인사부터 가르친다. 그 영향으로 스타

火

여름, 낮, 남(南), 적(赤),
2와 7, 예(禮),
심장(心臟), 소장(小腸),
열정, 자신감, 다혈질

가 된 후에도 인사성이 밝다는 말을 많이 듣는다. 화려함을 선호하고 예술적인 끼, 특히 엔터테이너의 끼를 가진 것이 화이다.

화가 과다한 사람들은 상상을 초월하는 돌파력과 추진력을 가지고 있다. 막히면 정면 돌파한다. 이런 사람이 군대 지휘관이 되면 골치 아프다. 그리고 화가 과다하면 분노조절장애 또는 울화(鬱火)가 생긴다. 특히, 화가 과다한데 신약한 사람은 가슴속에 울화가 쌓인다.

목이 은근하게 외양을 꾸민다면, 화는 외관을 꾸미는 것이 타인의 눈에 확 잘 보인다.

화가 고립되면 역시 건강에 문제가 생긴다. 화는 우리 몸의 심장과 소장과 관련이 깊다. 또한 눈과도 밀접하다. 안압이 높아진다고 하는데, 혈관과 관련이 있다. 정신적으로는 조울증이 나타난다.

		암록	역마		
		화개			

위의 원국은 득령, 득지, 득세한 극신강이다. 뮤지컬 배우인데 직업을 탁월하게 잘 선택했다. 불이 뜨거운 것을 견딜 수 있는 직업을 선택한 셈이다. 모노 뮤지컬을 하는 그의 모습을 보았는데, 모노 뮤지컬은 혼자 하는 것이기 때문에 무대에서 누구도 그를 제어할 수 없다. 그가 컨디션이 좋은 날은 정지와 여백의 미가 없다. 끝나고 나면, 오히려 관객이 힘들다. 반면에 컨디션이 안 좋거나 자신이 원했던 리액션이 안 나오면, 극단적으로 우울해한다. 화가 과다할 때의 전형적인 특성이다. 직업은 잘 선택했지만, 가지고 있는 화를 좀 더 통제해야 한다.

285쪽의 원국은 시주를 제외한 나머지는 전부 식상과 재성이 있다. 전반적으로 신약한 사주인데, 화가 적절히 발달되어 있다. 이 사람에게 화는 재성이고, 목은 식상이다. 이 사람은 아예 관성이 없다. 신약한 가운데서도 시주의 비겁과 인성은 건록이므로 강력하다. 임수는 확실한 아군을 갖고 있어 외롭지 않다. 의존

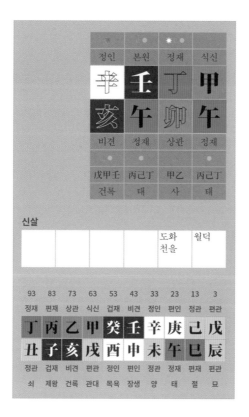

적인 것 같지만, 시주의 신금과 해수로 인해서 굉장히 당당하고 독립적인 힘을 갖고, 돈까지 벌 수 있는 힘을 가지고 있다. 핵심은 정화, 오화로 이루어진 재성으로 뛰어난 재능을 의미한다. 갑목과 묘목은 각각 식상으로 탁월한 감각과 예술적인 감수성, 상관이 갖고 있는 정의감과 동시에 말로 저항하는 힘을 의미한다. 이것은 가수 정태춘의 사주이다. 무대에서 아무도 자기를 도와줄 수 없기에 예술가에게는 비겁의 힘이 매우 중요하다. 정태춘의 경우 비겁과 인성이 필요한 만큼만 들어 있지만, 앞의 뮤지컬 배우는 자기의 힘이 너무 과하게 들어 있어서 극단적인 기복을 보이는 것이다.

토(土)

세 번째로 토(土)의 발달과 과다 및 고립을 살펴보자. 토는 상대적으로 현대 과학이 가장 손쉽게 접근하지만, 방위적으로 중앙이기에 한번 안 좋으면 다른 오행과도 연계된다는 점을 명심해야 한다. 어떤 것에 속해 있지 않다는 것은 어떤 것에도 언제든지 속할 수 있기 때문이다.

土

환절기, 사이, 중앙(中央), 황(黃), 5와 10, 신(信), 비위(脾胃: 지라와 위), 중용, 끈기, 고집

목이 중용이라면, 도의 특성은 '중재'다. 중용과 중재는 다르다. 중재는 사회적 관계를 전제로 한다. 따라서 토는 기본적으로 관계 속에서 형성된다. 중앙이라는 단어 역시 주변이 있어야 생성되는 관계적 개념이다.

토는 '중재' 외에도 '포용'이라는 특성도 있는데, 이 말도 들어주고 저 말도 들어주는 그런 포용이 아니다. 중국을 생각하면 된다. 중국은 오랑캐라고 불리는 주변국들로부터 끊임없이 공격을 받았다. 거란·여진·몽고·만주·일본 등을 비롯하여 온갖 구미 열강까지. 하지만 중국은 그들을 오랑캐라 부르며, 자기들이 언제나 '중화'라고 고집한다. 한족의 역사보다 타 민족의 역사가 많았는데도, 그들이 한족에 다 동화되었다고 생각한다. 토의 포용이 꼭 그렇다. 토는 기본적으로 자신의 감정이나 내면을 잘 드러내지 않는다. 조심성과 책임감과 신뢰성을 가지고 있다.

토가 과다하면 어떻게 될까? 많은 폐단이 생긴다. 부부 중 어느 한쪽이 토가 과다하면 아무리 싫어도 도대체 이혼을 할 수가 없다. 토가 과다한 사람 쪽에서 절대로 이혼을 안 해주기 때문이다. 그로부터 놓여나는 길은 죽음밖에 없다. 왜 그럴까? 자기가 중심인데 주변이 독립을 주장하는 것을 도저히 용납할 수 없기 때문이다. 기본적으로 중재의 성격이 강하므로 겉으로는 아름다운 가정처럼 보이지만, 가족들의 의견은 듣되 결정은 자기 맘대로 하는 것이 토가 과다할 때의 특성이다. 또한 겉으로는 보이지 않지만, 안으로는 성격의 기복이 심해서 그의 기준이 무엇인지 끊

임없이 의심하게 된다.

토의 고립은 기본적으로 비위, 즉 비장과 위장에 문제가 생길 수 있고, 여성의 경우에는 자궁 및 난소에 문제가 있을 수 있다.

아래의 원국은 토의 고립과 관련이 있다. 일간이 을목이고, 음양이 조화롭게 구성되어 있다. 일과 월은 모두 음이고, 바깥은 양이다. 밑이 전부 목으로 네 개가 전부 건록과 제왕으로 이뤄진 비겁으로 가득 차 있다. 한 분야의 최고 자리에 올랐고, 돈도 많이 벌었다. 무토와 기토가 있고 경금이 있는데, 경금은 을목을 극하므로 관성이고 을경합(乙庚合)을 했다. 기토하고 무토는 이 사람에게 재성이다. 무토는 정재, 기토는 편재. 재성이 두 개가 있고, 관성까지 가지고 있다. 엄청난 돈을 벌었지만, 재성이 모두 하늘에 떠 있어서 입금과 동시에 빛의 속도로 돈이 인출되어 막상 현재 가지고 있는 잔고는 많지 않음을 유추할 수 있다. 인기를 누리는 힘에 있어서는 서태지를 능가한다. 서태지는 천간이 다 비견

287

인데, 이 사람은 아래가 전부 비겁이라서 거의 제왕의 힘이다. 정치를 했으면 제왕격인 사주이다. 자세히 보면 무토와 기토가 완벽히 고립되어 있다. 특히, 기토의 고립이 심하다. 재성 두 개가 완벽하게 고립됐다는 것은 재물뿐만 아니라 부인과의 인연도 오래가지 못한다는 걸 뜻한다. 이것은 가왕 조용필의 사주. 건록과 제왕으로 가득 찬, 자신의 배우자가 존재하지 않는, 아주 비극적으로 고독한 사주이다.

금(金)

다음은 금(金)의 발달과 과다, 고립을 살펴볼 차례다. 금은 오행 중 가장 이성적인 특징을 가진다. 윤곽이 선명하다. 특성은 판단력과 결단력이다. 금이 강한 사람들이 한번 마음을 먹으면 보통 사람들은 그 힘을 이기기 어렵다.

金

가을, 저녁, 서(西), 백(白),
4와 9, 의(義),
폐(肺), 대장(大腸),
냉정, 절제, 비판, 잔소리

　금은 또 의리와 의협심이 강하다. 내 편을 확실하게 챙겨준다. 목과 달리, 금은 마무리가 확실하다. 이명박 전 대통령을 떠올려보면 이해하기 쉽다. 임기 내에 하겠다고 결심하면 꼭 한다. 그 힘이 자신을 대통령으로 만들었다. 국회의원이 되었을 때 정치적으로 한번 사망했는데, 서울시장이 되면서 청계천 사업을 추진했다. 이전부터 문서상으로는 존재했으나 많은 상인, 부동산 소유주 등과의 이해관계와 악명 높은 서울의 교통 상황 등 수많은 걸림돌 때문에 누구도 엄두를 못 냈던 일이다. 그러나 이명박 전 대통령은 수많은 반대나 이해관계의 문제를 시원하게 해결하고 끝내 해냈다. 마무리가 확실한 것이다.

　금이 과다하면 자기가 옳다고 믿는 것을 남에게 강요한다. 그 과정에서 끝없는 잔소리가 나온다. 타인이 자기 의견에 동의할 때까지 못살게 군다. 그 과정이 심히 난폭하다. 사람을 아주 독창적으로 괴롭힌다. 금이 과다한데 식상까지 있는 사람이 나의 어머니인 경우, 최소한 중상 아니면 사망이다. 금이 과다한 사람은

자신이 그런 사람인 줄 절대 모른다. 따라서 다른 사람이 나를 어떻게 볼 것인가에 대한 훈련이 필요하다. 금의 과다는 목의 과다와 통하는 데가 있다. 잘 사용하기만 하면 뛰어난 비판 정신을 발휘할 수도 있다.

금은 폐와 대장과 관련이 있다. 따라서 금이 고립되면 치명적이다. 정신적으로는 무기력증이 올 수도 있다. 금이 있는 것 같은데 금의 특성이 보이지 않는다면 무기력증에 걸린 것은 아닌지 살펴야 한다. 갈수록 늘어나는 자폐는 금이 고립된 경우에 해당한다.

위의 원국은 일간이 경금이고 시간이 경금이니 경경 병존으로 두 개만 있어도 서늘한 금 기운이 느껴지는데, 연지에 또 신금이 있다. 이 사람에게 과다한 것은 토인데, 이 토가 경금을 강력하게 떠받쳐준다.

금과 토밖에 없다고 할 정도인데, 가운데 낀 임수는 옆의 경금이 다행히 생해주고는 있으나, 연지의 신금과 수는 살짝 고립

비견	본원	겁재	비견
辛	辛	庚	辛
卯	丑	子	巳
편재	편인	식신	정관
甲乙	癸辛己	壬癸	戊庚丙
절	양	장생	사

신살

			화개	도화 문창	공망 역마 천덕

94	84	74	64	54	44	34	24	14	4
겁재	비견	상관	식신	정재	편재	정관	편관	정인	편인
庚	辛	壬	癸	甲	乙	丙	丁	戊	己
寅	卯	辰	巳	午	未	申	酉	戌	亥
정재	편재	정인	정관	편관	편인	겁재	비견	정인	상관
태	절	묘	사	병	쇠	제왕	건록	관대	목욕

의 성격이 있다. 금과 수가 강한 토의 기운에 밀려 고립의 가능성이 많다는 것은 금과 수가 반고립이기에 정신적으로 힘든 힘을 갖고 있을 가능성이 있지만, 경경 병존의 금의 기운이 강력한 토에 의해서 생조되어 있다. 무신은 통근(通根)해 있어 둘 다 힘이 뻗칠 대로 뻗쳐 있고, 경경 병존은 왕성한 역마라 돌아다니면서 사고를 칠 수 있는 힘이 있다. 건강상이나 내면적 괴로움을 피해가기는 어렵지만, 금의 사주를 강력하게 발현하는 사주이다.

위의 원국은 천간은 모두 금(신금辛, 경금庚) 밑에는 화·수·토·목(사화巳, 자수子, 축토丑, 묘목卯) 네 개가 다 있는 특이한 경우다. 하지만 같은 것이 네 개라도 전체적으로 조화를 이루고 있기 때문에 발달로 본다. 이명박 전 대통령의 원국이다.

수(水)

수(水)는 지혜와 직관의 특성을 가지고 있다. 21세기 콘텐츠의 시대에 가장 주목받는 기운이다. 수의 특성인 기획력은 다양한 분야를 묶어내는 능력이 있다. 수는 재능이 많다.

水

겨울, 밤, 북(北), 흑(黑),
1과 6, 지(智), 신장
(腎臟: 콩팥), 방광(膀胱),
지혜, 욕망, 본능, 망상

그러나 수가 과다하면 생각만 많아진다. 공상, 망상까지는 아니지만 지나친 부분이 있다. 책을 펴놓고 공부는 안 하고 현실적으로 불가능한 공상만 한다. '일본을 식민지로 만드는 방법은 뭘까?' 등등 말도 안 되는 공상을 펼치다 보면 어느새 훌쩍 두 시간이 지나 있다. 과도한 공상을 하느라 뭔가 추진하려 해도 정면 돌파가 안 된다. 어떻게든 잔머리를 굴려서 빠져나가려는 경향이 있다. 또한 수는 금이나 목에 비해 유약해서 작은 실패에도 심한 좌절을 느낀다. 유일하게 위에서 아래로 흐르는 성격이 있어서 물길이 트일 때는 시원하게 흐르지만, 물길이 닫히면 어찌할 줄을 몰라 정지하고, 정지하면 곧 썩어버린다. 즉, 수는 자율적인 결정력이 없다.

수가 고립되면 신장이나 방광, 토처럼 자궁이나 난소 등에서 문제가 나타난다. 정신적으로는 화가 조울증이라면, 수는 우울증이다. 자폐 성향 역시 금과 더불어 강하다. 지혜와 직관이 특징이라면 머리와 관련된 건 다 있다. 두통, 불면증과도 관계있다.

292쪽의 원국은 경자(庚子) 일주에 다섯 개가 수(임수壬 세 개, 자수子 두 개)이다. 이 사람에게 임수와 자수는 식상에 해당한다. 완벽한 신약의 사주이다. 월지, 일지가 전부 상관이다. 상관은 식상 중에서도 '말'과 관련된 입을 사용하는 예술과 관련되어 있다. 수에 완벽하게 치우친 사주이다. 원국에서 경금(庚), 오화(午)는 고립이고, 인목(寅)은 고립은 아니지만 73쪽에 설명한 과한 수생목에 의해 무력하다. 어느 한쪽으로는 큰 성취를 이룰 수 있는 힘인 반면, 고립에 따라 건강에 적신호가 오는 사주이다. 대운에 따라서 그때마다 자신의 건강을 유심히 살펴볼 필요가 있다.

293쪽 원국은 앞의 두 사람과는 비교가 안 되게 물바다이다.

291

식신	본원	식신	식신
壬	庚	壬	壬
午	子	子	寅
정관	상관	상관	편재
★★◎	★	★	
丙己丁	壬癸	壬癸	戊丙甲
목욕	사	사	절

신살

		월덕		월덕	역마 월덕

97	87	77	67	57	47	37	27	17	7
식신	상관	편재	정재	편관	정관	편인	정인	비견	겁재
壬	癸	甲	乙	丙	丁	戊	己	庚	辛
寅	卯	辰	巳	午	未	申	酉	戌	亥
편재	정재	편인	편관	정관	정인	비견	겁재	편인	식신
절	태	양	장생	목욕	관대	건록	제왕	쇠	병

시주에 수를 생해주는 인성인 신금(辛), 유금(酉)이 통근해 있고, 연지를 제외한 다섯 개의 오행이 비겁인 계수(癸)와 해수(亥)로, 도배된, 지구 전체가 잠길 정도의 물로 이루어진 극신강한 원국이다. 연지 묘목(卯)이 고립됐다. 위험하다는 말로는 모자란다. 실제로 골수암으로 투병하다 안타깝게 생을 마감했다. 엄청난 돈을 벌었으나, 결국 병마를 이기지 못했다.

다시 한 번 말하거니와 용신을 파악하는 것은 명리학의 핵심이다. 많은 이견이 속출하는 분야이기도 하고 꼭 그만큼의 논란이 많은 영역이기도 하다. 하지만 동시에 용신은 신살과는 또 다른 관점에서 위험천만한 개념이기도 하다. 용신을 잘못 설정한다면 한마디로 선무당이 사람을 잡을 수 있다. 명리학과 관련된 많은 책을 쓴 낭월 박주현은 최근에 '용신 포기 선언'을 해서 많은 이들을 놀라게 했다. 그는 '용신을 두고 20년 넘게 머리를 싸매며 연구했지만 현실적 타당성이 떨어지는 경우가 더 많다'고 했다.

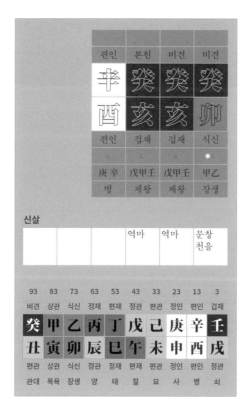

명리학자라면 좀처럼 하기 힘든 폭탄선언인 셈인데 그의 요지는 '용신 만능론'을 경계하고 명리학의 본질이자 기초인 '원국에 대한 해석'으로 다시 돌아가겠다는 것이다. 따라서 명리학 입문 단계인 이 시점에서 용신을 대하는 다음과 같은 현명한 자세가 필요하다.

첫째, 원국을 좀 더 깊이 이해하기 위해 노력해야 한다. 사실 대부분의 답은 이미 원국 안에 들어 있다. 둘째, 대운의 경우 역시 무리하게 용신을 적용시키지 말고 각 대운이 의미하는 십신으로 먼저 해석하는 훈련을 해야 한다. 대부분의 원국은 이러한 대운 해석만으로도 많은 것을 얻을 수 있다. 셋째, 행운용신보다 건강용신을 정확하게 파악하는 훈련을 해야 한다. 그 이유는 건강용신은 쉽게 파악이 가능하지만 행운용신은 입체적인 판단력이 필요하기 때문이다. 사실 건강용신을 제대로 파악하는 것만으로도 어

293

설픈 '용신 푸닥거리'를 하는 것보다 더 실질적인 깨우침을 얻을 수 있다. 건강만 제대로 지킨다면 어지간한 위험 요소들은 방비가 가능하기 때문이다.

행운용신의 이해

행운용신은 취직, 경제, 학업, 명예 등 건강을 제외한 것을 관장하는 용신이다. 건강과 관련된 건강용신과 행운용신은 같을 수도 있다. 만일 둘이 다를 경우에는 무엇보다 건강과 관련된 용신을 우선해야 한다.

행운용신을 잡는 방법은 엄청나게 많지만, 두 가지만 알면 된다. 특히, 주목해야 할 용신은 조후용신(調候用神)과 억부용신(抑扶用神)이다. 현실에서는 억부용신이 더 많이 적용된다. 조후(調候)는 글자 그대로 '계절'을 가리킨다. 추운 것과 더운 것을 이해하면, 추우면 따뜻하게 해주고, 더우면 시원하게 해주는 게 바로 조후용신이다.

그에 비해, 억부용신은 억눌린 것과 부풀린 것을 떠올리면 된다. 너무 넘치는 건 덜어내고 너무 부족한 건 보태줘야 한다. 쉬워 보이지만, 사실 여덟 글자가 빚어내는 변화가 너무 많아서 쉽게 파악이 안 된다.

조후용신은 음양오행론을 바탕으로 만들어졌고, 억부용신은 십신을 바탕으로 발전했다. 천간의 열 글자만 살펴봐도 조후용신을 이해할 수 있다.

갑과 을은 목이자 봄, 병과 정은 화이자 여름, 무와 기는 토이자 환절기, 경과 신은 금이자 가을이고, 임과 계는 수이자 겨울이다. 갑·을·병·정은 더운 것이고, 경·신·임·계는 추운 것이다. 가운데 조후에 해당하는 무와 기에 토가 들어 있다. 이 배열은 천간의 질서가 조후의 조화를 염두에 두고 만들어진 것임을 보여준다. 조후는 봄, 여름, 가을, 겨울만 알면 볼 수 있다.

임상에서 가장 많은 지분을 가진 것은 억부용신법이다. 신강신약은 억부용신을 사용하기 위해 배운 것이다. 그래서 신강신약을 판단할 수 없으면, 억부용신으로 아무것도 할 수 없다. 억부용신은 신강신약론을 전제로 하는 것이다.

명리학의 고서들을 보면 용신과 함께 꼭 붙어 다니는 것이 있다. 바로 격국(格局)이라는 개념이다. 월지를 중심으로 하는 격국은 일종의 원국의 분류 방식인데 이 격국을 통해 용신을 추론해냈다. 하지만 나는 방대하기만 한 격국 이론이 굳이 필요하지 않다는 입장이다. 거의 대부분의 원국은 억부와 조후의 개념만으로도 충분히 용신을 파악할 수 있기 때문이며, 무엇보다도 격국이라는 틀이 은연중에 원국의 격을 계급화, 서열화 한다는 점이 맘에 들지 않는다. 이것은 반상의 차별이 엄연했던 봉건 시대의 유산이다. 오로지 과거를 통한 입신양명의 길밖에는 존재하지 않았던 그런 시대에는 정관(正官)이 최대의 가치였고, 관직에 진출하지 못하면 재물이라도 풍족해야 된다는 것이 당시의 세계관이었다. 따라서 정관(正官)과 정인(正印), 그리고 정재(正財)와 식신(食神)이 사길신(四吉神)으로 숭상되었으며 계급적인 질서를 위협하는 겁재(劫財)와 상관(傷官), 편인(偏印)과 편관(偏官)은 사흉신(四凶神)으로 지목되었다. 따라서 운명의 키 카드(key card)인 용신이 관성이 되지 않으면 사회적으로 아무런 의미가 없는 삶이 되는 꼴이다. 다양한 가치들이 동등한 존재 근거를 지니게 된 현대 사회에서 전 시대 패러다임의 적용은 시대착오적인 오류가 될 것이다. 우리는 근대에 이르러 우주적 원리로서의 평등함을 근원에서부터 다시 회복하여야 한다.

신강한 경우 용신과의 관계

신강한 경우는 세 가지 경우가 있다. 첫째 비겁이 다수(多數)인 경우, 둘째 인성이 다수인 경우, 셋째 인성과 비겁이 혼합해서 다수인 경우이다. 비겁이 다수라면 비겁을 극하는 관성이 용신이 될 확률이 높다. 비겁과 인성이 혼합해서 다수라면 재성이 용신이 될 확률이 높다. 문제는 비겁이 없고 인성만 다수인 신강의 경우인데 이런 경우를 인다신약(印多身弱)이라고 한다. 일간(日干)을 생조해주는 인성이 과다할 경우 오히려 일간이 그 힘에 묻히게 되고 사실상 신약한 성격을 지니게 될 것이다. 이런 인다신약의 경우에도 재성을 용신으로 삼아서 인성을 제어하여야 한다. 하지만 문제는 그렇게 간단하지 않다. 비겁이 너무 신강하고 그것을 제어할 관성의 힘이 너무 미약할 경우 관성을 용신으로 잡아도 너무 강력한 비겁의 힘 앞에서 그 용신은 무력화될 가능성이 크다. 이럴 때엔 우회적으로 비겁의 힘을 덜어내는(이를 설기洩氣라 한다) 식상이나 재성을 용신으로 삼는 경우가 많다. 또, 비겁의 힘이 왕성하고 관성의 힘도 만만치 않은 신강일 때 이 양쪽의 힘을 동시에 견제하기 위해서 식상을 용신으로 잡는 경우도 발생한다.

신약한 경우는 왕·상·휴·수·사 중 휴·수·사, 즉 자기의 힘을 빼앗아가는 게 많다. 십신으로 따지면, 식재관(식신, 재성, 관성)이 많다. 신강한 사주는 자기의 힘이 강하므로 비겁과 인성이 용신이 될 수 없다. 대신 식재관 중 하나가 용신이 된다. 신약한 사주는 식재관이 많으므로, 비겁이나 인성 중 하나가 용신이 많다. 확률적으로 인성이 용신인 경우가 많다. 인성은 '어머니'와 '학문'이다.

실제로는 어머니와 아무리 사이가 나쁘다고 해도 육친상으로는 자기편이 될 확률이 제일 높은 것은 어머니이다. 아버지나 형제, 친구, 선후배보다는 어머니가 자기편이 될 확률이 가장 높다. 한국은 인성의 힘으로 성공한 나라이다. 부모들이 자식의 목을 졸라서 공부시켰다. 명예나 돈이 없는 집은 출세를 해야 해서 공부를 시켰고, 있는 집은 있는 걸 지키기 위해서 자식 공부를 시켰다. 있으나 없으나 모두 공부를 시켰다. 결국 최고로 남는 자산은 지식이었다. 이런 것들을 따지고 보면, 한국에서는 인성이 용신이 되는 경우가 제일 많았다.

원국에서 식상이 다수인 경우, '인성'이 용신이 될 경우가 높다. 재성이 다수인 경우, '비겁'이 용신이 될 경우가 높다.

관성이 다수인 경우는 조금 다르다. 비겁이 용신이 되고 인성이 희신이 되어야 마땅한데 비겁은 앞에서 설명했던 것처럼 너무 강한 관성의 힘 앞에서 대적하기 어려우므로 관성의 힘을 설기(洩氣)시키는 희신인 인성이 사실상 용신의 구실을 하는 경우가 많다.

신약에서 유일하게 비겁과 인성이 용신이 안 되는 경우가 있다. 일주가 통근(通根)하고 관성이 너무 강하면 신약 중 유일하게 '식상'이 용신이 된다. 일간은 보호해야 하는데, 관성은 일간을 극하는 힘이다. 극하는 힘이니까 덜어주는 정도로는 안 된다. 다행히 일간은 통근해서 일지가 자기를 받쳐주고 있다. 그러면 일간은 생각지 않고 관성만 누르면 되므로 식상이 용신이 되는 경우가 있다. 극히 드문 예지만, 따지고 보면 일지가 인성이거나 비겁이고 신약할 때만 가능하다. 득지를 하고 실세, 실령했을 때만 가능한 이야기다.

명리학의 고전들은 물론 많은 이론 서적들이 신약한 경우에 인성을 용신으로 잡는 경우가 많다. 인성을 용신으로 잡을 경우 관성이 희신으로 따라오기 때문이다. 이렇게 된다면 용희신이 바로 관인생이 되는 셈이니 오랜 기간 동안 가장 가치 있는 사회적 덕목을 용희신으로 잡게 되는 셈이다. 하지만 세상은 변했다. 나는 신약한 원국들은 웬만하면 비겁을 용희신으로 잡는 것이 옳다고 생각한다. 급변하는 환경과 복잡한 이해관계 속에서 일간을 지키는 것, 곧 나 자신의 힘을 강화하는 것이 어떤 경우에도 가장 타당한 방어 전략이기 때문이다. 그것은 건강의 문제와도 직결된다. 우선적으로 나를 지키고 그 다음 나아갈 바를 모색하는 것, 이것이 새로운 시대의 용신의 패러다임이 되어야 하지 않을까?

전왕용신과 통관용신

하나의 오행이 여덟 개 중 여섯 개 이상이라면, 그냥 압도적인 여섯 개의 오행의 기운에 따라 사는 것이 속이 편하다. 이것을 전왕용신(專旺用神)이라고 한다. 예를 들어, 비겁이 여섯 개 이상일 경우엔 비겁이 자신의 용신이고, 다른 십신 또한 마찬가지로 여섯 개 이상이라면 그 오행이 용신이 된다.

　아래의 원국은 정화 일주에 일단 득령하고, 비겁이 연간과 월간에 있어서 기본적으로 신강하다. 비겁이 왕성하니까 관성이 용신이면 되겠는데, 관성이 없다. 수가 없다. 이럴 때는 관점을 바꿔서 전체의 판세를 봐야 한다. 일간이 정화인데 같은 것들이 월주에 강하게 있으므로 보통 강한 게 아닌데, 그 밑에 있는 금의 기운도 만만치 않게 팽팽하다. 하늘에는 화의 기운이, 땅에는 금의 기운이 강력하다. 그런데 회극금(火剋金)의 관계이다. 냉정하게 보면 숫자상으로나 위치상으로 보면 화가 강하다. 두 개가 비등한데, 이 둘이 극의 관계이고, 극하는 쪽이 조금 더 강할 때가 위험하다. 팽팽해도 극을 당하는 쪽이 조금 더 세면 괜찮다. 극하는 주체가 좀 더 강할 때가 위험하다. 나머지를 다 죽여버릴 수 있기 때문이다. 이럴 때는 중재자가 필요하다. 이런 상황에서 어떤 오행이 중재자가 될 수 있겠는가. 상대적으로 더 강한 화의 기운을 누그러뜨리고 약한 금의 기운을 생해줄 수 있는 것은 바로 토다. 화생토(火生土), 토생금(土生金). 화와 금 사이에 토가 바로 이 둘의 중재자가 된다.

　가령 어떤 이의 용신이 화라면 일간의 가까이에 있을수록 더욱 빛을 발한다. 왜냐하면 바로 용신은 일간의 수호자이기 때문이다. 게다가 그 화 오행의 아래나 위에 그 화를 생조해주는 화나 목이 동행하고 있으면 그 용신은 더욱 힘을 받을 것이다. 이 경우 용신이 유정(有情)하다고 표현한다.

　용신은 일간을 편안하게 하고, 일간이 필요로 하는 것이다. 일간이 너무 세면 힘을 빼야 하고, 일간이 취약하면 보약을 먹여줘야 한다. 용신은 생명력과 희망과 의지를 상징한다. 하지만 용신에 해당하는 오행이 원국 안에 존재하는지, 존재하지 않는지의 여부가 첫 번째로 중요하다. 그리고 원국 여덟 글자 안에 있다고 하더라도 어느 위치에 어떤 오행의 관계 속에 놓여 있는가가 중요하다.

원국에 용신이 없는 경우나 지장간에 있는 경우에는 용신이 발휘될 경우가 적다. 희망이 너무 넘쳐도 안 되지만 희망이 너무 없어도 문제다. 이런 경우, 용신이 대운과 세운에 오는 경우, 원국 안에 있는 사람보다 그 시기에는 훨씬 더 큰 힘을 발휘한다. 용신이 충과 형(刑)이 되는 경우에는 원국 내의 충과 형보다 더 신경 써서 봐야 한다. 용신이 천을귀인 같은 귀인과 만난 경우에는 굉장한 힘을 발휘하게 된다.

고 노무현 전 대통령

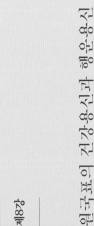

강헌

제8강

일주론의 건강용신과 행운용신

1. 건강용신

8강에서 건강용신과 행운용신에 대해 배웠다. 먼저 건강용신을 찾기 위해서는 오행이 고립이 있는지부터 찾아야 한다. 나의 경우에는 일간 무토(戊) 주위에 월간 계수(癸), 일지 묘목(卯), 일지 신금(申), 시간 임수(壬), 시지 자수(子)가 있는데, 토와 겉거나

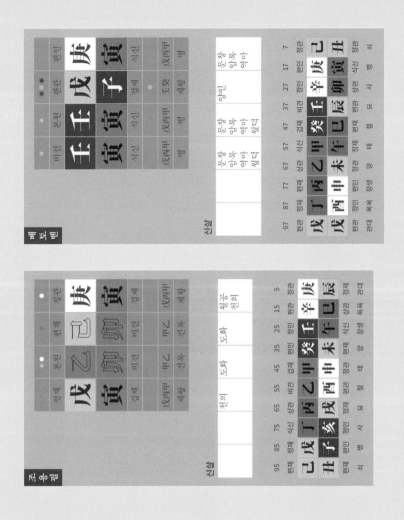

토를 생조하는 '토'와 '화'가 하나도 없다. 나처럼 극신약일 경우 대개 일간이 고립될 가능성이 아주 크고, 따라서 일단 무토가 고립용신이 될 것이 자명한 듯하지만, 자세히 살펴보면 연지 인목(寅)과 일지 신금(申)이 지장간에 무토가 나름 씩씩하게 뿌리가 내리고 있는 것이 보인다. 즉, 이 경우의 무토는 극신약함에도 불구하고 만만치 않은 생존 능력을 가지고 있다고 판단되는 것이다.

토가 고립되면 무엇보다 소화기관인 위장과 면역기관인 비장이 위태롭지만 실제로 나는 자칭 '철신'이라는 별명답게 생명이 위험반던 기간에도 소화기관이나 면역기관에 탈이 난 적은 없었다. 극신약함에도 지장간의 오행이 일간을 받아주는 경우라고 할 수 있겠다.

대에서 60대까지의 대운이 금수의 기운으로 흘러 일천 문제가 없는 듯 보인다. 하지만 단 52 임인(壬寅) 대운이 임수는 천간의 세 개의 병화와 삼쟁충(三爭沖)을 하여 기진맥진하고 (실제로 이때 정치적으로 가장 암울했다.) 무엇보다 62 계묘(癸卯) 대운의 계수는 무계합화하여 구신인 화로 변한다. 즉, 용신이 구신으로 화한 것이다. 이때가 가장 위험했고 이 고비를 넘기지 못하고 만다. 게다가 2009년은 기축년, 토의 기운이 강성할 때이므로 수를 수는 정신적인 중압감을 견디지 못하고 세상과 이별하는 극한적인 길을 택한다.

다음에는 조용필의 건강용신을 살펴보겠다. 조용필의 원국표를 여다보면, 우선 시간 무토(戊)와 월간 기토(己)의 고립이 눈에 들어온다. 지지의 지장간에 무토가 암장되어 있긴 하지만 목의 세대이 너무나 왕성해서 고립의 가능성이 매우 높다. 그리고 동시에 과다인 목 또한 경제해야 할 것이다. 젊은 시절 연예계의 소문난 주당으로 일컬어졌던 그이지만 다행히 20대에서 40대 중반에 이르는 대운이 화토의 기운으로 흘러 고립된 토의 붕괴는 피할 수 있었던 것으로

그리고 과다한 오행도 없어 일천 건강상으로는 특별한 문제가 없어 보이지만 오히려 이 원국에서 위태로운 것은 원국에는 안 나타나고 연지 인목 속에만 숨어 있는 병화(丙)가 될 것이다. 수의 기운이 강한 이 원국에서 화는 거의 힘을 쓸 수 없을 정도로 미약한 기운인데 대운에서 이 병화의 기운을 키트리는 수나 힘을 앗아가는 금의 대운이 있을 때 그리고 무엇보다도 원국에 없는 화의 기운이 지명적으로 공격당하는 미토(未) 대운을 맞았을 때 (141~142쪽 참조) 매우 힘들어질 것이다. 실제로 미토 대운에서 나는 대동맥이 파괴되어 생사의 기로에 선다.

이번엔 고 노무현 대통령의 건강용신에 대해 살펴보자. 한눈에 보아도 일지 인목(黃)이 고립된 듯하지만 다행히 습토(濕土)인 시지 진토가 간신히 인목의 숨통을 틔워주고 있다. 명예와 관직에 해당하는 관성이 함겨운 과란이 눈에 선하다. 과다가 없는 것은 다행이나 대신 진토와 신금의 신금에 암장된 수의 기운이 너무 미약하다. 이런 경우 수를 건강용신으로 보아야 할 것이다. 다행히 20

보인다. 목 과다도 주목해야 한다. 목은 간담을 관장하고 사고로 인한 뼈의 손상을 의미하는데 계미 대운의 끄트머리에 검은색 승용차를 운전하다 가다 큰 사고를 당해 중상을 입었다.

다른 한편으로 이 원국에서 토의 재성이 불안정함을 의미한다. 재성이 있어서는 치명상을 입지는 않았지만 육친상으로 처(妻)에 해당하는 재성은 과란과 구절을 피해갈 수 없었다. 첫번째 부인과는 짧은 결혼 생활 끝에 이혼했고 장년(壯年)에 금슴이 남달랐던 두번째 부인은 그리 심각하지 않은 수술 중에 세상을 떠나는 슬픔을 겪어야 했다. 두 개의 재성(기토와 무토)이 모두 흔들린 것은 참으로 가슴 아프다고 할 것이다.

마지막으로, 베토벤의 건강-용신에 대해서 살펴서 살펴보겠다. 이 원국의 경우, 일건 월간 무토(戊)가 고립처럼 보이지만 이미 4강에서 언급한 것처럼 지지의 지장간에 병화(丙)와 무토(戊)가 강력하게 뿌리내려고 있어 고립되었다고 보기 어렵다. 따라서 이 경우에는 고립용신이 없다. 오행의 과다와 발달을 보면 수가 과다하며 목이 발달되었

다. 그의 경우 수의 발달이 문제를 연달아 일으켰는데 청년기인 신금(辛) 대운에서 수의 기운이 넘쳐나 돌발성 청각 장애에 걸려 청각을 거의 상실했고 임수(壬) 대운에선 매독에 감염된 것으로 추정된다.

2. 행운용신

이미 앞에서 자신을 잘 쓰이도록 만들어주는 기운, 용신(用神) 중 제일 중요하게 여겨지는 '건강-용신'에 대해서 살펴보았다. 그리고 이번에는 건강을 제외하고 인생의 기 가드가 되는 행운용신에 대해 알아보자.

극신약한 나의 행운용신은 무엇일까? 신약한 경우, 용신(用神)은 인성 아니면 비겁이다. 나의 원국은 발달한 관성과 과다한 재성이 넘쳐나므로 이를 전체할 비겁과 인성이 각각 용신과 희신이 된다. 인성이 용신이 될 수 없는 것은 (그럴 경우 관성이 희신이 되는

데) 극신약한 명식에서 이렇듯 강한 관성이 희신이 필수 없는 까닭이다. 하지만 왕성한 수의 기운을 제어하기에는 무토의 기운이 너무 미약하다. 무토는 또한 발달한 목 관성의 극에 의해 기진맥진한 상태이기도 하다. 이런 경우에 비록 지장간에 간신히 붙어 있긴 하지만 희신인 편인 오히려 용신의 구실을 하는 경우가 많다. 다시 말해 무토는 명목상의 용신이며 희신인 병화가 사실상의 용신 역할을 한다고 본다. (어떤 책에서는 이런 경우 용신은 병화라고 하고 무토를 잠정적으로 기다린다고 표현하기도 하는데 내 생각엔 굳이 그렇게 꼬아서 표현할 필요가 없다. 그냥 원리대로 용신을 규정하고 희신이 사실상의 용신 구실을 한다고 이해하면 된다.)

무토가 용신이므로, 자동으로 희신(喜神)은 화, 기신(忌神)은 목, 구신(仇神)은 수, 한신(閑神)은 금이 된다. 나의 용신으로 십신으로 보면 비겁(比劫)이고, 희신(喜神)은 인성(印星)이다. 나의 의지와 학문, 어머니가 나의 삶의 조화를 이루는데 도움이 된다는 뜻이다. 자신에게 관직에 해당하는 관성(官星)이 기신(忌神)이고, 재물과 여자에 해당하는 재성(財星)이 구신(仇神)으로 도둑과 명예, 여자를 꿋은 좋지 않고, 비겁인 스스로의 의지와 인성인 학문과 어머니, 내 편이 되는 사람을 가까이에 두는 것이 좋다. 한신(閑神)인 식신(食神)은 말과 낭만과·호기심이 많고, 그래서 와인 바·음악·평론가·강연·저술 활동·정신 관련 팟캐스트와 방송 활동을 하게 만드는 원동력이 되었다. 한신은 무엇보다 기신인 관성을 공격하기 때문에 내게 해로운 것이 활동하는 것을 막는 긍정적인 역할을 맡기도 한다는 점을 이미 배웠을 것이다.

용신은 본래 어려운 개념이다. 그래서 설령 이 단계에서 용신을 쉽게 설명한다고 해도 단번에 잘 이해하기는 어렵다. 일단 용신의 개념을 파악하고는 데 중심을 두고, 좀 더 이것에 대해 공부하고 또 자신의 인생의 데이터를 비교해가다 보면 차차 알게 될 것이다. 내가 쉽게 설명한다고 하고, 용신을 정확하게 판단하는 일은 결코 한 권을 공부한다고 도는 쉬운 것은 아니다.

이번에는 그 노무현 대통령의 행운용신에 대해 살펴보자. 행운용신은 진강·용신과 마찬가지로 시지 진토 안에 있는 계수(癸)이다. 용신

기신이 엇갈리는 대운이어서 수감도 되지만 국회의원도 되고 낙선을 맛보기도 한다. 그 이후의 대운은 앞의 설명과 같다.

가수 조용필의 행운용신에 대해 살펴보자. 그의 행운용신은 월간 기토(己)와 시간 무토(戊) 중에서 일간 을목을 좀 더 제어하는 기토가 될 것이다. 앞의 경우처럼 건강용신과 행운용신이 같다. 행운용신은 오행으로 토이고, 십신으로 보면 재성이다. 희신은 오행으로 화이고, 십신으로 보면 식상이다. 기신은 오행으로 보면 목이고, 십신으로 보면 비겁이다. 구신은 오행으로 금이고, 십신으로 보면 관성이다. 한신은 오행으로 수이고, 십신으로 보면 인성이다.

마지막으로 베토벤의 행운용신을 살펴보자. 이 원국은 8강에서 답했듯이 중화다. 용신 자체가 본래 어려운 개념이지만 중화의 경우는 더욱 어렵다. 이 원국의 경우 비겁과 식상이 강력하므로 이를 전제할 무토(戊) 편관이 용신이 되고 이를 돕는 병화가 희신이 될 것이다. 그렇게 되면 목이 기신 수가 구신이 된다. 그의 원국의 강력

은 오행으로 수이고, 십신으로 보면 재성 중 정재인 계수(癸)이다. 하신은 오행으로 금이고, 십신으로 보면 화이고, 토이고, 십신으로 보면 비겁이고, 십신으로 보면 인성이다. 한신은 오행으로 보면 화이고, 십신으로 보면 인성이다. 구신은 오행으로 보면 목이고, 십신으로 보면 관성이다. 하신은 그의 원국이다. 남자에게 '독립'과 '오만'을 뜻하는 비겁이 기신이고, 인성이 그의 비겁이 비겁이 다양한 관계를 통해 평제롭고 정의로운 일을 추구하는 건 자신의 조화를 이루는 데 큰 도움이 되지만, 내 이지와 고집에 의존하는 마음은 그의 조화를 무너뜨리는 데 결정적인 불행으로 작용하게 될 것이다. 10대와 20대 상의 흐름도 그대로 적용된다. 기신의 기운이 강한 10대와 20대 중중반까지 그의 성장 과정은 상대적으로 불우했고, 좌충우돌의 독불장군의 기질이 승했다. 해수가 건록을 통반하는 20대 후반부터 용희신 운으로 들어서면서 늦게나마 고름 출신의 벤조인이 되었으며 변호사로 제물도 모았다. 상관과 겁재 대운인 42 신축 대운에 그도는 사회의 부정과 불의에 눈빛고 개인적인 안위는 무너졌지만 희신과 정당하지 않은 권네에 저항하며 민주투사로 일약 변모한다. 희신과

한 가운으로 그는 역사에 길이 남는 예술가가 되었지만 생애 중에

는 비판을 넘어선 적대적인 평가를 더 많이 받았다. 그는 이에 굴하

지 않고 공화주의자로서의 자신의 신념을 좌충우돌하며 밀어붙였

고 그 극한의 고통 속에서 걸작들을 연이어 분만했다. 하지만 감목

57 때문에 이르러 그의 에너지는 바람 앞의 촛불이 되었고 정염함

목이 되는 1827년 정해 세운에 파란만장한 생애를 마감한다.

앞에서도 말했듯이 내가 쉽게 설명한다고 하긴 했지만, 용신을 정

확하게 판단하는 일은 책 한 권을 공부한다고 되는, 쉬운 것은 아니

다. 그리고 용신을 만병통치약으로 생각하는 것도 결정적인 오류가

될 가능성이 높다. 용희신은 구신강이나 구신약 방식에서 적용률이

높지만 특히 중화 사주에서는 그리 필요하지 않을 경우도 있다. 이

럴 때엔 용신에 구애 받지 말고 대운의 심신의 성격만으로 얼마

든지 간명할 수 있고 또 그런 길이 훨씬 더 유용한 경우가 많다는

점을 잊어서는 안 된다.

나아감과 물러남

항구에 정박해 있는
배는 안전하다.
그러나 배는
묶어 두려고 만든
것이 아니다.

존 A. 셰드
John A. Shedd

대운(大運), 즉 큰 운이라고 하는 것은 큰 단위의 변화를 뜻한다. 명리학에서는 10년을 대운의 단위로 본다. 이에 비해 연운(年運)은 1년을 단위로 하고, 한 달을 단위로 보는 건 월운(月運), 매일의 운을 살피는 건 일운(日運)이라고 한다. 그리고 연운은 세운(歲運)이라고도 한다.

대운보다는 세운이, 세운보다는 월운이, 월운보다는 일운이 아무래도 그 범위가 좁아 정확성이 크게 떨어지기 때문에 보통은 대운과 세운까지만 살피는 것이 좋다. 물론 시급을 다투거나 자기 인생 일대의 중요한 순간에는 월운과 일운을 참고할 필요가 있긴 하겠지만, 통상적으로는 대운과 세운만 살핌으로 여기까지만 설명하겠다.

대운의 간지를 보면 천간과 지지가 합쳐져 10년을 구성하고 있다. 여기에는 소운(小運)이라는 것이 있는데, 소운이란 쉽게 말해 대운의 10년을 두 개로 쪼갠 것이다. 대운의 천간에 해당하는 기운이 1~5년에 영향을 미치고, 지지에 해당하는 기운이 6~10년에 영향을 미친다고 보는 것이 소운이다. 10년 전체를 천간과 지지로 보는 것이 좋긴 하지만, 삶의 방향을 살피기에 10년이란 단위가 크므로 부수적으로 감안해도 좋겠다. 특히, 자신을 공격하는 기신이나 구신이 들어왔을 때에는 소운을 살펴보는 것이 좋다.

대운을 살필 때 갑 → 을 → 병 → 정 → 무 → 기 → 경 → 신 → 임 → 계의 순서대로, 즉 천간의 순서와 동일하게 흘러가는 경우가 있다. 이런 것을 순행대운(順行大運)이라 한다. 이와는 반대로 계 → 임 → 신 → 경 → 기 → 무 → 정 → 병 → 을 → 갑의 순서로 거꾸로 흘러가는 경우가 있다. 이런 것을 역행대운(逆行大運)이라고 한다.

남자의 경우와 여자의 경우에 대운이 조금씩 다르다. 연주를 기준으로 양간(陽干)의 해에 태어났으면, 남자는 대운의 순서가 순행대운이고, 여자는 역행대운이다. 연주가 음간(陰干)인 해에 태어났으면 남자는 역행대운이고, 여성은 순행대운이다.

순행대운을 전제로 자기가 태어난 날 이전의 절기와 그다음에 오는 절기의 날짜와 시간의 수를 더한 뒤 나누기 3을 해서 남는 나머지 수가 자신의 '대운수'이다. 예를 들어, 내가 입춘 이후 6일

뒤에 태어났다면, 그 다음 절기인 경칩까지의 날짜와 시간의 수를 더하는 식이다. 예전에는 종이로 된 만세력(萬歲曆)을 봐야만 이 것이 가능했지만, 지금은 인터넷 사이트와 핸드폰 앱에서 자동으로 계산해주는 만세력 프로그램이 많으니 마음에 드는 것으로 골라서 이용하는 것이 훨씬 손쉽다.

눈여겨봐야 할 대운의 종류

그렇다면 대운에서 특징적인 것들을 살펴보자. 대운을 이해하는 데 많은 도움이 될 것이다. 지금까지는 갑(甲)을 '갑목'이라고 읽었으나 9강에서는 글자로만 읽겠다. 다른 간지 역시 마찬가지다. 우선, 천간의 갑(甲), 지지의 자(子) 대운은 변동, 이동, 변화의 특성을 가지고 있다. 새로운 시작이자 전환을 의미하는데, 이게 좋기도 하고 나쁘기도 하다. 이 시기에는 늘 마음속으로 꿈꾸던 것을 실현시키고 싶다는 욕구를 강렬하게 느끼고, 그것을 실행에 옮기는 기운을 받는다. 이것은 이후에 나타날 결과의 좋고 나쁨과는 전혀 관계가 없다. 예를 들어, 약 20여 년 동안 공과대학에서 학생들을 가르치던 교수가 사업을 하겠다고 학교를 그만두었다. 이렇게 지금까지 살아온 리듬과 다른 갑작스러운 변화가 이 시기에 일어난다. 과연 이게 좋을까, 나쁠까? 벤처기업이 한창 붐이었을 때 이렇게 변화를 꾀하다 크게 망한 사람들이 참 많았다.

　이런 마음이 강렬하게 든다면 과연 지금 찾아온 대운이 나에게 우호적인 기운인지 아닌지를 잘 살펴서 결정해야 한다. 천간의 갑(甲), 지지의 자(子) 대운은 전환하려는 힘이 강해지는 시점이라는 것을 염두에 둘 필요가 있다.

지지의 오(午) 대운은 '일단 멈춤'이다. 내 식으로 말하면, 개점휴업 상태다. 자신의 의지와 상관없이 하고 있는 일의 리듬이 순간적으로 멈추거나 지금껏 한번도 들어오지 않던 새로운 제안을 받고 고민하느라 잠시 하던 일을 멈추기도 한다. 이것 역시 이후의 결과와는 상관이 없다.

진(辰) 대운, 술(戌) 대운, 축(丑) 대운, 미(未) 대운은 터닝 포인트다. 천간의 갑 대운이나 지지의 오 대운만큼 획기적인 것은 아니지만, 이 역시 변동을 의미한다. 이동이나 이사를 비롯한 공간의 문제에서부터 생각이나 판단 등에 이르기까지 변동의 범위는 다양하다. 좋은 결과와 나쁜 결과가 동시에 있다. 고속도로를 달리다가 입체 교차로에 들어섰다고 생각하면 된다. 한번 잘못 빠져나가면 쉽게 같은 자리로 되돌아올 수 없다. 한참을 헤매다 와야 한다.

대운(大運)의 충(沖)과 합(合)

대운 역시 주어진 원국과 충과 합을 한다. 물론 충이 된다고 무조건 나쁜 건 아니다. 다만, 삶의 변화와 변동의 폭이 커진다. 자신의 원국과 간지가 동시에 충하는 대운일 경우에는 크게 성공하거나 반대로 크게 실패할 가능성이 동시에 존재한다.

대운은 연주, 월주, 일주, 시주와 각각 충할 수 있다. 그러니 대운 하나만 가지고도 굉장히 폭넓게 해석할 수 있다. 또한 대운이 일주, 월주와 동시에 충한다면 그 영향은 간지의 충이나 합보다 그 작용의 힘이 더 크다.

연주, 월주, 일주, 시주 등 네 가지 충 중에서 가장 중요하게 살펴야 할 것은 일주와의 충이다. 왜냐하면 일주와의 충이 가장 강력하기 때문이다. 두 번째로 강력한 것이 월주와의 충이고, 세 번째로는 일주의 간지 중 하나와 월주의 간지 중 하나가 충하는 것이다. 또한 천간은 일간과 충하고, 지지는 월지와 충하는 게 네 번째이고, 다섯 번째는 연주나 시주와 충하는 것이다.

이 가운데 핵심은 역시 대운과 일주와의 충, 대운과 월주와의 충이다. 이 두 가지 경우는 각 대운마다 잘 살펴야 한다. 인생의 매 순간을 긴장하며 살 수는 없다. 그러므로 자신이 감당할 수 있는 리듬과 긴장해야 할 국면을 잘 알아야 한다. 그건 사람들마다 다 다르다. 직장을 다니는 사람이 사업을 하고 싶다면, 직장을 그만두는 시점이 인생의 터닝 포인트이다. 바로 자신만의 인생 터닝 포인트를 정확히 파악하고, 그 시기의 자신의 원국과 대운과의 충의 관계를 정확히 파악해서 판단할 필요가 있다.

또한 천간과 지지가 대운과 네 개 이상 충할 때가 있다. 이 경우 각별히 잘 살펴야 한다. 이렇게 포괄적으로 충할 때는 '파괴의 시간'이라고 할 수 있다. 그렇다면 이때는 나쁜 것인가? 꼭 그렇지는 않다. 모든 생성은 파괴를 기반으로 한다. 불이 난 땅에 곡식이 잘 자란다. 오히려 이때가 굉장히 큰 것을 이룰 수 있는 시간이다. 뭔가를 결정했다면, 주저하지 않는 게 좋다.

반대의 경우도 있다. 일주와 대운의 간지가 다 충이 됐는데, 그해의 세운의 간지가 충이 되는 경우가 있다. 아주 특수한 경우다. 이런 때가 자신의 인생에서 있는지를 미리 잘 살피는 것이 좋다. 만일 있다면 이 시기에는 사건과 사고를 조심해야 한다. 큰 사고와 질병이 동시에 일어날 수 있다. 떨어지는 낙엽도 조심하는 마음으로 사는 말년 병장의 자세로 살아야 한다.

충보다 더 중요한 것은 대운에서의 합이다. 오행의 변화가 없는 충과는 달리 합화(合化)의 기능을 통해 오행 자체가 다른 오행으로 변하기 때문이다. 원국 내에서의 합은 합이 되더라도 함부로 합화가 이루어지지는 않는다. 하지만 그 자체가 변화의 힘인 대운의 오행이 원국 내의 오행과 합이 이루어지게 되면 격렬한 합화 작용이 일어난다. 가령 원국에 기토(己)가 있는데 갑(甲) 대운이 들어온 경우 이 갑목(甲)은 목(木) 대운이 아니라 갑기합화토(甲己合化土)의 합(合)작용이 일어나 토(土) 대운으로 변모하는 것이다. 지지의 경우도 마찬가지인데 지지의 합(合)은 더욱 복잡하므로 천간에 비해 그 양상은 실로 다양하다. 원국에 사화(巳)가 있는데 신(申) 대운이 들어오면 사신합화수(巳申合化水)가 이루어지므로 신금(申)은 금(金) 대운이 아니라 수(水) 대운으로 화(化)한다. 또 이런 경우도 있다. 가령 지지에 인목(寅)과 술토(戌)가 있다고 하자. 왕지인 오화(午)가 없으므로 인(寅)과 술(戌) 사이에는 아무런 일이 일어나지 않았다. 하지만 오(午) 대운이 들어왔을 때 이 기간 동안 인오술합화(寅午戌合火)의 강력한 삼합(三合)이 일어나게 될 것이다. 지지의 다양한 합(合) 중에서 합화(合化)의 작용이 가장 큰 관계부터 기술하면 방합(方合)

이 가장 크고, 그 다음이 삼합(三合)이며, 그 다음이 반합(半合) 그리고 육합(六合) 순이다. 이렇듯 대운의 간지가 원국과 만나면서 일어나는 변화가 엄청나게 크므로 대운의 간지를 다섯 번째 기둥이라는 뜻에서 오주(五柱)라고 부르기도 한다.

대운이 원국의 오행과 만나 일으키는 합(合)의 변화는 실로 드라마틱하다. 용희신(用喜神, 용신과 희신) 오행이 합이 되어 기구신(忌仇神, 기신과 구신) 오행으로 변하는가 하면 그 반대의 경우도 발생한다. 오리지널 기구신보다 용희신이 기구신화한 것을 더욱 불길하게 간주한다. 가장 길한 경우는 한신(閑神)이 합을 하여 용희신으로 변모하는 경우이다.

이렇듯 대운을 살피는 것은 자신의 인생 전반에서 어떤 위험과 가능성이 있는지를 미리 살피는 것이기도 하다.

십신과 대운

그렇다면 십신을 대운에 어떻게 적용할까? 우선 두 개로 나눠서 생각해야 한다. 쉽게 말해서, 초년기와 자립기로 나눌 수 있다.

초년기란 부모의 영향이 강한, 여성으로 따지면 대학을 졸업하기 이전의 시기를 말한다. 우리나라로 보면, 보통 25세 전까지이다.

그에 비해 자립기는 스스로 취업과 사회생활을 통해 독립적으로 삶을 꾸려가는 시기이다. 보통 25세 이후로 본다.

초년기는 신강신약의 유무를 따지기보다는 25세까지 들어오는 대운의 십신을 중점으로 본다. 예를 들어, 초년기에 비견과 겁재에 해당하는 대운이 왔다면, 자신의 원국에 비겁의 기운이 강화된다. 여기에서는 초년기의 대운과 십신의 관계에 대해 간단히 설명해보겠다.

비겁 대운(比劫 大運)

비견은 십신의 관계로 보면, 친구·형제·자매·선후배처럼 자신과 동렬(同列, 같은 위치)의 관계에 있는 사람을 말한다. 남편의 애인, 와이프의 애인도 겁재에 해당한다. 비견은 독립, 자주(自主), 나의 힘이 강해짐을 뜻한다. 나의 힘이 강해지기 때문에 비겁 대운(比劫 大運)에서는 인정 욕구가 강해진다. "날 인정해달라"고 외치는 이런 아이들은 부모 또는 선생님과 문제를 많이 일으킨다. 특히, 원국이 신강하다면, 그 기운이 더 강화된다. 본래 자기 힘이 강한데 대운까지 그것이 들어오게 되면, 진짜 대책이 없는 상황이 벌어진다. 신강하다는 것은 비겁이나 인성이 과다하다는 뜻이므로, 그 아이의 인정 욕구를 부모는 인정해줘야 한다.

원국으로 볼 때 인정 욕구가 강한데 그렇지 않은 행동 패턴을 보이는 아이가 있다면, 더 큰 문제일 가능성이 높다. 자기 기운대로 운행하지 못하는, 다른 특수한 변수가 생겼다는 뜻이다. 예를 들어, 부모나 선생이 비겁의 요소를 과하게 억압하는 권위적이거나 통제가 강한 성향이라거나, 교실에서 왕따를 당하거나 빵셔틀을 당하는 문제가 있을 수 있다. "우리 애는 제멋대로 하지 않고 고분고분해서 좋아"라는 주위의 반응이 더 큰 문제일 수 있다. 아이의 원국이 신강하고 대운까지 비겁이 왔는데, 순응적이라면 주변을 탐문해봐야 한다. 인위적으로 억압하는 상황이 없는지 확인해야 한다.

비겁 대운의 시기는 그 결과가 극단적일 가능성이 높다. 능력을 발휘하거나 사고뭉치가 되는, 모 아니면 도일 가능성이 높다. 이들은 겉으로 볼 때는 다루기 어려울 것 같지만, 제일 다루기 쉬운 게 비겁 대운의 아이다. 이 아이에게는 "네 생각대로 하니까, 안 됐지. 그러면 엄마 말대로 해!" 이렇게 말하면 안 된다. 조언을 해줘야 하는 상황에서는, "여전히 네 판단이 제일 중요해. 네가 움직여야 너와 세계가 움직이는 거야. 왜 안 됐을까? 이 부분에 대해 이야기를 해보자. 이런 부분을 감안하면, 네가 진짜 하고 싶어 하는 일을 할 수도 있겠다"와 같은 방식으로 대화를 해야 한다.

비겁 대운을 지나는 아이들은 인정을 받고 싶어 하지만, 관심을 포기하는 아이는 아니다. "그래. 그럼 네 마음대로 해!" 하고 방치하면 안 된다. 부모로서는 피곤한 경우이다. 관심을 기울여줘야 하지만, 교정해주려고 하면 반항한다. 하지만, 자기 힘이 강하기 때문에 알면 상대하기가 가장 쉽다.

인정 욕구가 강한 경우에는 일단 칭찬을 해줘야 한다. 그 칭찬의 힘이 가장 잘 먹히는 대운이 비겁 대운이다. 특히 10대, 성장기의 아이에게는 가장 유용하다. 물론 자신을 파악할 때도 유용하다. 다섯 유형의 대운 중 경험상으로 봐도 겉으로 보기엔 제일 어려워 보이지만 사실 제일 쉬운 대운이 비겁 대운이다.

위의 원국은 관성(官星)이 강한 전형적인 신약 사주로 을목(乙)이 용신이지만 관성의 힘을 누그러뜨리는 계수(癸) 희신(喜神)의 기운이 더욱 중요한 원국인데 대운에서 수(水)를 만나지 못하는 것이 다소 안타깝다. 9, 19 초년 대운이 강력한 목(木)의

기운으로 흘러 학업은 물론 동료들 사이의 리더십도 빼어나 여중, 여고, 여대 모두 학생회장을 지냈다. 초년의 자신감이 너무 지나친 것이 화근이 되어 29 대운에 이르러 해외 유학 중 박사학위 취득이 조금 늦어진 것이 임용 경쟁에서 치명타가 되어 교수직을 얻지 못했다.

식상 대운(食傷 大運)

초년기의 식상 대운(食傷 大運)은 기본적으로 학습 욕구가 강하다. 이 시기의 아이들은 뭔가를 습득하려는 호기심이 강하다. 여기에서 학습 욕구를 교과 과목으로 한정해서는 안 된다. 성적인 문제도 다 해당된다. 섹스, 야동도 다 학습 욕구 중 하나이다. 우리는 학습에 대한 문호를 개방해야 한다. 학습 하면 국·영·수만 생각하기 쉽다. 식상 대운에는 내 눈앞에 펼쳐진 모든 호기심을 자극하는 것에 대한 학습 욕구가 강한 시기이다. 이 경우 학습 욕구를 억압하면 안 된다. 평생의 트라우마가 된다. 한 번 꺾인 욕구는, 그 이후에 새로운 세계, 새로운 관계에 대한 자신의 시도를 원천적으로 봉쇄하게 되는 부정적인 결과를 가져온다. 십신 중 식상은 가장 약한 힘이다. 약하니까 알고 싶은 것이다. 그걸 누르는 순간, 커다란 트라우마가 생길 수 있다.

316쪽은 일간 화(火)의 기운이 득령, 득세한 신강한 원국으로 나머지 오행도 조화롭게 잘 갖추었다. 일지 자수(子)가 고립이므로 자수(子)가 건강·행운 모두 용신이 된다. 하지만 초년 대운에 식상 대운이 강하게 흘러 왕성한 탐구심과 예술에 대한 열정이 폭발적으로 일어났고 양인과 도화, 월공을 동반하는 오(午) 겁재 대운까지 들어오면서 아무도 그의 갈 길을 제어하지 못했다. 기미(己未) 대운으로 들어서는 첫해에 대학가요제 그랑프리를 획득했고, 10년을 내처달려 한 시대를 대표하는 톱스타의 지위에 올랐다. 그는 대중적 스타이면서도 지적이고 반항적인 이미지를 동반했는데 그것은 20대의 대운이 식상 중에서도 상관 기운이 아주 강했기 때문이다.

315

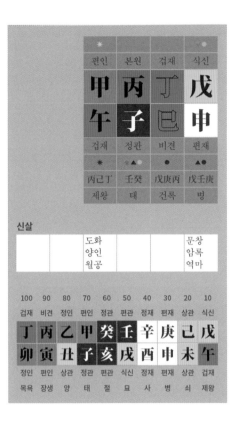

재성 대운(財星 大運)

초년기에 재성 대운(財星 大運)이 들어왔다고 해서 아이들이 돈을 벌지는 않는다. 재성은 관계에 대한 욕구로 해석해야 한다. '우리 반 반장이 되고 싶다!', '여자 친구 혹은 남자 친구를 사귀고 싶다!' 이런 것들이다. 친구들끼리 우르르 몰려다니는 아이들을 떠올리면 된다. 부모들이 보면 제일 한심한 경우이다. 함께 모여 다니고, 잠도 함께 자려고 한다. 이런 마음은 다 관계에 대한 욕구 때문이다. 이 역시, 재성 대운에 어울리는 힘이므로 억지로 무리 지어 다니려는 욕구를 제지하면 안 된다. 다만, 어울림이 너무 과해서 문제가 생겼을 때에만 부모들끼리 모여야 한다. 함께 머리를 맞대고 이들의 미래에 대해 허심탄회하게 대화를 해야 한다. 아이들의 성향을 긍정적으로 유도할 수 있는 방법을 논의해야 하는데, 예를 들어 세 명이 그렇다면 세 명 모두 잘되게 하는 방법

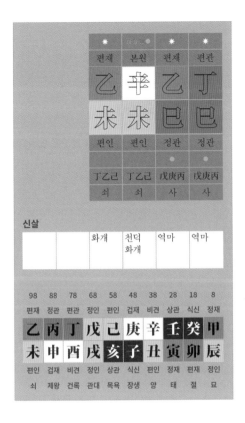

은 현상금을 거는 것이다. 재성 대운의 시기이기 때문이다. 이 시기에는 돈을 준다고 하면 제일 좋아한다. 재성 대운이 강할 때는 돈이 필요하기 때문에 부모의 돈을 어떻게든 빼내려고 혈안이 된다. 그래서 옛날에는 샀던 참고서를 사고 또 사고 그랬던 것이다. 아이가 이런 시기라면 돈 관리를 철저히 해야 한다. 아이에게 속았다고 생각하지 말고, 아이의 욕구를 적극적으로 활용하여 긍정적으로 유도해야 한다. 부모가 공탁을 하는 것도 좋은 방법이다. 모두 똑같이 성적이 오르면 부모들이 돈을 모아서 주겠다고 제안하는 것도 좋은 방법이다. 한 명만 오르면 안 된다. 모두 다 같이 올라야 한다고 조건을 내걸어야 한다. 이렇듯 재성 대운은 관계 대운과 재물에 대한 욕망이 결합하는 시기이다.

　나의 고등학교 시기가 그랬다. 친구들하고 노느라고 성적이 들쭉날쭉했다. 하지만 나와 내 친구들의 부모님들은 절대 우리들에게 개입하지 않았다. 개입했다면 가출했을지도 모른다. 대신 우리 부모님들은 장학금을 내걸었다. 내가 고등학교 다닐 때는 전교 1등을 하면 장학금을 주었다. 그걸 받아서 맘껏 쓰라고 했다. 그 순간, 나에게는 새로운 세계가 열렸다. 정리하자면, 초년기의 재성 대운은 직접적인 재물로 이어지지는 않아도 관계에서 풀어야 한다. 재물은 행동을 변화시키기 위한 방법으로 활용해야 한다.

317쪽의 원국은 신약하지만 미토(未)에 뿌리를 내린 을목(乙) 편재가 강건하고 재생관(財生官), 관인생(官印生)의 기운이 특출하다. 이것은 미국 존 F. 케네디 전 대통령의 원국으로 초년 대운에 강력한 식상생재(食傷生財)의 기운이 흐르는 것은 주 영국 대사와 월가의 큰 손이었던 아버지 조지프 P. 케네디의 후광 아래 어릴 때부터 '금수저'를 물고 태어나 하버드에 진학하는 등 최고의 사교 관계를 일찍부터 자산으로 삼은 그의 환경을 말해준다.

관성 대운(官星 大運)

관성 대운(官星 大運)일 때는 신경을 세심하게 써줘야 한다. 25세 이전에 관성 대운이 들어오면 세상을 너무 우습게 보는 경향이 생긴다. 잘난척해서 따돌림 당하기 쉽다. 그리고 초반에 잘나가면 말년에 고생하는 경우가 허다하다. 결국 40대 이후에 안 되는 애들이 60퍼센트가 넘는다. 특히 여아일 경우 관성 대운에는 추행, 성범죄에 노출된 위험이 있으므로 사려 깊은 관리를 해줄 필요가 있다.

319쪽은 전형적인 인다신약(印多身弱) 원국으로 갑목(甲) 편재가 용신이다. 초년 운이 모두 강력한 관성으로 흘러 인성은 공급과잉 지경에 이르렀다. 모친의 인도대로 미국 명문대에서 MBA도 취득하고 국내 유수의 대기업에 취직했으나 압도적인 편인의 기운으로 말미암아 전공과는 아무런 상관이 없는 볼룸댄스, 스포츠 마사지 같은 분야의 자격증을 취득하는가 하면 요리사가 되기 위해 뒤늦게 직장을 그만두고 요리학교에 들어갔다.

인성 대운(印星 大運)

인성 대운(印星 大運)은 십신 중 가장 특색이 없는 성격이다. 인성은 '준비'와 '책'을 뜻한다. 그런데 늘 책을 손에 들고 있는데 성적은 좀처럼 안 오르는 아이가 있다. 뭔가 열심히 하고는 있으니, 야단을 칠 수는 없다. 그렇다고 칭찬할 만한 결과도 없다. 사고치는 것보다야 백 번 낫지만 부모나 선생님의 입장에서는 제일 암담한 경우다. 그렇지만 인성은 비겁 다음으로 자신을 강화시키는 힘이기 때문에 계속 격려를 해줘야 한다.

정인과 편인의 경우는 극단적으로 다르다. 정인은 굉장히 오소독스(orthodox)하다. 국·영·수가 필요하면 국·영·수를 하고 토익이 필요하면 토익을 열심히 한다.

편인 대운은 다르다. 편인 대운은 '저걸 왜 하지?' 싶은 것을

319

오타쿠처럼 몰두한다. 현대는 편인의 욕망을 끌어내는 요소가 너무 많다. 나의 아들이 편인인데, 뭐라도 읽으라고 했더니, 뭔가를 열심히 읽는다. 뭘 읽나 봤더니, 아, 글쎄 웹툰을 정말 열심히 읽는다. 뭐라도 열심히 읽으라고 했으니, 그게 웹툰인 게 마음에는 안 들지만, 비난을 할 수는 없다.

그렇지만 인성 대운은 그 자체가 노력의 욕구이므로 신강, 신약에 관계없이 제일 꾸준한 힘이다.

아래는 득령했으나 화(火) 관성이 강한 신약한 원국이다. 전형적인 지방 출신 수재로 약간의 부침은 있었지만 초년 운이 토(土) 인성 운으로 흘러 무난히 명문대에 합격했다. 하지만 20대에 자수(子)의 식상이 인성의 힘을 빼앗아 학문이 직업으로 이어지지 못하고 어린 나이에 사교육계에 진출하여 강남의 유명강사가 되었다.(자수 식신과 수로 바뀐 신금 비견 대운을 주목하라.)

자립기는 자신이 자신의 삶을 결정하는 요소가 강해진다. 십신을 판단하는 기준이 초년기와 다르다. 두 가지의 경우로 나누어서 해석하면 된다. 원국의 힘이 강한데 같은 대운을 만나는 경우, 원국의 힘이 약한데 같은 대운을 만나는 경우가 있다. 예를 들어, 재성 대운이 들어온다고 하자. 재성이 강한데 재성 대운이 들어오는 경우와, 재성이 약한데 재성 대운이 들어오는 경우가 있다.

원국의 힘이 강한데 같은 대운을 만나는 경우는 그 십신이 의미하는 바의 부정성이 강화된다는 걸 기억해두기 바란다. 식상이 강한 원국인데, 그게 용신이라 할지라도 식상 대운이 온 경우에는 식상의 부정적인 요소가 적용된다. 예를 들어, 육체적 비만, 사회적 비난, 구설수를 야기할 가능성이 커진다. 용신 운이라도 그 요소는 여전히 존재한다. 그렇기에 용신을 잘 쓰려면, 십신이 의미하는 부정적인 요소들을 최대한 자신의 의지로 피해가야 한다. 음식을 조심한다든지, 상대방의 입장에서 말하려고 언행을 주의하는 노력을 기울여야 한다.

반면에 원국의 힘이 약한 십신이 같은 대운을 만나는 경우에는 용신이든 기신이든 상관없이 앞의 경우와 반대로 십신이 의미하는 긍정적이고 도전적인 요소가 강해진다. 이 부분의 요소를 최대한 활용하는 방향으로 자기 삶의 포트폴리오를 그려야 한다. 식신이 약한데 식신의 대운이 들어왔다면, 낙천적인 것, 음식, 예술과 관련된 일, 자식을 낳는 일 등 식신의 요소를 극대화하는 방향으로, 인생의 포트폴리오를 작성해야 한다.

제9장

원국표의 대운

9강에서 대운(大運)에 대해 배웠다. 대운은 10년마다 바뀌는 나의 운을 말한다. 9강까지는 태어나면서 나의 의지와 무관하게 결정된 명(命)을 배웠다. 명은 내 몸처럼 이미 타고난 것이기에 절대로 바꿀 수 없다. 하지만 운(運)은 다르다. 운은 내가 그 기운을 어떻게 활용하느냐에 따라 달리 접점질 수 있다.

나의 경우, 용신(用神)과 희신(喜神)에

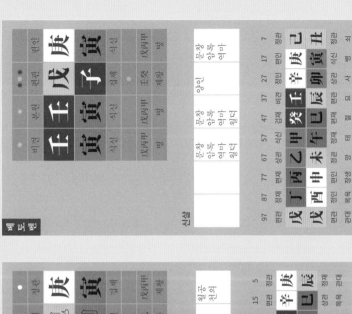

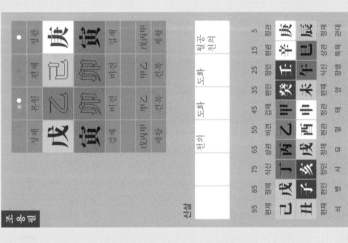

해당하는 화(火)와 토(土)가 '18 대운'부터 '68 대운'까지 60(18~77세)년간 용희신(用喜神, 용신用神과 희신喜神을 동시에 이르는 말)의 대운이 들어온다. 원국에 나를 돕는 힘은 하나도 없지만, 18세부터 77세까지 나를 돕는 기운이 60년간 들어오는다는 말이다.

하지만 그 사이에 정미대운은 정임합목 묘미합목으로 용희신이 기신운이 되는 굉장히 어려운 때이므로 조심을 거듭해야 한다. 사실 그 대운에 나는 한 방에 쓰러졌다.

그 다음으로 고 노무현 전 대통령의 대운에 대해서 살펴보자. 그의 원국표를 보면, 용신과 희신에 해당하는 수와 금이 '22 대운'부터 '62 대운'까지 50년간(22~71세) 용희신

323

모든 장르를 통틀어 최조의 독립예술가가 될 수 있었다. 이 인구은 웅신에만 기대어 사는 것이 얼마나 나약한가를 보여주는 하나의 사례가 될 것이다.

이 대운이 들어온다. 신장한 인구을 조화롭게 하는 기운이 22세부터 71세까지 50년간 들어온다는 말이다. 하지만 무게함파로 웅희신이 기구신으로 역전하는 62 대운에 이르러 불행한 죽음을 맞고 말았다.

이번엔 조용필의 대운에 대해 살펴보자. 조용필의 경우, 토(土)가 웅신이다. 그의 인구표를 보면 웅신과 회신에 해당하는 토와 화가 5대운부터 35 대운까지 40년간(5~44세) 지지에 웅희신 대운이 들어온다. 신장한 인구을 조화롭게 하는 기운이 5세부터 44세까지 들어온다는 말이다.

마지막으로, 베토벤의 대운에 대해서 알아보자. 그의 인구표를 보면, 웅신과 회신에 해당하는 '토'와 '화'보다는 기구신에 해당하는 '수'와 '목'이 청장년기를 지배했다. 그가 실타의 시커 '고게를 넘어 환희로'를 그냥 좋아했던 것은 아니었다. 그는 궤탄이 아니라 고통 속에서 오로지 자신만의 자신의 예술의 힘으로 길을 개척했다. 그래서 그는

어떻게 살 것인가

당신 스스로
하지 않으면 누구도
당신의 운명을
바꿔주지 않는다.

베르톨트 브레히트
Bertolt Brecht

지금까지 명리학의 개념을 중심으로 살펴보았다. 명리학에 대한 이해가 조금이라도 깊어졌기를 바란다. 자, 그러면 이제 남은 문제가 있다. 앞으로 어떻게 살 것인가? 바로 그것이다. 나아가 명리학은 앞으로 살아가는 데 어떤 방향성을 제시해줄 것인가?

51만 8,400가지 경우의 수

51만 8,400. 이 숫자는 무엇일까? 천간의 열 글자와 지지의 열두 글자로 만들어낼 수 있는 모든 원국의 경우의 수이다. 우리는 이 거대한 수에 우선 겸허한 마음을 가져야 한다. 명리학이 지배계급 존속의 필연성에 봉사하는 학문이었을 때는 부유한 사람과 친하게 살 수밖에 없는 삶의 운명이 이미 정해져 있다고 전제했다. 물론 나는 그런 관점에 동의하지 않는다. 51만 8,400가지라는 모든 경우의 수에 속하는 삶은 모두 그만의 존엄성을 가지고 존중받아 마땅하다. 하나하나가 무한대의 가능성을 내포한 하나의 완벽한 우주이기 때문이다. 그것을 인정하는 것에서부터 제대로 된 명리학 공부는 출발한다.

그러나 현실은 그렇게 흘러가지 않는다. 예전에는 한동네 사는 사람들끼리 그곳에서 생산한 것을 가지고 서로 주거니 받거니 하며 살았다. 그 동네에서 거래하는 이른바 돈이라는 것은 동네 안에서 순환하며 동네 바깥으로 어지간해서는 나가지 않았다. 구성원 모두가 생산자이자 소비자였다. 굳이 협동조합이라는 말을 붙이지 않아도 그때는 이미 마을 자체가 조합이었다. 그런데 지금은 아니다. 일정한 지역에서 발생한 이익은 이미 많이 가진 누군가의 주머니로 대부분 들어간다. 그에게 들어간 돈은 다시 그대로 돌아오지 않는다. 모두가 생산자이자 소비자였던 삶의 체제는 사라졌다. 조합처럼 주고받았던 삶의 체제는 사라져버렸다.

개별적인 존재로 존엄하게 대우받고 싶은 욕망은 갈수록 커져만 가는데 그런 삶은 점점 어려워져만 간다. 오히려 고통스럽고 힘들게 하루하루를 살아야 하는, 고통이 증가하는 비극의 시대로 퇴행하는 현실을 우리는 마주하고 살아간다. 명리학이 탄생했던 그때는 왕후장상(王侯將相)의 유전자가 엄연히 존재하는 것이 당연시되었다. 그런데 약 1,000년 만에 왕후장상의 유전자는 자본주의라는 의상으로 갈아입고 우리 앞에 거대한 모습으로 나타났고, 바로 그런 시대에 우리는 명리학을 다시 만났다. 그렇다면 1,000년 전이 아닌 오늘날을 사는 우리는 명리학을 어떻게 바라봐야 하는가? 51만 8,400이라는 그 경우의 수에 대해 어떤 시선을 가져야 하는가?

하고 싶은 것, 할 수 있는 것, 해야 하는 것

인간의 삶은 세 개의 접점에서 결정된다. 첫 번째는 '하고 싶은 것'이다. 멋있게 말하면, 애지욕기생(愛之欲其生)이다. "그 사람을 사랑하는 것은 그가 하고 싶은 대로 하게 하는 것이다"라는 뜻이다. 유아기에는 모든 것이 자신의 욕망에 따라 결정된다. 자신이 원하는 대로만 한다. 나는 '하고 싶은 것에 대한 욕망'이야말로 식욕과 성욕에 우선한다고 생각한다. 인간의 삶의 조건을 이루는 가장 근원적인 동력은 '하고 싶은 것'이라는 이 다섯 음절의 말에서 결정된다. 이것을 명리학적 관점에서 본다면, 음양오행의 조합이 그걸 가진 이가 애초에 우주의 어떤 요소들을 욕망하고 있는가를 말해주고 있다. 다시 말해, 음양오행을 바탕으로 십신으로 진화하는 모든 과정은 한 사람의 인간이 한 시대와 한 공간의 좌표 위에 놓여 무엇을 열망하는가에 대한 요약이다.

두 번째는 '할 수 있는 것'이다. 인간의 진화는 곧 인간이 인지능력을 갖기 시작한다는 것을 뜻한다. 인지능력이란 시간과 공간을 주체적으로 파악하는 능력을 뜻한다. 이것은 자기가 하고 싶은 것과 할 수 있는 것을 분별하기 시작하는 것이기도 하다. 그런데 여기에서 문제가 발생한다. 인간의 많은 갈등과 모순은 하고 싶은 것과 할 수 있는 것 사이에서 일어나는 근원적인 어긋남에서 비롯된다. 바로 이 시점에서 명리학은 의미가 있다. 만일 명리학이 하고 싶은 것만을 보여주는 것이었다면 적어도 내게는 아무런 의미가 없었을 것이다. 그러나 명리학은 현세의 학문이다. 미래의 학문이 아닌 것이다. 이것은 무슨 말이냐면, 하고 싶은 것, 되고 싶은 것만을 말하는 것이 아니라, 무엇을 할 수 있느냐를 보여주고 있다는 의미다. 지금껏 이야기를 나눠온 십신, 십이운성, 신살, 합과 충 등을 통해서 우리는 한 인간이 가지고 있는 잠재력, 현실적으로 구현 가능한 것의 내용, 그것에 필요한 에너지 등을 살펴봤다. 명리학은 바로 그렇게 한 인간의 원국을 통해 그가 가지고 있는 잠재력과 그것의 능력을 최대치로 끌어올릴 수 있는 이론적 바탕을 과학화하려는 시도 속에서 발전되어 왔다. 하고 싶은 것에서 그치지 않고 할 수 있는 것이 어디까지인지를 인식하게 하는 것이다.

마지막 트라이앵글을 이루는 것은 '해야 하는 것'이다. 인간이 언젠가 어떻게든 모두 죽는다는 것은 이미 다 알고 있다. 그런데도 인간은 하루하루 살아야 한다. 그러자면 뭔가를 해야만 한다. 그것이 무엇이든 살아가기 위해서는 뭐든 해야 한다. 하고 싶은 것과 할 수 있는 것을 현실적이고 구체적인 자기의 시간과 공간 속에서 실현하게 만드는 힘이 바로 '해야 하는 것'이다.

인간이 하고 싶은 것, 할 수 있는 것, 해야 하는 것을 지혜롭게 조화시키며 창조적으로 해나가기 위해서 도움을 주는 것이 바로 명리학이다. 그동안 우리가 배운 것은 바로 이걸 하기 위한 것이다.

명리학을 공부했다고 해서, 원국의 원리를 이해했다고 해서, 절대 점쟁이가 되어서는 안 된다. 그 흉내조차 내서는 안 된다. 우리는 이성적이되 예술적인 창조적 직관을 가지고 이 삶에서 '하고 싶은 것'과 '할 수 있는 것'과 '해야 하는 것'을 만들어내는 사람들이고, 자기 자신에게 스스로 조언하는 사람이다. 무엇이 된다, 안 된다를 예언하고 결정하기 위해 명리학을 공부하는 것이 아니라는 의미다.

하고 싶은 것, 할 수 있는 것, 해야 하는 것의 조화를 이루어내는 것은 누구에게는 쉽고, 누구에게는 어렵다. 그러면 쉬운 것은 좋고, 어려운 것은 나쁜 것인가? 누차 이야기해온 명리학에 숨은 반전(反轉)은 여기에도 숨어 있다. 생각해보면 단순하다. 쉽게 얻은 것은 쉽게 잃으며, 어렵게 얻은 것은 어렵게 잃는다는 사실. 바로 그것이다. 따라서 어떤 것이 되었든 어렵게 얻는 과정 자체가 내게 재앙인 것은 아니다. 그렇다면 내게 재앙은 무엇일까? 어려울 것 같아서 미리 좌절하거나 포기하는 게 곧 재앙이다. 쉽게 얻는 것 역시 재앙이다. 인생에서 재물이든 기회든 뭔가를 쉽게 얻은 이들이 너무나 어이없게 얻은 것을 한순간에 잃는 모습을 한두 번 본 게 아니다.

"쉽게 얻은 것은 잃지 않기 위해 조심할 것이며, 어렵게 얻은 것은 귀하게 여길 것!"

명리학의 중요한 메시지이기도 하다.

명리학이 던지는 중요한 메시지는 또 있다. 바로 '조화'다. 넘치는 것은 덜고, 모자란 것은 보태며, 뜨거운 것은 시원하게, 추운 것은 따뜻하게 해줘야 한다고 누누이 말한다. 이는 인간에게만이 아니라 모든 만물에 적용되는 이치다.

'균형' 역시 빼놓을 수 없다. 달려야 할 때와 멈춰야 할 때의 균형을 잘 잡아야 한다. 고속도로 위의 차가 시속 20킬로미터의 속력으로 달린다고 해보자. 본인의 속도도 물론 늦겠지만 다른 사람까지 위험하게 한다. 규정 속도로 달려야만 남을 위하고 자기를 위할 수 있다. 그런데 시골길에서는 고속도로의 속력으로 달리면 안 된다. 큰일이 난다. 여기에 맞는 적정 속도가 따로 있다. 이렇게 상황에 맞는 균형을 지켜야 한다. 명리학은 인간의 삶에서 균형과 조화의 리듬을 지성적으로 찾게 해주는 유용한 도구라고 생각한다.

사람이 사람을 만난다는 것

내가 자주 하는 말이 있다. 명리학은 '관계에 관한 학문'이라는 것이다. 우리는 수많은 사람을 만나고 그들과 관계 속에서 살아간다. 그렇다면 그 만난다는 것은 무엇인가?

사람에게는 통상 다섯 가지 만남의 유형이 있다. 부모 형제, 배우자, 자식, 친구나 동료, 선배 혹은 상사와의 만남이 그것이다. 흔히들 사람을 잘 만났다, 못 만났다 하는 말을 하는데 좋은 만남이

나 나쁜 만남은 애초에 없다. 단지 조심스러운 만남이 있을 뿐이다.

명리학을 공부할수록 나와 다른 사람과의 관계에 관심을 더욱 갖게 된다. 나 역시 좋아하는 사람이 있고 꺼리는 사람이 있기 때문이다. 누군가 마음에 안 들면 그의 원국을 살펴보면서 나와 맞는지 안 맞는지를 판별하려고 했다. 그런데 나와 잘 맞는 사람을 만난 것이 내게 꼭 좋기만 할까? 나와 잘 안 맞는 사람을 만난 것이 과연 내게 해롭기만 할까? 곰곰이 생각해보니, 아니었다. 나를 힘들게 하는 사람이 결과적으로 내게 좋은 영향을 준 적도 있고, 나와 마음 잘 맞고 잘 지내던 사람이 의도와 관계없이 안 좋은 결과를 가져온 적도 있었다.

그럼 어떻게 하는 것이 좋은가? 만일 목(木)이 기신(忌神)인 사람이 있다고 하자. 그런데 새롭게 만난 누군가의 원국을 살펴보니, 그에게는 온통 목만 깔려 있다. 그럼 무조건 그를 피해야 할까? 매우 단순하고 수세적인 생각이다. 나의 기신이 목이라는 건 분명히 내 속에 목이 꼬여 있거나 과다하거나 여러 가지 이유가 있을 것이다. 그렇다면 그 사람이 가진 목의 기운을 탓할 것이 아니라 그 목의 기운을 잘 활용하는 지혜가 필요하다. 얼핏 안 맞을 것처럼 보였지만 목의 기운이 강하게 필요한 상황이 생긴다면 나의 목과 그의 목이 만나서 폭발적인 시너지 효과를 만들어낼 수도 있다. 물론 우리가 성격상으로 내가 상처받을 가능성이 높기 때문에 우리가 그 부분을 서로 배려하자고 미리 이야기를 하면 둘 사이는 아주 훌륭한 파트너가 될 수도 있다. 명리학은 이렇게 관계의 유형을 파악하고 일어날 수 있는 문제를 예방하는 데 아주 유용하다.

나를 넘어 우리로, 우리를 넘어 우주로

기억할지 모르겠다. 처음 책을 시작할 때 운(運)은 움직이는 변화의 기운이고, 명(命)은 정해진 것이라는 말을 했다. 명리학을 공부했을 것 같지 않은 청마(靑馬) 유치환(柳致環, 1908~1967)은 이런 말을 했다.

　　"운명이란 피할 수 없는 것이 아니라 진실로 피할 수 있는 것을 피하지 않음이 운명이니라."

유치환, 「너에게」 중에서

　　운명이란 말에도 들어 있듯이 인간의 의지는 매우 중요하다. 인간의 의지는 원국에서 보이는, 정해진 듯한 삶의 한계를 극복하고 변화시킨다. 넘치는 것을 제어하고, 모자란 것을 끌어올리며, 질주하는 것을 멈추게도, 느린 것을 빠르게도 할 수 있다. 그러나 무엇이 넘치고, 무엇이 모자라는지, 어떤 순간에 속력을 높여야 하고 속도를 줄여야 하는지를 아는 것과 모르는 것은 다르다. 원국과 대운에 모든 것이 나와 있다고 생각해서는 안 된다. 그것대로 될 거라는 결정론에 빠져서도 안 된다. 인간이 스스로를 존엄하게 만드는 것은 결국 스스로의 의지에 좌우된다. 명리학을 통해 우리가 들여다보는 원국과 대운이라는 것은 인간의 그런 의지를 더욱더 전략적이고 현실적으로, 효율적이고 지혜롭게 실현시키기 위한 하나의 프레임일 뿐, 나의 삶을 좌지우지하는 결정의 틀이 아니다. 우리가 명리학을 좀 더 공부하기 위해 먼저 알아야 할 중요한 사실이다. 이것을 전제로 한다면 명리학을 통해 바라보는 인간의 삶은 더욱 풍요로워질 것이다.

　　여기서 우리는 한 발짝 더 나아간다. 명리학이 한 개인의 기복적 소망에 대한 응답이 아니라면, 개인의 인격적 도야의 처세술에서 멈추는 것을 우리는 경계해야 한다. 한 인간의 풍요로움은 또 다른 인간의 풍요로움을 불러오고 이 풍요로움의 운동은 하나의 공동체에서 더 큰 단위의 시민사회로 확대되며, 그것은 국가를 넘어 인류 전체의 지평으로 확산되어야 할 것이다. 오행의 왕(旺), 상(相), 휴(休), 수(囚), 사(死)의 상생적 순환은 이미 우리에게 더 높은 단계의 인식을 요구한다. 마지막으로 다시 상기해보자.

　　비겁(比劫)은 식상(食傷)을 생(生)하고,
　　식상(食傷)은 재성(財星)을 생(生)하며,
　　재성(財星)은 관성(官星)을 생(生)하고,

관성(官星)은 인성(印星)을 생(生)하며,
인성(印星)은 비겁(比劫)을 생(生)한다.

왕상휴수사의 이 다섯 줄이 명리학적 세계관의 핵심이라고 나는 생각한다.

비겁(比劫)은 식상(食傷)을 생(生)하고,

비겁은 나에게 형제 혹은 동료, 라이벌이다. 이 각각의 '나'들은 다양한 형태의 커뮤니케이션을 통해 가족을 포함한 복잡한 커뮤니티들을 생성한다. 이 모든 커뮤니티들은 식상의 낙천적인 즐거움과 상관의 정의로움을 바탕으로 성장한다.

식상(食傷)은 재성(財星)을 생(生)하며,

이 다양한 커뮤니티들은 왕성한 탐구심과 창조적 노동을 통해 생산력을 일구어내고 가치를 공동으로 창출해내야 한다. 진정한 재성이란 정재의 자기 이익뿐만 아니라 사회적 약자에 대한 편재의 봉사심이 동행하여야만 한다.

재성(財星)은 관성(官星)을 생(生)하고,

그리고 그 재성의 다양한 재능과 물질적인 토대를 바탕으로 그 위에 법과 제도가 여유 있게 운영되어야 한다. 더러운 재물을 바탕으로 권력이 만들어진다면 그것은 굉장히 위험한 권력이 될 것이다. 진정한 권력은 전통적이고 보수적인 가치(정관)와 미래지향적이며 이상적인 목표(편관)가 균형 있게 어우러져야한다.

관성(官星)은 인성(印星)을 생(生)하며,

그리하여 그 권력은 필연적으로 군림하려는 힘으로서의 권력이 아니라 다음의 세대를 위한 준비와 연구에 기꺼이 자신의 힘을 바치는 정신이어야 한다. 관인생이라 함은 다시 말해 과거와 현재가 아닌 미래에 대한 진정한 식견과 통찰로 그 권력의 힘이 이동하는 것을 말한다. 관인생으로 흐르지 않은 권력은 가장 위험하며 종국적으로는 비겁인 나와 너를 파괴시키게 될 것이다.

인성(印星)은 비겁(比劫)을 생(生)한다.

그렇게 해서 다져진 수많은 사회적 지혜가 다시 나와 우리를 생조할 때, 그리고 이 순환이 끝없이 이어질 때 우리는 죽어도 죽은 존재가 아니며 인간은 비로소 자신의 존엄함을 저 영겁의 우주 속에서 구현하게 될 것이다.

따라서 이 오행의 순환은 한 사람의 개인 안에서나 그 개인이 몸 담고 있는 커뮤니티나 국가 같은 단위나 지구 혹은 더 나아가서 우주와 같은 거대한 단계에서도 사실상 똑같이 통용되고 기능하고 있다는 것을 우리가 느끼고 아는 것, 그것이 내가 볼 때 명리학의 처음이자 마지막이다.

命理學을 통해 스스로의 삶을
主體的으로 再構成한다면
이 世上은 더 幸福해지고
더 正義로워질 거라는 믿음,
그것이 내가 줄기차게
萬人의 命理學者化를 부르짖는 理由다.

어려울 것, 없다。